高等职业教育“十四五”规划教材 物流管理专业

U0792867

储配方案设计与实施

主　编 李作聚

副主编 张文彦　夏可金

中国水利水电出版社

www.waterpub.com.cn

·北京·

内 容 提 要

本书以全国职业技能大赛指标体系为主要参考内容，以“胡格模式”为课程开发理念，以“学赛一体化”为课程开发思想，采取项目化教学、任务驱动的方法指导学生进行自主创新的学习和研究，通过过程考核、大赛考核、自我考核、团队考核等方式，培养学生良好的职业素养和综合职业技能。

本书适合作为高职和职业技术型大学的物流、电商、工商等专业的教师指导参考书和学生学习用书，同时对企业开展物流职业技能比武也具有一定的指导意义。

图书在版编目（CIP）数据

储配方案设计与实施 / 李作聚主编. -- 北京 : 中国水利水电出版社，2022.10
高等职业教育“十四五”规划教材. 物流管理专业
ISBN 978-7-5226-1071-9

Ⅰ. ①储… Ⅱ. ①李… Ⅲ. ①仓库管理－高等职业教育－教材②物流管理－物资配送－高等职业教育－教材 Ⅳ. ①F253②F252.14

中国版本图书馆CIP数据核字(2022)第209745号

策划编辑：周益丹　责任编辑：赵佳琦　加工编辑：刘　瑜　封面设计：梁　燕

书　名	高等职业教育“十四五”规划教材（物流管理专业） 储配方案设计与实施 CHUPEI FANG'AN SHEJI YU SHISHI
作　者	主　编　李作聚 副主编　张文彦　夏可金
出版发行	中国水利水电出版社 （北京市海淀区玉渊潭南路 1 号 D 座 100038） 网址：www.waterpub.com.cn E-mail：mchannel@263.net（答疑） sales@mwr.gov.cn 电话：（010）68545888（营销中心）、82562819（组稿）
经　售	北京科水图书销售有限公司 电话：（010）68545874、63202643 全国各地新华书店和相关出版物销售网点
排　版	北京万水电子信息有限公司
印　刷	三河市德贤弘印务有限公司
规　格	184mm×260mm　16 开本　13.5 印张　337 千字
版　次	2022 年 10 月第 1 版　2022 年 10 月第 1 次印刷
印　数	0001—1000 册
定　价	56.00 元

前　　言

高职教育是从职业出发的教育，是面向就业的教育。高职教育中的课程开发和改革以及对应教材的开发是培养学生的综合职业能力和使其快速适应工作岗位的重要环节。《国家中长期教育改革和发展规划纲要（2010—2020年）》明确要求，以服务为宗旨，以就业为导向，推进教育教学改革。可见，高职教育教学改革，特别是课程开发是提升我国高职教育质量的重要步骤。

在改革过程中，高职教育发展了“校企合作、工学结合”的指导思想，形成了“干中教、干中学”的教学模式，提出了“双师结构”等概念。然而，教学改革是一个动态变化发展的过程，课程开发也存在着重形式、缺内涵、少持续性的现象。为此，要紧密结合经济发展和产业升级的需要，促使众多角色如政府、企业、行业、教师、学生等，主动参与到学校的教育教学改革中来。我们认识到，以政府、行业为主导，以企业为支撑，以学校为根本，以学生为主体的职业技能大赛正成为一种教学改革的推动力量，这个大赛平台像有一双无形的手发挥着它对职业教育巨大的推动作用。

《国家中长期教育改革和发展规划纲要（2010—2020年）》中明确提出在职业教育中开展职业技能竞赛的要求。职业技能大赛作为我国职业教育的创新，是各职业院校展示教学成果的重要形式，也是各级教育主管部门评价职业院校教学质量的重要参考，它对职业院校的教学起到了明确的导向作用，一定程度上产生了积极的社会效应。

北京财贸职业学院物流管理专业以教育部首批现代学徒制试点为基础，实施深度产教融合、校企合作的“双元”育人模式，实行深化“三教改革”内涵的“胡格模式①”教学实践，将育人体系探索和教学模式改革并行，探索基于现代学徒制人才培养模式的胡格教学改革实践，对破解职业教育发展中的问题，加快发展现代职业教育具有较好的示范作用。

近几年，北京财贸职业学院参加和承办了北京市级、国家级的物流职业技能大赛并取得了较好的成绩，这是学院在国家职业教育政策的指导下，一直把提高质量作为重点，以服务企业行业发展为宗旨，以就业为导向，积极推进教育教学改革的结果；是学院建立以提高教育质量为导向的管理制度和工作机制，把教育资源配置和学校工作重点集中到强化教学环节、提高教育质量上的结果；是把改革创新作为课程开发的强大动力，改革教学内容、方法、手段的结果。

学院示范校建设、参与职业技能大赛和“双高”“特高”建设过程，进一步推进了

① 托马斯•胡格教授系德国巴登符腾堡州知名职业教育专家，其团队独创的“能力模型+课程大纲+方法大纲”三位一体的课程和教学模式被称为“胡格模式”。2017年3月北京市教委与德国巴符教育部职业教育合作的“物流专业素质本位教学发展实验班”项目启动，七所职业院校参与改革试验。

学校与行业企业的深入合作，促进了学院整个教学培养体系的改革，进一步优化了“干中教、干中学”的教学方法和手段。“物流管理”专业创新进行了以“学赛一体化”为核心的课程开发和实践，结合“胡格模式”的核心思想，形成了自己的课程开发理念，并经过实践的验证取得了良好的效果，“以赛促教、以赛促学、以赛促改”培养了一大批物流行业急需的高素质技能型人才。

本书的任务设计主要是依据物流大赛评价指标，按照“学赛一体化”和“胡格模式”课程的建设思路，以及活页式教材的开发理念，同时体现“教、学、做、赛”为一体的设计精神，由个人或者小组自主研究性学习，将“工”与“学”紧密结合，在做中体现创新、严谨和诚信的素养，在做中培养综合的职业能力。

本书内容是笔者在国家“双高”“特高”建设和国家级职业教育教师教学创新团队建设过程中，以及深化“三教”改革内涵建设过程中的研究成果。对于此成果的取得，首先感谢北京财贸职业学院各级领导的大力支持，其次感谢创新团队各成员的通力协作，更感谢出版社各位老师的大力帮助。

鉴于作者知识和研究水平的局限，本书很多内容阐述得不够深入，同时书中难免出现不妥和疏漏之处，敬请广大读者指正，非常乐意与大家一起交流，主编的联系方式：lizuoju@126.com。

编 者

2022 年 5 月

目　　录

项目一　仓储系统规划与布局

知识目标

- 理解仓库选址的内容。
- 理解布局规划的意义。
- 掌握布局规划的内容。
- 理解 EIQ 含义。

能力目标

- 能进行仓库选址。
- 能绘制区域平面图。
- 能描述各区域功能。
- 能描述常见设备功能。
- 会进行 EIQ 分析。

素养目标

- 能主动有效地完成工作。
- 能与其他成员友好协作。

项目情境

仓储系统是物流系统的一个子系统，仓储系统规划是实现物流合理化的必要步骤。仓储系统规划在于运用专业技术能力，统计分析各作业需求，对仓储各关联系统进行最适合的搭配组合，以建立合适的运作系统。仓储系统规划主要包括选址规划、仓储作业区域功能规划、区域布置规划、仓储区域规模的确定、仓储设备的规划与选用等。

素养教育

- 职业道德的培养。

职业道德的培养

扫码阅读材料，回答问题。

- 员工的职业道德有何价值？谈谈你的看法。

➢ 公司如何培养员工的职业道德精神？

____

____

任务 1　了解仓储系统

作为主管，你需要对系统和仓储系统有一个初步的认知，目的是提高仓储系统的运行效率和降低仓储成本，更好地提升服务水平。

工作内容

➢ 绘制出仓储系统的结构逻辑图。
➢ 描述仓储系统的规划步骤。

任务分析

仓储系统包含输入、转换、输出和反馈四个环节，需要从这四个方面就其包含内容、如何运行和优化进行表述。

学习材料

材料 1　了解系统和物流系统

一、系统

（一）系统的定义

人们在认识事物和改造事物的过程中，通常会根据事物内在的、本质的、必然的联系，从整体的角度进行综合分析和研究，这一思维过程的核心就是系统论的观点。我国著名科学家钱学森对系统给出了如下定义：系统是由相互作用和相互依赖的若干组成部分结合而成的、具有特定功能的有机整体，而且这个整体又是它所从属的更大的系统的组成部分。系统概念图如图 1-1-1 所示。

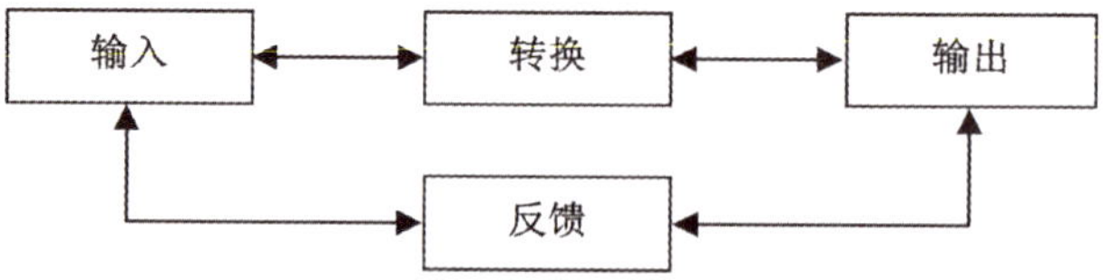

图 1-1-1　系统概念图

所有系统，无论大小都具有下列条件：

（1）系统整体是由两个或两个以上的要素组成的。

（2）各要素间存在着相互联系，使系统保持相对稳定。

（3）系统是相对于环境而言的，环境的制约是系统形成和存在的条件。

（4）系统具有一定的结构，保持系统的有序性，使系统具有特定的功能。

（二）系统特点

在系统概念中，系统有以下五个特点。

1. 整体性

系统的整体性主要表现为系统的整体功能。系统的整体功能不是各组成要素的简单叠加，而是呈现出各组成要素所没有的新功能，概括地表述为“整体大于部分之和”。

2. 相关性

对于一个系统来说，其组成是相当复杂的，具体表现在组成系统的各要素之间存在相互联系、相互作用、相互影响的关系。有效的系统中，各要素之间互补增强，使系统保持稳定、具有生命力，而要做到这一点，系统必须有一定的有序结构。

3. 目的性

系统具有能使各个要素集合在一起的共同目的，而且人造系统通常具有多重目的。例如企业的经营管理系统，在限定的资源和现有职能机构的配合下，它的目的就是完成或超额完成生产经营计划，实现规定的质量、品种、成本等利润指标。

4. 动态性

系统的动态性是指系统处于不断变化和运动之中，即系统要不断输入各种能量、物质和信息，通过转换处理，输出满足人们某种期望的结果。

5. 环境适应性

环境是指出现于系统以外的事物（物质、能量、信息）的总称，相对于系统而言，环境是一个更高级的、复杂的系统。系统必须适应外部环境的变化，能够经常与外部环境保持最佳的适应状态，才能得以存在。

二、物流系统的内涵

物流系统要求以系统思想为指导来研究物流的相关活动，这是系统思想在物流领域的具体化。物流系统可以定义为：在一定的时间和空间里，由所需的位移和服务的物资、提供服务的设备（含包装设备、装卸搬运机械、运输工具、仓储设施）、组织服务的人和信息等若干相互制约的动态要素所构成的具有特定功能的有机整体。这个整体十分复杂，其内部存在着相互作用和相互依赖的各个组成部分。物流系统的目的是实现物资的空间效益和时间效益，在保证社会再生产正常进行的前提条件下，实现各种物流环节的合理衔接，并取得最佳的经济效益。因此，物流系统是参与活动的物流功能要素、各类物流企业及供需双方、政府相关管理部门乃至政府宏观规划部门通过物流信息对各层次要素的整合协同工作，以完成物流各种功能的大系统。因此，物流系统包含如下两层含义。

（1）物流是由各个“功能要素”组合而成的完整的体系。物流系统通常由包装、装卸搬运、运输、仓储、配送、流通加工、物流信息这七种功能要素构成。物流各功能要素本身或几个物流要素的组合都是物流系统的一个子系统，但是，物流各要素或各子系统之间存在较为密切的关联性，每个子系统的最优化并不能保证物流系统的最优化。

物流的本质要求将包装、装卸搬运、运输、仓储、配送、流通加工、物流信息作为一个总体系统来管理，按照总体系统的总功能和目标去协调各个子系统，从而使各个子系统在相互联系、相互影响、相互制约中保持协调一致，在发挥各自特定功能的基础上形成系统的总功能，实现系统的整体性能最优化。物流与包装、装卸搬运、运输、仓储的根本区别就在于它是对这些功能要素进行系统化管理。因此，对于物流或物流问题必须用系统的方法，将其作为一个大系统来把握和处理。

（2）物流系统与其外部环境相互依存。由于物流系统的许多活动与自然、经济、社会系统都有着重要而广泛的相互影响，因此，物流系统的环境应该包括自然环境、社会环境、经济环境和文化环境，而不仅仅是经济体系中的子体系。物流的发展必须要考虑物流系统对其所处环境的影响以及环境对物流系统的制约因素。同时在物流系统对环境的影响中，不仅有经济效益，还有巨大的社会效益。

三、仓储系统

（一）含义

一个完整的仓储系统包括系统输入、系统处理、系统输入和反馈等环节。系统输入主要是人、财、物、信息系统等；系统处理一般包括仓库的选址与设计、仓储业务处理等；系统输出主要是仓储服务的输出；反馈主要是对消费者的问题迅速做出反馈并能及时满足消费者的服务期望。

提高整个仓储系统服务水平、降低仓储成本可以从仓储系统包含的内容来寻求思路，进而通过仓储环节实现企业创造“第三利润源”。

（二）仓储系统构成要素

仓储系统的主要构成要素包括储存空间、货品、人员及设备等要素。

1. 储存空间

储存空间即仓库内的保管空间。在进行储存空间规划时，必须考虑到空间大小、柱子排列、梁下高度、走道、设备回转半径等基本因素，再配合其他相关因素的分析，方可做出完善的设计。

2. 货品

货品是储存系统的重要组成要素。分析货品的特征、货品在储存空间的摆放方法以及货品的管理和控制是储存系统要解决的关键问题。

（1）货品的特征。货品的特征包括以下几个方面。

1）供应商。货品是别处供应而来，还是自己生产而来；有无行业特征及影响。

2）货品特性。如货品的体积大小、重量、单位、包装、周转率的快慢、季节性的分布，以及物性（如腐蚀或融化等）、温湿度的要求、气味的影响等。

3）数量。如生产量、进货量、库存决策、安全库存量等。

4）进货规定。如种类类别、规格大小等。

（2）货品在储存空间的摆放。影响货品在储存空间摆放的因素包括以下几个方面。

1）货位单位。货位的单位是单品（B）、箱（C）或托盘（P）。

2）货位策略的决定。确定货位策略是定位储存、随机储存、分类储存，还是分类随机储存，或是其他的分级、分区储存。

3）货位指派原则的运用。

4）货品特性。

5）补货的方便性。

6）单位在库时间。

7）订购频率。

货品摆放好后，就要做好有效的在库管理，随时掌握库存情况，了解其品种、数量、出入库状况等资料。

3. 人员

规模较大的仓库中，人员分工比较细，可能包括仓管人员、搬运人员、拣货和补货人员等。仓管人员负责管理及盘点作业，搬运人员负责入库、出库搬运作业和翻堆作业（为了货品先进先出、通风、避免气味混合等），拣货人员负责拣货作业，补货人员负责补货作业。而对于一般仓库，作业人员可以实行统一调配，不细分作业工种。

仓库人员在存取搬运货品时，讲求省时、高效。而在照顾员工的前提下，讲求的是省力。因此要达到存取效率高、省时、省力的目标，作业流程就要合理化；货位配置及标示要简单、清楚、一目了然；货位上的货品要好放、好拿、好找，另外，库内货位分类要简单、统一、标准化。

4. 设备

除了上述三项基本要素，另一个关键要素为储存设备、搬运与运输设备。如果货品不是直接堆放在地面上，则必须考虑相关的托盘、货架等；如果不是仅仅依靠人力搬运，则必须考虑使用叉车、笼车、输送机等输送与搬运设备。

（1）搬运与输送设备。在选择输送与搬运设备时，须考虑货品特性、容器、托盘等因素，以及作业流程与状况、货位空间的配置等，选择合适的搬运与输送设备。同时还要考虑设备成本与使用操作的方便性。

（2）储存设备。选择储存设备也要考虑货品特性、货品的单位、容器、托盘等基本条件，然后再选择适当的设备配合使用。有了货架设备时，必须将其做好标识、区隔，或是颜色辨识管理等。还应将各货位及货架等统一编码，以方便管理，而编码原则必须明晰易懂、方便作业。

阅读材料 1，回答以下问题。

（1）系统的含义是什么？

（2）物流系统的内涵是什么？

____

____

（3）仓储系统构成要素及含义是什么？

____

____

（4）仓储系统优化的途径有哪些？

____

____

材料 2 了解仓储系统规划内容

一、仓储系统的规划原则

仓储系统的规划原则不是一成不变的，要视具体情况而定。在特定场合下，有些原则互相影响，甚至互相矛盾。为了做出最好的设计，有必要对这些原则进行选择和修改。

1. 系统简化原则

要根据物流标准化做好包装和物流容器的标准化，把粮食、饮料、食盐、食糖、饲料等散装货物、外形不规则货物组成标准的储运集装单元，实现集装单元与运输车辆的载重量、有效空间尺寸的配合，集装单元与装卸设备的配合，集装单元与仓储设施的配合。这样做有利于仓储系统中的各个环节的协调配合，在异地中转等作业时不用换装，提高通用性，减少搬运作业时间，减轻物品的损失、损坏，从而节约费用；同时也简化了装卸搬运子系统，降低系统的操作和维护成本，提高系统的可靠性，提高仓储作业的效率。

2. 平面设计原则

如无特殊要求，仓储系统中的物流都应在同一平面上实现，从而减少不必要的安全防护措施;减少利用率和作业效率较低、能源消耗较大的起重机械，提高系统的效率。

3. 物流和信息流的分离原则

现代物流是在计算机网络支持下的物流，如果不能实现物流和信息流的尽早分离，就要在物流系统的每个分、合结点均设置相应的物流信息的识别装置，这势必增大系统的冗余度，增加系统的成本；如果能实现物流和信息流的尽早分离，将所需信息一次识别出来，再通过计算机网络传到各个结点，即可降低系统的成本。

4. 柔性化原则

仓库的建设和仓储设备的购置需要大量的资金。为了保证仓储系统高效工作，需要配置针对性较强的设备，同时随着社会物流环境的变化，仓储货物品种、规格和经营规模有可能发生改变。因此，在规划时，要注意机械和机械化系统的柔性和仓库扩大经营规模的可能性。

5. 物料处理次数最少原则

不管是以人工方式还是自动方式，每一次物料处理都需要花费一定的时间和费用。通过复合操作，或者减少不必要的移动，或者引入能同时完成多个操作的设备，就可减少处理次数。

6. 最短移动距离，避免物流线路交叉原则

移动距离越短，所需的时间越少，费用就越低；避免物流线路交叉，即可解决交叉点物流控制和物流等待时间问题，有利于保持物流的畅通。

7. 成本与效益平衡原则

在建设仓库和选择仓储设备时，必须考虑投资成本和系统效益原则。在满足仓储作业需求的条件下，尽量降低投资。

二、仓储系统规划步骤

由于现代仓储系统的发展，仓储系统的分类越来越细化，仓储系统所涵盖的功能也越来越全面，因此，现代仓储系统的规划已成为了一个系统工程，涉及的环节众多。现代仓储系统的规划设计步骤如图 1-1-2 所示。

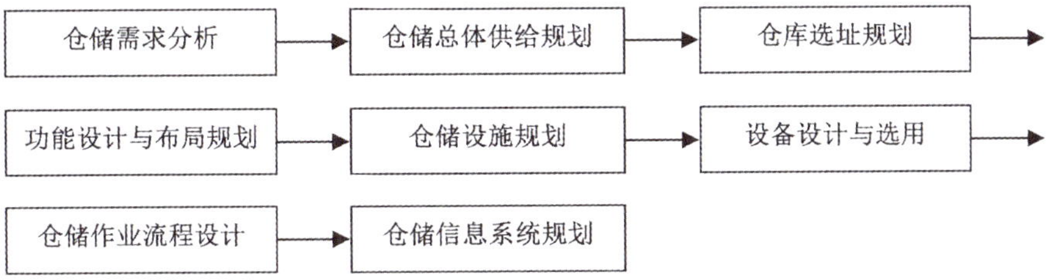

图 1-1-2　仓储系统规划步骤

1. 仓储需求分析

仓储需求分析需要进行相关的需求调查与分析，常采用的调查方法包括网上调研、图书资料调研与现场调研等，其主要内容包括：调查物流服务的供需情况、物流行业的发展状况等；收集仓库建设的内部条件、外部条件及潜在客户的信息；分析需要仓库存储商品的品种、货源、流量及流向等。

2. 仓储总体供给规划

在进行了仓储需求分析的基础上，再进行仓储的总体供给规划。仓储的总体供给规划需要确定所需仓库的数量和规模、所需仓库的分布情况以及仓库建设的路径。

（1）仓储规模与数量规划。影响仓储规模与数量的主要因素包括：客户服务水平、所服务市场的产品数目、投入生产的产业数目、产品大小、所用的物料搬运系统、吞

吐量、生产提前期、库存布置、通道要求、仓库中的办公区域、使用的支架类型以及需求的水平和方式等。此外，在仓库规模确定时，还必须考虑现代仓储的垂直存储能力，用立体空间来衡量仓库的面积。

企业在确定仓库的规模时，一般需要根据其存货速度（用周转率来衡量）以及在最大程度上“直接送货”给客户（通过一个地区性仓库或者批发商的仓库）的特征来计算工厂或批发商的仓库所需的面积，再在每种主要产品的基本储存空间基础上增加通道、站台以及垂直和水平存储提供的场地面积。通过处理计划销售量、存货周转以及直接运输给客户的流经存货，可精确计算出将来所需仓库的总空间。

而在进行仓库数量规划时，要注意仓库的规模与数量往往是成负相关关系的，随着仓库数量的增加，仓库的规模将会下降。仓库的数量通常与销售机会损失的成本、存货成本、仓储成本以及运输成本相关。由于在每个地点都应存有安全库存的所有产品，存货成本将随着设施数目的增加而增加；更多的仓库意味着拥有或租用更多的空间，仓储成本也会增加，但仓库达到一定数量后，其增加趋势将会减缓；运输成本开始时随着仓库数的增加而降低，但是如果仓库数太多，将会导致进出运输成本的综合增加。另外客户的购买方式、竞争环境以及计算机和其他信息技术的使用也将影响到仓库的数目。

（2）仓库分布规划。在确定仓储的规模和数量的同时，还必须进行仓库的分布规划，即大致确定众多仓库在全国范围内的分布。仓库分布规划必须考虑经济地理条件、生产力布局、交通运输条件以及管理体制和经营管理水平等。

（3）仓库建设的路径规划。仓储的规划不是一蹴而就的，往往需要一个过程，而且外界的环境（例如需求、供应等）也在变化，这些都使得仓库建设必须做好相应的计划安排，一般仓库建设的路径可以选择短期、中期和长期来进行相应的规划。

3. 仓库选址规划

仓库的选址和建设问题是仓库管理战略层面所研究的问题，选址决策包括两个方面的内容：地理区域的选择和具体地址的选择。仓库的选址首先要选择合适的地理区域，这对于一个全国性企业来说尤为重要。在地理区域选择时要对各地理区域进行审慎评估，选择一个适当范围为考虑的对象，如华南地区、华北地区等，同时还需结合仓库的物品特性、服务范围及企业的运营策略统一筹划。

仓库的地理区域确定后，就须确定具体的建设地点。具体地址的选择也要考虑各种影响因素，如经济环境因素、自然环境因素、制度环境因素等。

4. 功能设计与布局规划

仓库的功能设计包括三个方面：一是总的作业流程规划，二是作业区域的功能规划，三是作业区的能力设计。通常的步骤是，首先针对不同类别仓库的功能需求和典型的作业流程设计适合该仓库的作业流程，然后根据确定的作业流程规划物流作业区和外围辅助活动区的功能，最后确定各作业区的具体作业内容和作业能力。

在完成作业功能的规划设计，并确定主要物流设备与外围设施的基本方案后，就可以进行仓库的布局规划。仓库布局规划的目的是有效地利用空间、设备、人员和能源，最大限度地减少物料搬运、简化作业流程、缩短生产周期，力求投资最低，为员工提供方便、舒适、安全和卫生的工作环境。规划的成果是产生作业区域的布置图，设定各作业区域的面积和界限范围。

5. 仓储设施规划

这部分工作主要包括以下内容：主体库房设施设计、装卸货平台设施设计、货场及道路设施设计和其他建筑设施规划。

仓储的主体库房设施主要用于货物的周转、换载、配载、分拣、保管、包装和加工等。根据货物的形态和仓库的主要功能不同，主体库房设施包括平库、楼库和保温库几种形式。主体库房设施设计要关注库房层数、库房净高、库房面积和门窗等的技术指标。

装卸货平台设施是物料在流通程序的起点和终点，其安全性需要予以高度重视，以保障工人作业安全。装卸货平台位置的选择应考虑尽量缩短搬运工具（车辆）在库区内的行驶距离。装卸货平台布置有合并式和分离式两种模式。按库房建筑物与货车的位置关系分类，最常用的装卸货平台可分为穿墙式和开放式。装卸货平台的高度是平台设计中的最重要的要素，必须与使用平台的货车相匹配。装卸平台高度调节板安装在平台前端，以消除装卸货平台与货车之间的空隙和高度差，便于叉车将货物直接运送上货车或卸下货物。现代化物流机械广泛应用于装卸货平台，形成了一系列功能良好的产品。

仓库的货场及道路设施应遵循一定的技术指标，根据新建仓库或改造项目的不同，可以采用不同的地面形式。仓库的公用设施包括给排水设施、电力设施、供热与燃气设施等。对公用设施进行规划，除了考虑仓库的实际需要外，还要与仓库所在地的市政工程规划相一致。

仓库的其他建筑设施的规划与设计必须考虑到交通、水电、动力、土建、空调、安全和消防等与厂房建筑相关的周边设施条件。

6. 设备设计与选用

在初步规划阶段，仓库布置尚未完成，物流设备的设计主要以功能、数量和选用型号等内容为主。在详细设计阶段，必须进行设备的详细规格、标准等内容的设计。

一般而言，用于仓储系统的主要设备包括储存设备、装卸搬运设备、输送设备、分拣设备、包装设备、流通加工设备、集装单元器具、外围配合设备等。部分新设备可扫码学习，如图 1-1-3 所示。

AGV　　AR　　货到人拣选　　无人配送车

图 1-1-3　设备图片

7. 仓储作业流程设计

仓储作业流程设计包括组织结构的设置、各岗位责任的分工、仓储过程中信息流程和作业流程的确定等。仓储的作业组织和流程随着作业范围的扩大和功能的增加而变得复杂。设计合理的组织结构和明确的分工是仓储管理目标得以实现的基本保证。合理的信息流程和作业流程使仓储管理高效、顺畅，并达到客户满意的要求。

仓库作业流程设计是仓储系统日常所面对的最基本的管理内容。总体上讲，仓储系统的基本作业流程综合归纳为六项作业活动：①客户及订单管理；②入库作业；③理货作业；④装卸搬运作业；⑤流通加工作业；⑥出库作业。

进行仓储作业流程的设计需要明确这些作业的具体流程、组织管理体系、岗位职责和操作要求。通常在仓储系统组织管理体系的建设上，应坚持如下的原则：①客户服务原则;②流程控制原则。客户开发、客户管理、客户服务是仓储业务发展的“龙头”，应该从组织体系建设上强化这项工作。

在仓储作业流程设计时还需对其相关的作业信息和单据进行设计，对作业信息及其单据进行合理设计将有效提高仓储系统的作业效率。

8. 仓储信息系统规划

仓储信息系统是仓库自动化管理的核心。不同类型的仓储系统，其管理信息系统的功能和构成会有很大的区别。在普通仓储配送管理中，计算机系统主要包括管理信息系统、信息采集及识别系统、通信网络系统三大部分。

仓储信息系统规划是仓储系统规划的重要组成部分，按照时间顺序，仓储信息系统规划可以分为三个阶段：策略设计阶段、实施方案设计阶段和实施阶段。

策略设计阶段应根据企业的经营目标及发展方向构画出信息系统的规划策略，具体工作主要有：①规划范围界定及组织安排；②产业特性、企业经营环境及对同类企业信息系统现状的分析；③现行组织架构、现行组织运行状况、现行信息系统评估；④新信息科技技术资料收集及可运用性评估；⑤信息系统实施策略的形成。

实施方案设计阶段的具体工作主要有：①信息系统需求调查；②仓储系统现状调研分析；③仓储信息系统分析与设计；④信息系统实施规划。

当确定了仓储信息系统开发策略、系统架构、各种应用工具后，就进入实施阶段，通常有五项工作：①程序撰写；②程序测试；③编写操作手册；④系统安装及辅导上线；⑤操作培训。

阅读材料 2，完成以下任务。

1. 下列关于仓库的描述正确的是（　　）。
   A. 按建筑结构和保管条件分为库房、楼房和自动化立体仓库
   B. 金属材料、机电产品一般存放在通用仓库里
   C. 特种仓库里一般存放化工、危险产品等，主要有冷藏仓库、保温仓库、危险品仓库三种类型
   D. 保税仓库是指经海关核准的专门存放保税货物的专用仓库
   E. 货场是仓库的一种形式，主要存放不怕风吹雨淋日晒的物品
   F. 加工仓库与中转仓库的功能相同
2. 下列关于自动化立体仓库的描述正确的是（　　）。
   A. 一般由货架、巷道机、输送系统、控制系统和配套系统组成
   B. 自动化立体仓库的货架可以采取托盘式货架、重力式货架和驶出式货架

C．自动化立体仓库储存品种受限制，不适合超长和重量较大的货物

D．自动化立体仓库可以提高仓容利用率、产出作业效率、商品的破损率和仓储管理水平

E．自动化立体仓库具有很多的优点，缺点是投资高、施工周期长

3．查询内燃式叉车与电动式叉车的区别。

4．绘制仓储系统规划步骤的思维导图。

材料 3 调研问卷设计

为了更好地了解本地区物流企业的发展情况、物流资源的分布情况，特别是企业目前信息技术的使用情况，以及面对当前疫情形势，物流企业在资源规划、信息技术应用、供应链管理和运营等方面的对策等，需要通过调研或者访谈得出结论。你作为一名供应链运营专员，请根据任务设计出问卷。

操作步骤如下：

（1）确定调研目标，包含企业的选择和调研的内容。

（2）制定调查问卷。

（3）调研过程实施。

（4）汇总分析问卷。

（5）调研报告撰写。

详细内容请扫码学习。

调研问卷设计

扫码学习相关调研问卷设计知识，回答下列问题。

1．企业调研过程是什么？

2．设计调研表应该注意的问题有哪些？

3．调研数据的分析方法有哪些？

4．简述自有仓库仓储、公共仓库仓储、第三方仓储的区别。

5．（调研实训）请以 4 ～ 5 人团队的形式，设计出对某物流企业的调研表。调查内容要涉及企业基本情况、物流业务情况、物流设备情况、物流信息化情况及物流管理与作业人员素质情况。调查结束后，对数据采取一定的方法进行分析，提交 Word 版调研报告并通过 PPT 的形式在班级交流。

（1）准备内容：按组实施调研，组长负责安全；上网查找相关企业资料，拟定调研提纲；调研前要告知指导老师。

（2）步骤：组长带领本组到一家仓储或者配送中心企业调研；记录该企业在仓储配送中心工作任务、仓库工作流程、仓库组织结构、仓库各岗位职责、仓库工作人员的素质要求等方面的内容；以 2 个小组为单位整理调研记录，总结出调研的两个企业仓储配送中心工作的共性和不同点，并进行书面总结。在总结中，可适当附加一些单据或图片等能支持总结论点的资料。

任务评价

学完本任务后结合自己的学习情况，依指标进行评价，见表 1-1-1。

表 1-1-1　考核评价指标

考核项目	评分标准	总分值	得分值
知识掌握	1．系统构成 2．物流常用设施及设备 3．仓储系统含义	30	
能力提升	1．能进行问卷设计 2．会撰写调研报告	40	
职业素养	1．责任心 2．沟通能力 3．协作能力 4．计划能力	30	
签字		总分（100 分）	

任务反思

（1）试着理解仓储系统的含义。

（2）调研过程会遇到很多问题，如何与团队解决这些问题？抓住每次锻炼机会，一定会提高自己。

任务 2　仓库选址

仓库选址主要是针对流通领域的中转仓库，生产领域的仓库选址随工厂地址而定。仓库选址对仓库管理起着重要的作用，好的选址可以大幅降低仓储成本和提升客户服务水平。

工作内容

- 理解影响选址的因素。
- 掌握选址的方法。

任务分析

影响选址的因素包含经济因素、环境因素、城市发展因素等，确定选址的方法有多种，比如重心法、线性规划运输模型等。

学习材料

材料 1　选址原则、影响因素和技术方法

一、仓库选址原则

仓库的选址过程应同时遵守适应性原则、协调性原则、经济性原则和战略性原则。

1. 适应性原则

仓库的选址须与国家以及省市的经济发展方针、政策相适应，与我国物流资源分布和需求分布相适应，与国民经济和社会发展相适应。

2. 协调性原则

仓库的选址应将国家的物流网络作为一个大系统来考虑，使仓库的设施设备在地域分布、物流作业生产力、技术水平等方面互相协调。

3. 经济性原则

仓库发展过程中，有关选址的费用主要包括建设费用及物流费用（经营费用）两部分。仓库的选址定在市区、近郊区或远郊区，其未来物流活动辅助设施的建设规模和建设费用以及运费等物流费用是不同的，选址时应以总费用最低作为仓库选址的经济性原则。

4. 战略性原则

对于仓库的选址，应具有战略眼光。一要考虑全局，二要考虑长远。局部要服从全局，短期利益要服从长远利益，既要考虑目前的实际需要，又要考虑日后发展的可能。

二、影响仓库选址的因素

仓库主管在进行仓库选址时主要考虑的因素是服务可得性和服务成本，采购获取的成本是支配仓库选址的最重要因素。除此以外，仓库主管还需要评估设备安装和作业费用，诸如铁路旁的引轨、税金、保险费率，以及公路通道等，这类费用在不同地点之间存在差异。

在确定仓库选址以前，仅从经济的角度考虑是否合理，没有具体考虑仓库地点的工程技术条件还远远不够，在仓库地点的具体选择时，必须进一步进行现场调查，从工程条件上分析评价仓库地点的地质、水文、气候等自然条件和水电供应、交通运输、安全等环境条件。

1. 地质条件

仓库选址，仓库主管首先要对地质条件进行分析。对地质条件的分析是指与工程建设有关的工程地质方面的分析。根据仓库对地基的一般技术要求，应选择地质坚实、平坦、干燥的地点，其用地应选用承载力较高的地基。因此仓库地点的选择必须避免存在不良地质现象或地质构造不稳定的地段，防止因岩溶和滑坡造成的危害。在地震地区建仓库时，应避开断裂破碎地带和易于滑塌地段。

2. 水文条件

沿江河地区选址时，仓库主管要调查和掌握有关的水文资料，特别是汛期洪水最高水位的情况，防止洪水隐患。同时，在水文条件方面还要考虑地下水位的情况，水位过高的地方不宜作为工程的基地。

3. 水电供应条件

仓库应选择靠近水源、电源的地方，保证方便和可靠的水电供应。特别应注意对水源的分析，了解和掌握仓库供水系统以及周围用水单位的情况，调查用水高峰期间消防水源的保障程度，以防紧急情况下供水不足。

4. 交通运输条件

仓库的地点应具有良好的交通运输条件，应靠近现有的水陆交通运输线，对于大型仓库还应考虑铺设道路专用线或建设专用水运码头等。

5. 安全条件

仓库选址要注意所处的环境条件，特别要对安全条件进行详细的调查分析。仓库地点应与周围的其他建筑物，特别是工厂、居民区保持一定的安全距离，避免各种潜在危险。同时，为了消防安全，仓库周围建筑和道路必须保证交通通畅，防止阻塞。另外，还要考虑周围环境对储存物品安全的影响，如仓库应设在工厂上方处，以避免有害气体对储存物品的侵蚀和污染。

此外，仓库选址还应考虑建筑成本和将来仓库发展的需要。

三、选址步骤

仓库的选址可分为两个步骤进行：第一步为分析阶段，包括需求分析、费用分析、约束条件分析；第二步为筛选及评价阶段，根据分析的情况选定具体地点，并对所选地点进行评价。

（一）分析阶段

分析阶段包括以下内容。

1. 需求分析

根据物流产业的发展战略和产业布局，对某一地区的顾客及潜在顾客的分布进行分析，并分析供应商的分布情况。具体包括以下内容：

（1）工厂到仓库的运输量。

（2）向顾客配送的货物数量。

（3）仓库预计最大容量。

（4）运输路线的最大业务量。

2. 费用分析

费用主要有工厂到仓库之间的运输费、仓库到顾客之间的配送费、与设施和土地有关的费用及人工费等。运输费随着距离的变化而变动，设施费用、土地费用是固定的，人工费是根据业务量的大小而确定的，以上费用必须综合考虑并进行成本分析。

3. 约束条件分析

约束条件主要包括：

（1）地理位置是否合适，是否靠近铁路货运站、港口、公路主干道，道路是否畅通，是否符合城市或地区的规划。

（2）是否符合政府的产业布局，有没有法律制度方面的约束。

（3）地价情况。

（二）筛选及评价阶段

分析活动结束后得出综合报告，根据分析结果在本地区内初选几个仓库的地址，然后在初选的几个地址中进行评价，从而确定一个可行的地址，编写选址报告。

四、仓库选址的技术方法

常用的仓库规划选址方法包括量本利分析法、加权因素法、线性规划运输模型和重心法等，下面对这些方法进行详细说明。

1. 量本利分析法

任何选址方案都有一定的固定成本和可变成本，不同选址方案的成本和收入都会随仓库储量的变化而变化。利用量本利分析法，选择盈亏平衡时储量最小的方案为最优方案。

【例 1】某仓库初选址有 A、B、C 三个方案，A 址的固定成本为 500 万元，单位变动成本为 2.6 元，每储存一单位的货物收入为 3.8 元，B 址的固定成本为 450 万元，单位变动成本为 2.8 元，每储存一单位的货物收入为 3.8 元，C 址的固定成本为 560 万元，单位变动成本为 2.5 元，每储存一单位货物的收入为 4 元。试用量本利分析法进行选址。

解：A 址的总成本 $=500+2.6Q$，A 址的总收入 $=3.8Q$。

当盈亏平衡时，总成本 = 总收入，此时的盈亏平衡储量 Q_0 为

$$500+2.6Q_0=3.8Q_0$$

求得 Q_0=416.7 万单位。同理，求得 B 址盈亏平衡时的储量约为 450 万单位，C 址

盈亏平衡时的储量约为 373.3 万单位，所以应选择 C 址进行建设仓库。

2. 加权因素法

加权因素法是对设施的每项因素规定一个从 1 到 10 的权数，表示它的相对重要性，然后对每个因素用 A、B、C、D、E 进行分级评分（A=4 分，B=3 分，C=2 分，D=1 分，E=0 分），对每个备选方案的各个因素进行优劣评级，完成之后用该项得分乘以它们各自的因素权数，并将每个方案各因素的得分加权汇总，得出每个方案的总分，然后加以比价。

本方法适用于各种非经济因素比较，运用本方法的关键是合理确定权数和等级，重要的是要征询决策者的意见。如果有若干个决策部门，则可取它们的平均值。加权因素法可以分别用于地区选择和地点选择，也可以用于分级计分，即先后对若干地区方案和相应的地点方案分别进行计分，然后将地区得分和地点得分相加，按总分进行比较。

【例 2】某仓储企业需要确定新建仓库的具体位置。经初步比较，共有初选址 A、B、C 三个，进行选址时的影响因素有投资、交通便利性和能源供给等。三个方案对各因素目标值的满足程度进行评分：A 址投资为 90%，交通便利性为 60%，能源供给为 50%；B 址投资为 80%，交通便利性为 70%，能源供给为 60%；C 址投资为 50%，交通便利性为 90%，能源供给为 90%。由专家对各因素的重要性确定加权系数（专家人数 4 个，加权系数 1 ～ 9），见表 1-2-1。

表 1-2-1　专家打分

指标	专家 1	专家 2	专家 3	专家 4
投资	5	8	2	7
交通便利性	6	6	9	7
能源供给	9	7	5	6

解：由此得投资目标值权重 =(5+8+2+7)/4=5.5

交通便利性目标值权重 =(6+6+9+7)/4=7

能源供给目标值权重 =(9+7+5+6)/4=6.75

进而得到各地址的总评分如下：

A 址总评分 =5.5×0.9+7×0.6+6.75×0.5=12.525

B 址总评分 =5.5×0.8+7×0.7+6.75×0.6=13.35

C 址总评分 =5.5×0.5+7×0.9+6.75×0.9=15.125

所以方案 C 是最优的，即仓库建设的选址应该选择 C 址。

3. 线性规划运输模型

如果一个工厂或一个服务设施仅有一个原材料供应点，则只要将供应点的原材料生产成本加上从原材料供应点到该工厂或服务设施的运输成本，就可以计算供应成本。通过计算所有备选厂址（服务设施）的供应成本，经过比较，就可以得出最优的选址方案。

当一个工厂或一个服务设施有多个原材料供应点时，问题就复杂得多。要解决这个问题，需要应用线性规划运输模型。为了说明如何应用线性规划运输模型来解决选址问题，现举一个例子。

【例 3】某公司现有 3 个工厂 A、B 和 C，它们在 3 个不同的城市；有 2 个仓库 P 和 Q，它们位于不同的城市，仓库用来存放工厂生产的产品，随时供应用户。为了更好地为顾客服务，该公司决定再设置一个新仓库。经过调查研究和估点法评价，确定 X 和 Y 两个点可建仓库。有关资料见表 1-2-2。

表 1-2-2　工厂能力和至仓库运费

工厂	生产能力 /（吨 / 月）	运费 /（元 / 吨）			
		P	Q	X	Y
A	2400	15	27	48	51
B	2400	27	12	24	27
C	1800	45	24	9	15

为了计算方便，我们不同时考虑两个备选仓库。首先，假设已选中仓库 X，用运输模型求解。该问题的解见表 1-2-3，月总运输费为 2100×15+2100×12+300×24+1800×9=80100（元）。

表 1-2-3　假定仓库 X 选定情况下运输问题最优解

工厂	仓库								生产能力 /（吨 / 月）
	P		Q		X		虚拟仓库		
	分配数量 /（吨 / 月）	运费 /（元 / 吨）	分配数量 /（吨 / 月）	运费 /（元 / 吨）	分配数量 /（吨 / 月）	运费 /（元 / 吨）	分配数量 /（吨 / 月）	运费 /（元 / 吨）	
A	2100	15		27		48	300	0	2400
B		27	2100	12	300	24		0	2400
C		45		24	1800	9		0	1800
需求 /（吨 / 月）	2100		2100		2100		300		6600

用同样的方法，计算仓库 Y 作为选定点的费用：2100×15+2100×12+300×27+1800×15=91800（元），见表 1-2-4。

表 1-2-4　假定仓库 Y 选定情况下运输问题最优解

工厂	仓库								生产能力 /（吨 / 月）
	P		Q		Y		虚拟仓库		
	分配数量 /（吨 / 月）	运费 /（元 / 吨）	分配数量 /（吨 / 月）	运费 /（元 / 吨）	分配数量 /（吨 / 月）	运费 /（元 / 吨）	分配数量 /（吨 / 月）	运费 /（元 / 吨）	
A	2100	15		27		51	300	0	2400
B		27	2100	12	300	27		0	2400
C		45		24	1800	15		0	1800
需求 /（吨 / 月）	2100		2100		2100		300		

比较仓库 X 和 Y，选择 X 较好。

以上讨论的是追求供应过程运费最少的选址问题。现在讨论追求产品发运过程运费最少的选址问题。我们通过一个例子来说明。

【例 4】某公司现有两个工厂 A 和 B，3 个仓库 U、V 和 W。这些工厂和仓库位于不同的城市。该公司为了发展，决定选择某个城市建一个新厂。现有两个备选厂址 X 和 Y，它们位于不同的城市。各工厂的生产能力、各仓库的需求以及工厂到仓库的单位运费见表 1-2-5。

表 1-2-5　各工厂的生产能力、各仓库的需求和单位运费

现有工厂和备选工厂	生产能力 /（台 / 月）	运费 /（元 / 台）		
		U	V	W
A	2800	10	24	36
B	2000	20	16	14
X	2400	30	22	12
Y	2400	40	30	8
各仓库的需求（台 / 月）		2200	1400	2600

按类似的方法，我们可以分别假定 X 和 Y 作为备选工厂，计算发运费用，经比较求出较好的方案。计算结果见表 1-2-6 和表 1-2-7。

表 1-2-6　假定工厂 X 选定情况下运输问题最优解

工厂	仓库								生产能力 /（吨 / 月）
	U		V		W		虚拟仓库		
	分配数量 /（台 / 月）	运费 /（元 / 台）	分配数量 /（台 / 月）	运费 /（元 / 台）	分配数量 /（台 / 月）	运费 /（元 / 台）	分配数量 /（台 / 月）	运费 /（元 / 台）	
A	2200	10		24		36	600	0	2800
B		20	1400	16	200	14	400	0	2000
X		30		22	2400	12		0	2400
需求 /（吨 / 月）	2200		1400		2600		1000		3600

表 1-2-7　假定工厂 Y 选定情况下运输问题最优解

工厂	仓库								生产能力 /（吨 / 月）
	U		V		W		虚拟仓库		
	分配数量 /（台 / 月）	运费 /（元 / 台）	分配数量 /（台 / 月）	运费 /（元 / 台）	分配数量 /（台 / 月）	运费 /（元 / 台）	分配数量 /（台 / 月）	运费 /（元 / 台）	
A	2200	10		24		36	600	0	2800
B		20	1400	16	200	14	400	0	2000
Y		40		30	2400	8		0	2400
需求 /（吨 / 月）	2200		1400		2600		1000		3600

根据表 1-2-6 计算总发运费：2200×10+1400×16+200×14+2400×12=76000（元 / 月）。

根据表 1-2-7 计算总发运费：2000×10+1400×16+200×14+2400×8=64400（元 / 月）。

因此，在 Y 地建厂是较好的选择。

4. 重心法

重心法适用于运输费率相同的仓库地址比较，使求得的库址位置离各个原材料供应点（或需求点）的距离乘以各点供应量（或需求量）的总和为最小。重心法简单地将各设施地点抽象为地理坐标，并为每一段运输距离赋予一定的运输费率，那么在运输过程中，会产生生产地到仓库、仓库到需求地两部分运输费用。在计算时，重心法通过对两部分运输费用的相加，做出选址模型，并求出运输费用最小的位置作为仓库的地址。

设有一系列点代表生产地和需求地，各自有一定量的货物要以一定的运输费率运向位置待定的仓库，或从仓库运出，那么该仓库将位于何处呢？我们以该点的运输量乘以到该点的运输费率，再乘以到该点的距离，求出上述乘积之和最小的点。其公式为

$$\mathrm{MinTC} = \sum V_i \times R_i \times d_i \tag{1-1}$$

式中：TC 为总运输成本；V_i 为 i 点的运输量；R_i 为到 i 点的运输费率；d_i 为从位置待定的仓库到 i 点的距离。

设 X_0，Y_0 为位置待定的仓库的坐标，X_i，Y_i 为产地和需求地的坐标。距离 d_i 可以由式（1-2）估计得到：

$$d_i = K\sqrt{(X_i - X_0)^2 + (Y_i - Y_0)^2} \tag{1-2}$$

式（1-2）中，K 为一个度量因子，用于将坐标轴上的一单位指标转换为更通用的距离度量单位，如千米。

将式（1-2）代入式（1-1）中，并分别求 TC 关于仓库坐标 X_0、Y_0 的一阶偏导数，并令其为零，这样可以得到两个方程式，解这两个方程，可以得到仓库位置的坐标值。

仓库选址 X 精确重心的坐标如下：

$$X_0 = \frac{\sum_i V_i R_i X_i / d_i}{\sum_i V_i R_i / d_i},\quad Y_0 = \frac{\sum_i V_i R_i Y_i / d_i}{\sum_i V_i R_i / d_i} \tag{1-3}$$

将 d_i 代入式（1-3），计算出修正后的 X_0、Y_0 坐标，并根据修正后的坐标值求出修正后的 d_i，并不断重复上述计算过程，直至 X_0、Y_0 坐标不再变化或者变化较小时，即求得较为理想的仓库位置。

【例 5】如图 1-2-1 所示，有 5 个零售店，它们的坐标分别为商店 1（1，3）、商店 2（3，3）、商店 3（4.5，1.5）、商店 4（2，1）、商店 5（6，2.5）。

（1）当每个商店进货量相等时求最佳供货仓库的位置。

（2）当商店 1 每月接收 3 吨货物，商店 2 每月接收 5 吨货物，商店 3 每月接收 4 吨货物，商店 4 每月接收 2 吨货物，商店 5 每月接收 6 吨货物时，求最佳供货仓库的位置。

解：（1）当每个商店运输量相等时，有

$$X_i = \frac{\sum_{i=1}^{n} d_{ix}}{n}, \quad Y_i = \frac{\sum_{i=1}^{n} d_{iy}}{n}$$

因此，X_i=(1+3+4.5+2+6)/5=3.3km，Y_i=(3+3+1.5+1.0+2.5)/5=2.2km。

所以，仓库最佳选址的坐标为：距 0 点以北 2.2km，以东 3.3km 处。

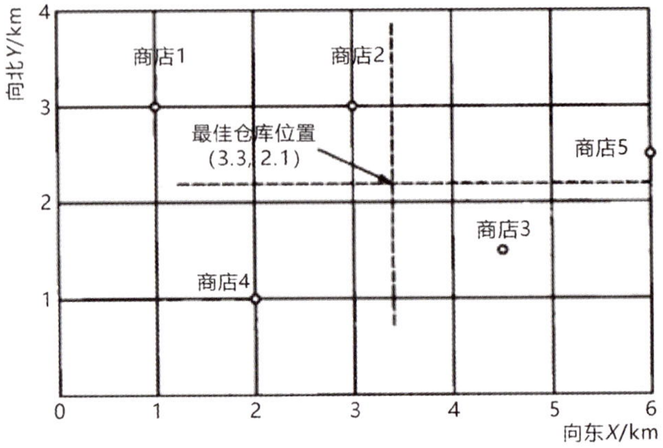

图 1-2-1　服务于零售店的仓库重心法选址

（2）运用式（1-1）计算，其计算过程可通过表格形式表示，见表 1-2-8。商店的每月需求总量为 3+5+4+2+6=20 吨，仓库加权重心的位置是距北 2.35km、距东 3.8km。因此，计算出的仓库位置更往北、往东一些。

表 1-2-8　运量不等情况下求仓库位置

商店	向北 Y	向东 X	月需量 / 吨	Y* 需量	X* 需量
1	3	1	3	3×3=9	1×3=3
2	3	3	5	3×5=15	3×5=15
3	1.5	4.5	4	1.5×4=6	4.5×4=18
4	1	2	2	1×2=2	2×2=4
5	2.5	6	6	2.5×6=15	6×6=36
合计			20	47	76
加权平均				2.35	3.8

在实际选址中，可能会考虑更多的因素，如税收、工资率、成本、运输服务质量、传输速率与距离等。这些因素增加了复杂性以及计算所需要的时间，也说明了为什么一些公司会求助于专门的软件包来决定设施选址。

阅读材料 1，依据任务要求完成下列各项任务。

1. 经济环境因素是仓库选址考虑的因素之一，其具体体现在（　　）。

A．货流量的大小　　　　B．城市的扩张与发展

C．气候因素　　　　　　D．货物的流向

E．交通便利　　　　　　　　　　F．政策环境因素

2．某公司现有 3 个工厂 A、B、C 和 2 个分配中心 P、Q，准备在 W 城或 A 城再建一个分配中心。现给出如表 1-2-9 所示的资料，求最佳分配中心的地点。

表 1-2-9　资料数据

工厂	从工厂到分配中心的单位运费 / 元				工厂生产能力
	分配中心 P	分配中心 Q	A 城分配中心	W 城分配中心	
A	17	6	9	10	800
B	13	9	8	7	900
C	5	11	7	7	800
需求	900	700	600	600	

解：

3．某汽车制造公司决定在南方建一新厂，现在南方三个省初步确定了 3 个备选厂址 A、B 和 C，经过专家调查和判断，对这 3 个厂址按 5 个因素进行评分，结果如表 1-2-10 所示。哪个厂址较好？

表 1-2-10　打分表

选址因素	权重	备选厂址		
		A	B	C
交通运输	0.25	90	95	80
土地费用	0.1	80	75	95
生活条件	0.25	90	80	80
人口素质	0.2	90	85	80
科学文化条件	0.2	90	80	80

解：

4．希望通过一个中枢将一些城市连接起来，这些城市的地图坐标和运输量如表 1-2-11 所示。

表 1-2-11　地图坐标和运输量

城市	地图坐标（x，y）	运输量
A	（5，10）	5
B	（6，8）	10
C	（4，9）	15
D	（9，5）	5
E	（7，9）	15
F	（3，2）	10
G	（2，6）	5

（1）这个中枢应该位于哪个坐标附近呢？

（2）如果城市 A 的运输量增加了 3 倍，连接点会有什么变化？

解：

计算完毕后请核对答案。

仓库选址答案

任务评价

学完本任务后结合自己学习情况，依指标进行评价，见表 1-2-12。

表 1-2-12　考核评价指标

考核项目	评分标准	总分值	得分值
知识掌握	1. 选址原则 2. 选址流程 3. 选址方法及含义	30	
能力提升	1. 能进行选址调研分析 2. 掌握选址技术及方法	40	
职业素养	1. 责任心 2. 沟通能力 3. 协作能力 4. 计划能力	30	
签字		总分（100 分）	

任务反思

结合整个任务的学习理解，请反思以下内容，并谈谈你的理解。

（1）试着绘制出选址的流程图。

（2）针对重心法选址技术，试利用杠杆平衡法正反力矩相等的原理推导原理公式。

任务 3　仓库规划

仓库规划是根据仓库生产和管理的需要，对整个仓库中的所有设施进行用途规划，确定生产、辅助生产、行政等场所，以及仓库、作业、道路、门卫等的分布，并对各类设施和建筑进行区别（如仓库货场编号、道路命名、行政办公区识别等），以使仓库的总体布局合理。

工作内容

- 确定仓库总平面规划内容。
- 确定仓库立体规划内容。
- 掌握 EIQ 规划技术。

任务分析

平面规划包括仓库面积确定、作业区规划、布局规划等，立体规划指立体空间上的布置，即建筑高度的规划。使用 EIQ 方法进行仓库规划。

学习材料

材料 1　平面规划和立体规划

一、仓库的平面规划

（一）规划原则

（1）适应现代物流生产流程，有利于生产的正常进行。

（2）有利于提高仓库的经济效益。

（3）有利于安全生产和文明生产。

（二）现代仓库面积的确定

1．名词解释

（1）仓库总面积：从仓库外墙线算起，整个围墙内所占的全部面积。

（2）仓库建筑面积：仓库内所有建筑物所占平面面积之和。

（3）仓库使用面积：仓库内可以用来存放商品的面积之和。

（4）仓库的有效面积：指在仓库内计划用来存放商品的面积之和。

（5）仓库的实用面积：商品实际所占的面积，计算公式为

$$S = Q / q$$

式中：S 为库房的实用面积，m^2；Q 为库房最高储存量，t；q 为单位面积商品储存量，t/m^2。

确定仓库总面积，计算公式为

$$F=\sum S/\lambda$$

式中：F 为仓库的总面积，m^2；$\sum S$为仓库使用面积之和，m^2；λ 为仓库面积利用系数。

具体各面积计算方法见表 1-3-1。

表 1-3-1　仓库面积的计算

仓库面积	定义	计算方法
建筑面积	库房所占用的土地面积	库房外墙线所围的水平面积
使用面积	库房内可供使用的面积	库房内墙线所围成的面积，并除去库房内立柱、电梯、消防设施、办公设施等所占的面积
有效面积	实际用来存放物品的面积，即货位和货架等所占的面积	使用面积除去过道、垛距、墙距及进行验收备料等区域后所剩的面积

2. 仓库储存区域面积的计算

对仓库进行设计和规划时，应当计算出仓库的有效利用面积，科学地控制仓库的建筑面积，以达到满足需求并节省成本的目的。

一般情况下，仓库分为物料存储区、验收分发作业区、管理室和生活间、设备存放区等区域，在建设仓库之前，需要对其面积做出充分预估。

仓库面积分为有效面积和辅助面积两大部分，一般情况下，有效面积包括货架、货垛的占用面积，辅助面积包括验收、分类、分发作业场地、通道、办公及生活间等占用的面积。下面介绍货物储存区域面积的计算。

（1）荷重计算法。荷重计算法是一种常用的计算方法，是根据仓库有效面积上的单位面积承重能力来确定仓库面积的方法，计算公式为储存区域面积 =（全年储存货物量 / 单位有效面积平均承重能力）×（物料平均储存天数 / 年有效工作日数）×（1/储存区域面积利用率），用符号表示为

$$S=\frac{QT}{T_0qa}$$

式中：S 为储存区域面积，m^2；Q 为全年物料入库量，t；T 为物料平均储存天数；q 为单位有效面积平均承重能力，t/m^2；a 为储存区域面积利用率；T_0 为年有效工作日数。

另外还有堆垛计算法，两种方法的具体说明见表 1-3-2。

表 1-3-2　常用仓库面积计算方法说明表

方法	简介	计算公式	备注
荷重计算法	根据仓库总存储量，以及仓库有效面积上的单位面积承重能力来确定仓库面积的方法	仓库总面积$S=\frac{QT}{T_0qa}$	

续表

方法	简介	计算公式	备注
堆垛计算法	根据各类仓库中货物存储的实际面积，比上对应的面积用系数，得出仓库总面积的计算方法	仓库总面积 $S=S_0/a$ S_0 为实用占地面积 a 为仓库面积利用系数	堆垛存储，a 为 0.45 ～ 0.6 货架存储，a 为 0.25 ～ 0.3 托盘堆存，a 为 0.4 ～ 0.5 混合存储，a 为 0.35 ～ 0.4

【例 6】某工厂拟建一个金属材料仓库，现已知工厂生产所需的金属材料平均储存天数为 90d，年需求量为 1000t，工厂地面单位面积对金属材料平均承重能力为 1.5t/m^2，金属材料仓库面积利用率为 0.4，工厂有效工作日为 360d，试计算金属材料仓库应建多大面积。

解：根据荷重计算公式可得

$$S=\frac{QT}{T_0qa}=1000\times\frac{90}{(360\times1.5\times0.4)}=417\text{m}^2$$

（2）托盘尺寸计算法。若货物储存量较大，并以托盘为单位进行储存，则可先计算出存货实际占用面积，再考虑叉车存取作业所需通道面积，就可计算出储存区域的面积需求。具体可参考相关书籍。

（三）现代仓库的总体构成及规则

仓库的总平面规划见表 1-3-3。

表 1-3-3　仓库的总平面规划

总平面	功能	主要建筑物和构筑物
仓储作业区	仓储作业区是仓库的主体。仓库的主要业务和商品保管、检验、包装、分类、整理等都在这个区域里进行	库房、货场、站台，以及加工、整理、包装场所等
辅助作业区	在辅助作业区内进行的活动是为主要业务提供各项服务	维修加工以及动力车间、车库、工具设备库、物料库等
行政生活区	行政生活区由办公室和生活场所组成	办公楼、警卫室、化验室、宿舍和食堂等
院内道路	在仓库总面积中需要有库内运输道路。商品出入库和库内搬运要求库内、外交通运输线相互衔接，并与库内各个区域有效连接	道路
停车场绿化区	在规划各区域时，要遵照相应的法律法规并使不同区域所占面积与仓库总面积保持适当的比例	停车场、绿化区域等

仓库总平面一般划分为仓储作业区、辅助作业区和行政生活区，仓储作业区是仓库的主体，仓库的主要业务和商品保管、检验、包装、分类、整理等都在这个区域进行；辅助作业区是为主要业务提供服务；行政生活区由办公室和生活场所组成。在规划各

区域时，要按照相应的法律和法规并使不同区域所占面积与仓库总面积保持适当的比例，如院内绿化面积不小于 30%、院内要设计防火通道等。

1. 仓库的总平面规划规则

（1）仓储作业区。仓储作业区是库区的主体部分，主要包括库房、料棚、露天货场、铁路专用线、道路、装卸站台等。现代仓库已由传统的储备型仓库转变为以收发作业为主的流通型仓库，其各组成部分的构成比例通常为：合格品储存区面积占总面积的 40% ～ 50%；通道占总面积的 8% ～ 12%；待检区及出入库收发作业区占总面积的 20% ～ 30%；集结区占总面积的 10% ～ 15%；待处理区和不合格品隔离区占总面积的 5% ～ 10%。

铁路专用线和库区道路是货物的运输通道，因铁路专用线具有运输能力、安全快速等特点，所以有条件的企业应尽量铺设，同时应考虑铺设地点，以便于物资装卸和集散，有利于库内短距离搬运，并尽可能缩短库内搬运距离。库区道路要通畅、简捷，要有足够的宽度。

装卸站台是火车或汽车装卸货物用的建筑平台。站台高度与铁路货车车厢底面或汽车车厢底面高度相等，以便于叉车作业，站台的宽度和长度要根据作业方式和作业量大小而定。

用汽车运输时，根据汽车的一般类型，站台应高出地面 0.9 ～ 1.2m。用火车运输时，站台的高度应与车厢底板平行。各参数见表 1-3-4 和表 1-3-5。

表 1-3-4　各车辆适应的站台高度

车型	站台高度 /m
集装箱卡车	1.40
冷藏车	1.32
作业拖车	0.91
载重车	1.17
长途挂车	1.22
普通卡车	1.17

表 1-3-5　仓库站台主要参数

项目	汽车站台 /m	铁路站台 /m
一般站台高度	2.0 ～ 2.5	3.5
小型作业叉车站台宽度	3.4 ～ 4	≥ 4.0
站台高度	高于地面 0.9 ～ 1.2	高于轨顶 1.1
站台上雨棚高度	高于地面 4.5	高于轨顶 5.0
站台边距铁路中心	—	1.75
站台端头斜坡道坡度	≤ 10%	≤ 10%

（2）辅助作业区。辅助作业区包括机修车间、车库、包装间、配电室等，虽然不直接参与仓储作业，但它是完成仓储作业所必需的，所以辅助作业区的布置应尽量减少占地面积，保证仓库安全。

（3）行政生活区。行政生活区包括办公区、食堂、值班宿舍等，行政生活区应与仓储作业区和辅助作业区隔开。

（4）其他布置。建筑物间距在符合防火规定的基础上，力求紧凑合理。库区要设置消防水管、排水系统，在多雨和沿江沿海地区要有防汛防涝设施。办公生活区及建筑物间要有绿化带。围墙的高度要满足防盗要求，同时应设实体围墙。

仓库总体布局示意如图 1-3-1 所示。

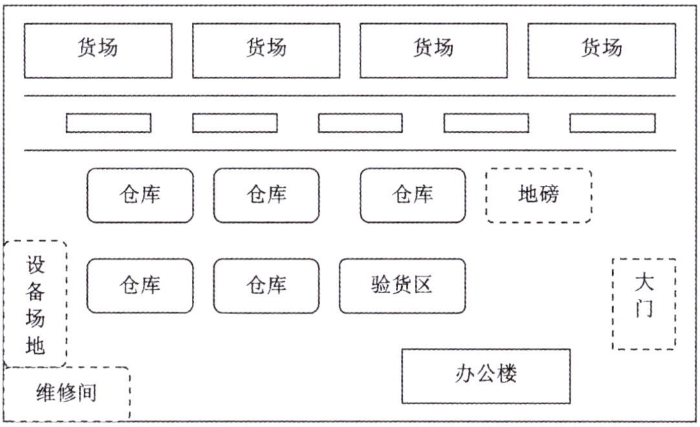

图 1-3-1　仓库总体布局示意

2. 仓库空间需求分析

在仓库布局设计时，首先考虑物流公司仓库的空间需求。一般来讲，仓库包含如下空间，如图 1-3-2 所示。

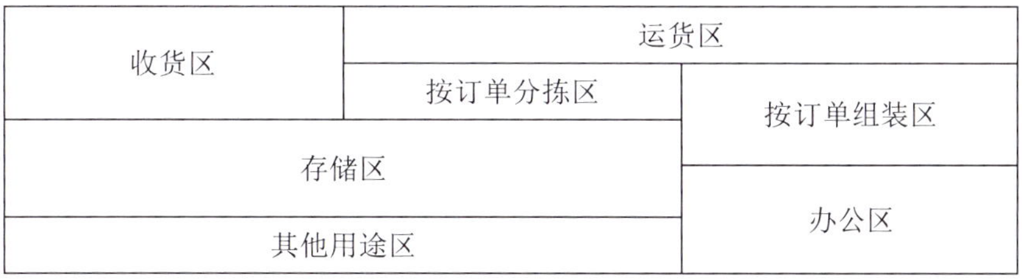

图 1-3-2　仓库的空间需求

决定所需仓库空间的第一步是对公司产品的需求进行预测，即根据产品种类，估计在一定的销售时期（通常为 30 天）产品的销量，然后估计各类产品安全储备在内的数量，接下来是计算各部分所占的空间。此时，公司对所需的基本储存空间就有了大致的估计。公司还必须为过道以及诸如电梯、会议室之类的设施留出空间。仓库总空间的 1/3 通常无储存功能，很多公司通过计算机模拟对这些空间进行决策。

（1）收货区与发货区。此空间需求为物流系统中的运输部分提供一个接口，即收货与出货接口。通常把它设在两个不同的位置以保证较高的效率。考虑到这些空间需求，公司必须决定是将接货点设在仓库外部，还是将货物直接利用运输工具卸载到仓库内部。公司必须考虑到装卸货物以及存放设备与托盘所需的空间。

在货物整合及运输前安排货物的场所同样重要。此外，还必须有进行核对、点数和检查工作的空间。收发货物的体积和频率严格决定了对接货与发货空间的需求。

（2）按订单进行分拣、组装的空间。此空间需求是出于按要求进行分拣和组装，所需的空间大小取决于产品的自然属性以及处理时所采用的设备。这一场所的布局对高效运作和为客户服务方面起着关键性作用。

（3）实际存储空间。按照仓储作业的功能特点和 ISO 9000 国际质量体系认证的要求，储存区域可分为待检区、待处理区、不合格品隔离区和合格品储存区等。待检区用于暂存处于检验过程中的商品，处于待检状态的商品一般采用黄色的标识；待处理区用于暂存不具备验收条件或质量暂时不能确认的商品，处于待处理状态的商品一般采用白色的标识；不合格品隔离区用于暂存质量不合格的商品，处于待处理状态和不合格品隔离状态的商品一般采用红色的标识；合格品储存区用于储存合格的商品，处于合格状态的商品一般采用绿色的标识。

仓库内除设置上述基本区域外，还应根据仓储业务的需要，设置卸货作业区、流通加工区和出库备货区等。为方便有关业务的处理和库内货物的安全，待检区、待处理区和不合格品隔离区应设置在出库的入口处。

（4）其他空间需求。公司还必须考虑三类额外的空间。第一，许多配送仓库必须要有空间进行回收工作，将未损坏的部件从损坏了的包装箱中分离出来；第二，管理和工作人员日常所需的办公空间；第三，休息室、职工食堂、公共场所及更衣室也需要空间。这三类空间的大小取决于一系列的变量，例如，货物的平均损坏量和重新包装未受损货物的难易程度决定了回收工作所需空间的大小，而员工数量的多少决定了所需食堂和更衣室的空间大小。

3. 仓库作业区的规划

（1）考虑因素。

1）仓库特性：不同类型仓库对作业区规划有不同要求。

2）商品吞吐量：吞吐量大的仓库要靠近铁路专用线或运输干线。

3)库内道路:库内道路的配置与仓库主要建筑设施的规划是相互联系、相互影响的。

4）仓库作业流程：各作业环节要密切衔接。

（2）仓库作业区规划的基本任务。

1）减少搬运距离，使作业路线最短。

2）有效利用时间。

3）充分利用仓库面积。

（3）仓库内布局的形式。

仓库布局中考虑的优先原则：货品的快速移动。

货品流动原则：快速流动的货品靠近拣货区。

1）直线型布局形式如图 1-3-3 所示。

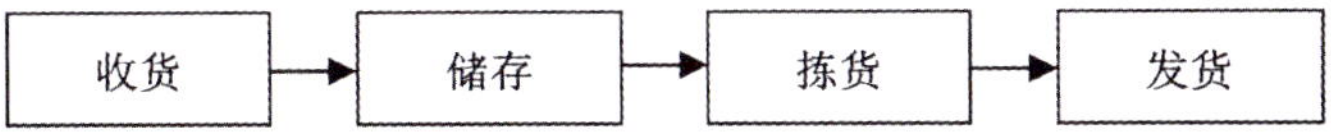

图 1-3-3　直线型布局

直线型布局的特点：直线型流动出货和收货区域建筑物的方向不同。它往往用于接收临近工厂的货物，或用不同类型的车辆出货和收货。直线型布局受环境和作业特性的限制，比如中国北方不适于直线型布局库房，因为冬季会形成穿堂风，影响作业。

2）U 型布局在建筑物一侧有相邻的两个收货站台和发货站台，如图 1-3-4 所示。具体有以下特点：站台可以根据需要作为收货站台或发货站台；如有必要可以在建筑物的两个方向发展；使用同一个通道供车辆出入；易于控制和安全防范；环境保护问题较小。

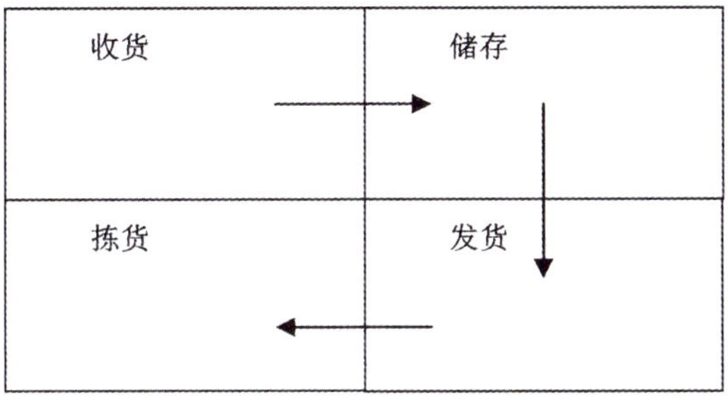

图 1-3-4　U 型布局

3）T 型布局是在直线型的基础上增加了存货区域功能，如图 1-3-5 所示。具体有以下特点：可以满足快速流转和储存两个功能；可以根据需求增加储存面积；仓库适用的范围更广。

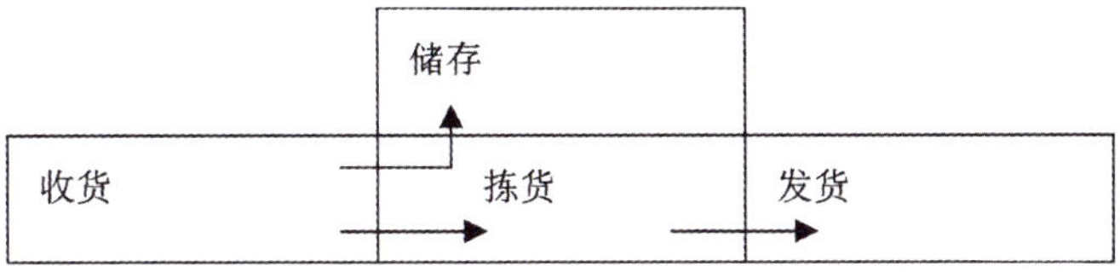

图 1-3-5　T 型布局

（4）作业区规划。

1）存储区设计。对于货物周转率低的仓库，首先要考虑的是存储区的设计。对于这类仓库，货位可以又宽又深，堆码的高度可以直达天花板或者在货物稳定摆放容许的范围内，货位间的通道也不需要很宽。但是，随着货物周转率的提高，应逐步降低货物堆码的高度并加宽通道的距离，这样可以缩短摆放和提取货物的时间。

2）拣货区的设计。最简单的拣货区布局就是利用现有的存储区域，如图 1-3-6 所示。此区域系统的设计思路是依据目前的库内布局，根据不同的订单上的货物，按照一定的顺序，从货位上取出。一般而言，通过提高堆码高度、相对于出库站台的存货位置、货位的尺寸等方法可以提高作业的效率。

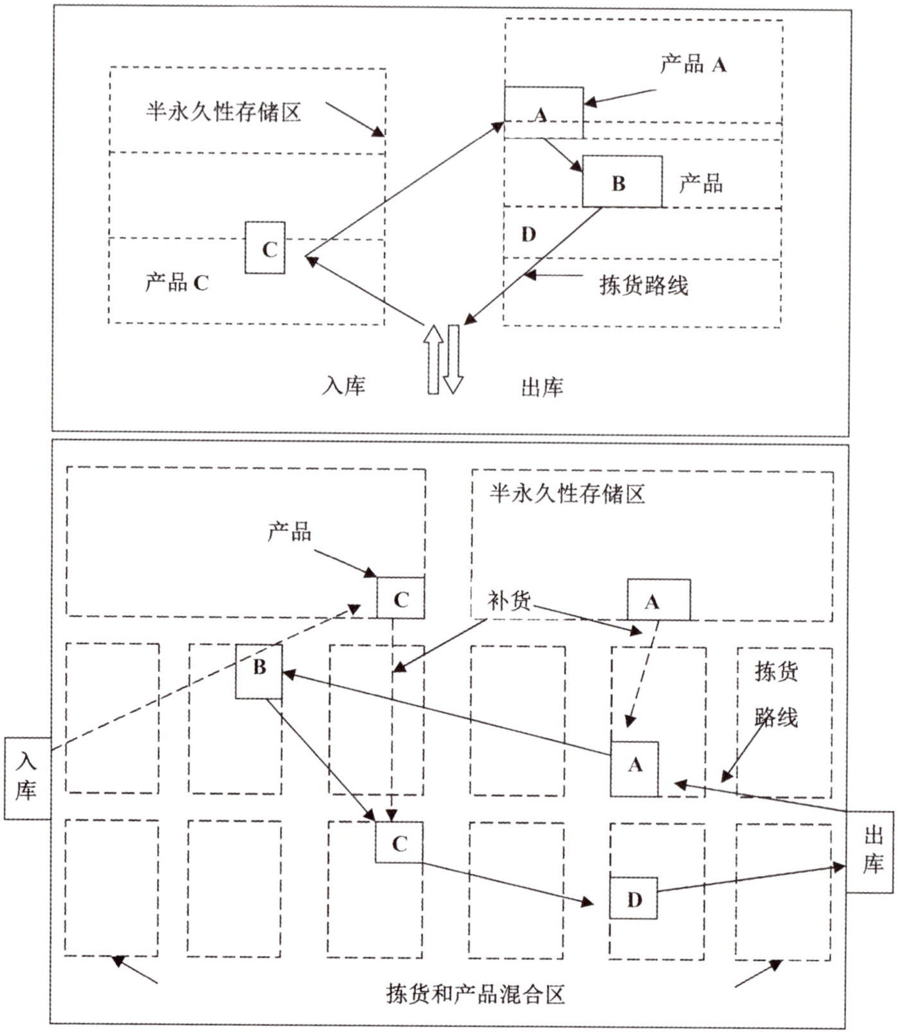

图 1-3-6　从指定货位拣货的区域系统

如果仓库货物的周转率较高，且客户的订单履行时需要拆装货物，那么对货位的要求可能太高，既要它满足存储的要求，又要满足拣货的需要，这样可能会导致物料搬运成本过高，仓容利用率过低。造成这种现象的主要原因是：在订单履行过程中，由于货物在仓库内的搬运距离比较长，耗费的时间延长；成组化装运的货物被拆散，造成按顺序堆码和摆放的货物就会减少，降低了仓容的利用率。

解决上述问题的方法是一种被称为改良的区域系统的布局方案设计，即根据存储货物在仓库里的主要功能进行设置。在布局设计中指定某些区域系统作为存储区，这部分区域设计原则是满足拣货的需要并且要尽量减少客户订单履行中的移动时间。存储货位是用于存放半永久性的货物，当拣货区的货物减少时，可以用存储区的货物来补充，但大件、散装货物除外，这些货物仍放在存储区拣选，而对于成组装运的货物应在拣货区拆散。通常来说，拣货货位要比存储货位小，一般只有两个托盘那么深，其货架大小只有存储区货架的一半。在拣货区内货物堆码的高度应以工作人员方便为优先原则。

3）收货和发货区的设计。在仓库的布局设计中还应留出一部分额外的空间，作为物流系统中的运输部分。通常会把它们设置在两个不同的位置以保证效率，也就是单独辟出专门的收货区和发货区。在收货区与发货区的设计中，需要重点考虑装卸货物以及存放设备与托盘所需要的空间，还要留出必要的核对、点数和检查的空间。

4. 仓库货区布局

货区布局的目的一方面是提高仓库平面和空间利用率，另一方面是提高物品保管质量，方便进出库作业，从而降低物品的仓储处置成本。

仓库货区布置分为平面布置和空间布置。

（1）平面布置。平面布置是指对货区内的货垛、通道、垛间距、收发货区等进行合理的规划，并正确处理它们的相对位置。平面布置的形式可以分为垂直式和倾斜式。

1）垂直式布局是指货垛或货架的排列与仓库的侧墙互相垂直或平行，具体包括横列式布局、纵列式布局和纵横式布局。

- 横列式布局是指货垛或货架的长度方向与仓库的侧墙互相垂直。这种布局的主要优点是主通道长且宽，副通道短，整齐美观，便于存取查点，如果用于库房布局，还有利于通风和采光，如图 1-3-7 所示。

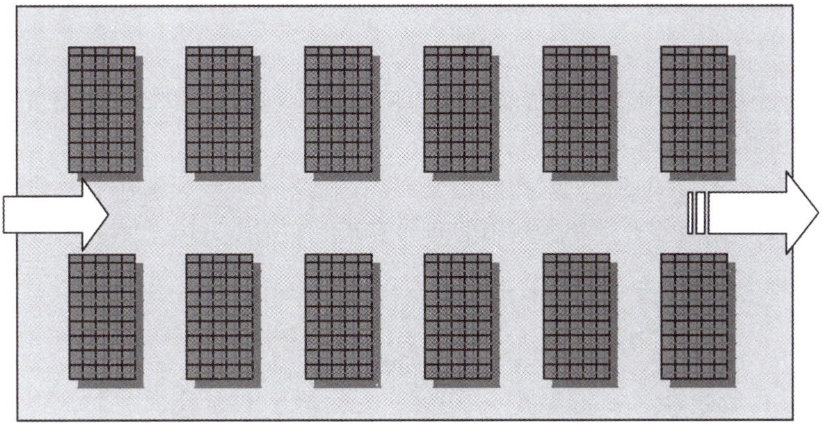

图 1-3-7　仓库横列式布置

- 纵列式布置是指货垛或货架的长度方向与仓库侧墙平行。这种布局的优点主要是可以根据库存物品在库时间的不同和进出频繁程度安排货位：在库时间短、进出频繁的物品放置在主通道两侧；在库时间长、进库不频繁的物品放置在里侧，如图 1-3-8 所示。

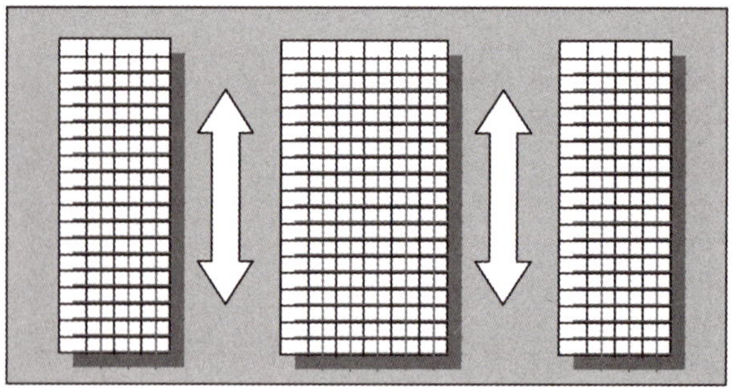

图 1-3-8　仓库纵列式布局

● 纵横式布局是指在同一保管场所内，横列式布局和纵列式布局兼而有之，可以综合利用两种布局的优点，如图 1-3-9 所示。

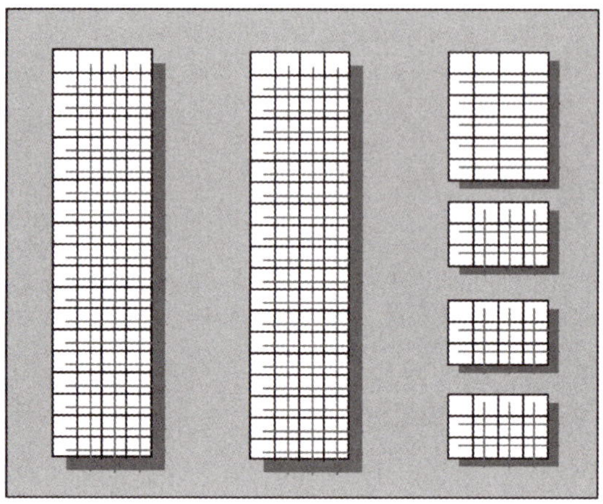

图 1-3-9　纵横式布局

2）倾斜式布局是指货垛或货架与仓库侧墙或主通道成 60°、45° 或 30° 夹角。具体包括货垛倾斜式布局和通道倾斜式布局。

● 货垛倾斜式布局是横列式布局的变形，它是为了便于叉车作业、缩小叉车的回转角度、提高作业效率而采用的布局方式，如图 1-3-10 所示。

图 1-3-10　货垛倾斜式布局

- 通道倾斜式布局是指仓库的通道斜穿保管区，把仓库划分为具有不同作业特点（如大量存储和少量存储）的保管区等，以便进行综合利用。这种布局形式的仓库内形式复杂，货位和进出库路径较多，如图 1-3-11 所示。

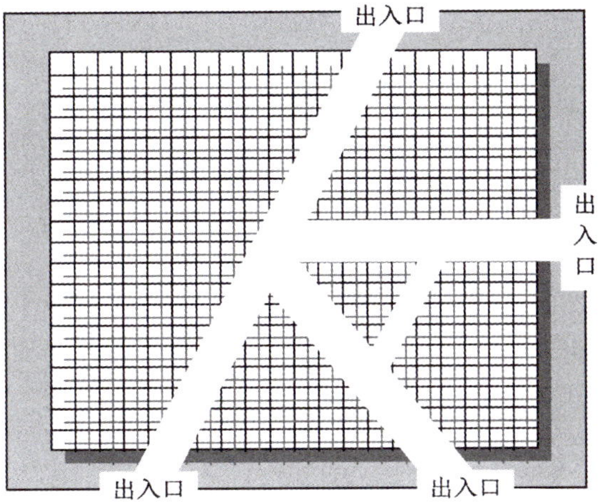

图 1-3-11　通道倾斜式布局

（2）空间布局。空间布局是指库存物品在仓库立体空间上布局，其目的在于充分且有效地利用仓库空间。空间布局的主要形式有就地堆码、上货架存放、加上平台、空中悬挂等。其中使用货架存放物品有很多优点，概括起来有以下几个方面：

1）便于充分利用仓库空间，提高库容利用率，扩大存储能力。

2）物品在货架里互补挤压，有利于保证物品本身和其包装完整无损。

3）货架各层中的物品可随时自由存取，便于做到先进先出。

4）物品存入货架，可防潮、防尘，某些专用货架还能起到防损伤、防盗、防破坏的作用。

5. 仓库通道设计

仓库内的通道是除了货物存储面积外所占面积最大的部分，它的设计要求保证货物能够有效地存取、搬运，装卸设备能够正常地运作，电梯、防火设施及服务区的设备能够便于使用。虽然减少通道面积就意味着增加了保管面积，但是过于狭窄的通道会影响作业车辆的通行及回转。在规划仓库通道时，一定要充分考虑作业设施运行需要的最小宽度，并设置一些供其回转的空间。

常见的仓库通道的种类及其设计要点如表 1-3-6 所示。

表 1-3-6　仓库通道的种类及设计要点

通道类型	作用说明	设计要点	设计顺序
工作通道	货品放入或移出存储区的通道，可分为主要通道和交叉通道	主要通道通过库房中央，且尽可能直通，使其两端在出入口，同时连接主要交叉通道	首先设计

续表

通道类型	作用说明	设计要点	设计顺序
电梯通道	提供货物出入电梯的通道	根据电梯位置设置，距离工作通道约 3 ～ 4.5m	其次设计
设施通道	为公共设施、防火设备等所设的进出通道	根据公共设施及消防设施位置设置	
人行通道	便于仓管员及装卸人员进出特殊的区域	在必要的情况下设计。尽量减少所占面积及其对主要通道的影响	最后设计
服务通道	为存货或检验提供大量物品进出的通道	尽量维持最小数目及占用面积，减少对主要通道的影响	

二、现代仓库的立体规划

现代仓库的立体规划指在立体空间上的布置，即建筑高度的规划。

1. 库房、货场、站台标高布局

库房地坪标高与库区路面标高决定仓储机械化程度和叉车作业状况，二者高度差要适当。

货场与铁路专用线标高的关系：货场一般沿着铁路线布置，多数跨铁路专用线两侧。

站台一般有高低之分：多品种少批量一般采用高站台，即站台高度与汽车货台高度一样。一般汽车站台高出路面 0.9 ～ 1.2m，宽度不少于 2m，铁路站台高出轨面 1.12m，宽度不少于 3m。处理少品种、大批量的商品一般采用低站台，即站台面和地面等高，有利于铲斗车和吊车进行装卸作业。此外，有的站台可以升降。

2. 合理利用地坪建筑承载能力

仓库地坪单位面积建筑承载能力因地面、垫层和地基结构的不同而不同。例如，在坚硬的地基上采用 300mm 厚的片石，地面用 200mm 厚的混凝土，其建筑承载能力为 $5t/m^2$ ～ $7t/m^2$。应充分利用地坪的承载能力，采用各种货架存货，以充分利用空间，同时使用各种装卸机械设备配合作业，加速库存商品的周转。

阅读材料 1，完成以下任务。

1. 仓库作业区的规划考虑的因素有（　　）。
   A. 仓库特性　　B. 商品吞吐量
   C. 仓库作业流程　　D. 库内道路
   E. 有效利用时间　　F. 空间是否最大化使用
2. 下列关于现代仓库立体规划的叙述正确的是（　　）。
   A. 库房地坪标高与库区路面标高二者高度差要适当
   B. 货场一般沿着铁路线布置，多数跨铁路专用线两侧
   C. 少品种、多批量一般采用高站台，即站台高度与汽车货台高度一样
   D. 少品种、大批量的商品一般采用低站台，即站台面和地面等高
   E. 多品种、少批量的商品一般采用低站台，即站台面和地面等高

F．多品种、少批量一般采用高站台，即站台高度与汽车货台高度一样

G．考虑合理利用地坪建筑承载能力

3．仓库作业区规划的基本任务是：

答：

4．某工厂拟建一个金属材料仓库，现已知工厂生产所需金属材料的平均储存天数为90d，年需求量为1000t，工厂地面单位面积技术定额为2t/m^2，金属材料仓库面积利用率为0.4，工厂有效工作日为360d，则金属材料仓库应建的面积为____________________。

材料2　EIQ分析方法

一、EIQ含义

EIQ分析就是利用“E”“I”“Q”这三个物流关键要素，来研究配送中心的需求特性，为配送中心提供规划依据。日本铃木震先生积极倡导以订单、品项、数量分析方法来进行配送中心的系统规划。

EIQ分析主要有EN（每张订单的订货品项数量分析）、EQ（每张订单的订货数量分析）、IQ（每个单品的订货数量分析）、IK（每个单品的订货次数分析）四个项目，然后根据这四个分析项目的结果进行综合考量，分析配送中心的需求特性。

规划前期通过EIQ分析，可以从订单中的详细内容了解客户、品项和数量等关键规划要素之间的关系与现状，对配送中心的拣选系统规划和改善具有重要意义，具体概括为：一是可以了解物流特性，如订单内容、订货特性；二是得出符合物流系统特性的物流系统各类模块，如仓储子系统、旋转货架子模块、叉车等系统要素；三是为进一步选择物流设备提供依据；四是提供数据仿真分析；五是开展物流系统基础规划工作。

二、EIQ规划分析

EIQ规划分析包括资料收集、资料整理、统计分析并制作图表和规划改善应用。

1. 资料收集

进行分析之前需先取得EIQ（订单“E”、品种“I”、数量“Q”）资料，以一月或一年的EIQ资料进行分析。

要了解物流配送中心实际运作的物流特性，找出可能的作业周期，如可将分析资料定位某一月、某一年中每月月初第一周或一年中每周的周末等范围。同时也可依商品特性或客户特性将订单资料分成数个群组，针对不同的群组分别进行EIQ分析；或是以某群组为代表，进行分析后再将结果乘上倍数，以求得全体资料。或是采取抽样方式，分析后再将结果乘上倍数，以求得全体资料。

2. 资料的分解、整理

EIQ分析就是利用订单“E”、品种“I”、数量“Q”这三个物流关键要素，研究

物流配送中心的需求特性，为物流配送中心提供规划依据。因此物流配送中心规划者从原始资料获取以后，应对资料进行进一步的分解、整理，以作为规划设计的参考依据。同时还应注意考虑 EIQ 资料时间的范围与单位。表 1-3-7 是以某一工作日为单位的主要订单出货资料格式。

表 1-3-7　EIQ 资料统计格式

出（订）货订单（E）	出（订）货品项（I）				订单出（订）货数量（Q）	订单出（订）货品项数（N）
	I1	I2	I3	…		
E1	Q_{11}	Q_{12}	Q_{13}	…	EQ_1	EN_1
E2	Q_{21}	Q_{22}	Q_{23}	…	EQ_2	EN_2
E3	Q_{31}	Q_{32}	Q_{33}	…	EQ_3	EN_3
…	…	…	…	…	—	—
单品出（订）货量	IQ_1	IQ_2	IQ_3	…	EQ=IQ	—
单品出（订）货次数	IK_1	IK_2	IK_3	…	—	IK=EN

表中：$IQ=IQ_1+IQ_2+IQ_3+\cdots=EQ_1+EQ_2+EQ_3+\cdots=EQ$

$IK=IK_1+IK_2+IK_3+\cdots=EN_1+EN_2+EN_3+\cdots=EN$

订单出货资料分解的目的是由此展开 EQ、EN、IQ、IK 四个类别的分析。在资料整理过程中，要注意数量单位的一致性，如体积、重量、箱、个或金额等。金额的单位与价值功能分析有关，常用于按货物价值进行分区管理的场合。体积与重量等单位则与物流作业有直接密切的相关，影响整个物流配送中心的系统的规划。

上述 EIQ 格式是针对某一天的出货资料进行分析，若分析资料范围为一时间周期内（如一周、一月或一年等），则另需加入时间参数，即为 EIQT 的分析即可。

EIQ 分析以量化的分析为主，常用的统计方法如表 1-3-8 所示。

表 1-3-8　资料分析统计方法

方法	说明
算术平均	取一个平均值
最大、最小值	取上、下限
总数	取总数
全距	最大与最小的差距
众数	出现数字最多的数值
次数分布	各组资料出现次数统计
相对百分比	将个别值加以排列并计算百分比
ABC 分析	将数值按大小排列，并累计其百分比

（1）柏拉图分析。

1）含义。柏拉图法又称排列图法或主次因素分析图法，是意大利经济学家柏拉图博士发明的，即根据收集的数据、项目，按其大小顺序，自左而右排列的图。将订单或单品品项出货量排序后绘图 EQ、IQ 分布图，并将其累计量以曲线表示出来，即为柏拉图。

2）柏拉图绘制。柏拉图由两个纵坐标、一个横坐标，以及若干个直方形和一条折线构成，其基本格式如图 1-3-12 所示。

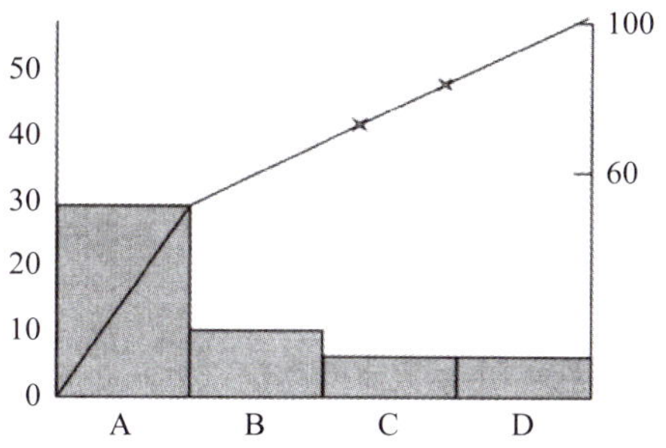

图 1-3-12　柏拉图基本格式示例

具体画法要点如下：一是图中横坐标表示影响因素或不同的项目，一般以直方的高度显示各因素出现的频数，并从左到右按频数的多少由大到小顺序排列；二是纵坐标一般设置为两个，左侧的纵坐标可以用事件出现的频数表示，右端的纵坐标用各影响因素的累计影响度来表述；三是将各种因素所占百分比依次累加起来，即可求得各种因素的累计百分比（累计频率），然后将所得的各种因素的顺序累计百分比逐一标注在图中相应的位置上，并将其以折线连接，即得柏拉图曲线。

【例 7】焊接缺陷数据如表 1-3-9 所示，绘制柏拉图曲线。

表 1-3-9　焊接缺陷数据

序号	项目	数量 / 个	频率 /%	累积频率 /%
1	裂缝	20	43.48	43.48
2	砂眼	16	34.78	78.26
3	缩孔	6	13.04	91.30
4	其他	4	8.70	100.00

操作的过程如图 1-3-13 所示，得出结果如图 1-3-14 所示。

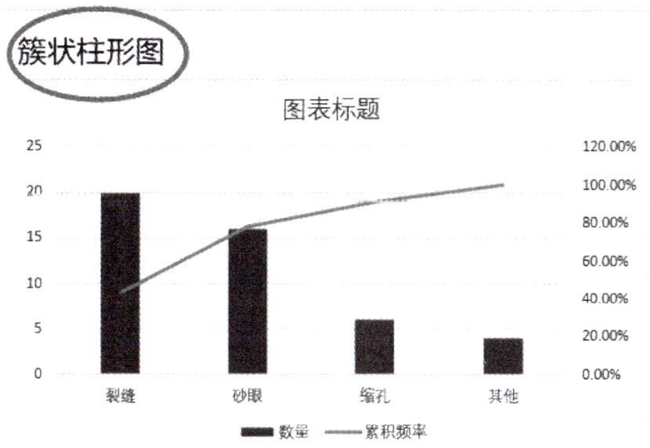

图 1-3-13　柏拉图操作过程

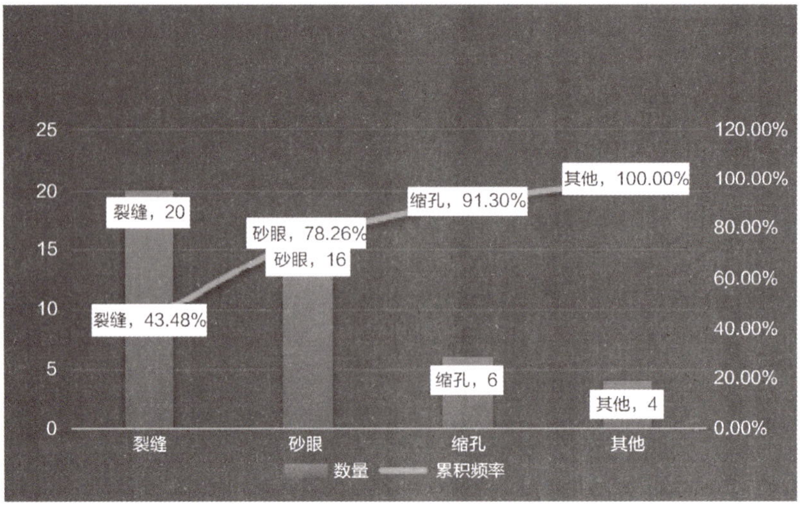

图 1-3-14　焊接缺陷排列图

（2）ABC 分析。此部分后面将专题讲解。

3. 统计分析并制作图表

将 EIQ 资料经第 2 步分类统计整理后，则可利用统计方法进行 EQ、EN、IQ、IK 及 PCB 等分析。EQ、EN、IQ、IK 四个类别的分析见表 1-3-10。

表 1-3-10　主要分析项目及含义

分析项目	说明	目的
订单量（EQ）分析	单张订单出货数量的分析	研究订单对货物搬运作业能力的要求
订货品项数（EN）分析	单张订单出货品项数的分析	研究订单对拣选设备及作业能力的要求
品项数量（IQ）分析	单一品项（SKU）出货总数量的分析	研究出货的拆零比例
品项受订次数（IK）分析	单一品项（SKU）出货次数的分析	对拣选作业频率的统计，主要决定拣选作业方式和拣选作业区的规划

储运单位（PCB）是物品储存、搬运时的物流单位，它对实际物流作业效率产生很大影响。在订单品项与数量分析时，要结合订单出货资料与物品包装、储运单位进行 EIQ-PCB 关联及交叉分析，目的是将订单材料以 PCB 为单位加以分类统计，以正确计算各区实际的需求，使仓储及拣货区域（设备）可以合理进行规划。

4. 规划改善应用

在进行 EQ、EN、IQ、IK 及 PCB 等分析后，还应将所得出的分析数据加以图表化。这些数据、图表即为 EIQ 的资料分析结果，见表 1-3-11。

表 1-3-11　EIQ 的资料分析结果

订单或客户数	E=15 件		
配送商品的品项数	I=20 品项		
EQ、IQ	EQ=IQ=9014		
每托盘堆码数量	P（托盘数）	IP=24C	C：箱
每箱可装件数	C（箱数）	IC=1B	B：零散件
每天出货数量	9014 箱		
每订单的平均出货数量	EQ/E	9014/15=601 箱	601/24=25 托盘
每品项的平均出货数量	IQ/I	9014/20=451 箱	451/24=19 托盘
订单的最大出货量	MAX（EQ）	990 箱	990/24=42 托盘
订单的最小出货量	MIN（EQ）	250 箱	250/24=11 托盘
品项的最大出货量	MAX（IQ）	830 箱	830/24=35 托盘
品项的最小出货量	MIN（IQ）	200 箱	200/24=9 托盘
出货量最大订单的出货品项		200 箱	200/24=9 托盘
出货量最多品项的订单平均出货量		36 箱	36/24=2 托盘
最多出货品项的出货量		250 箱	250/24=11 托盘
最多出货品项订单的平均出货量		28 箱	28/24=2 托盘
所有订单的出货品项总数	EN	170	
所有品项的出货次数之比	IK	170	
配送中心的拣货品项比例	拣取品项 / 库存品项		

通过 EIQ 分析，可以得到许多有用的信息，对物流配送中心的规划和作业改善具有重要意义。

阅读材料 2，完成以下任务。

1．下列关于 EIQ 的描述正确的是（　　）。

A．EIQ 分析中“E”可以是客户也可以是订单

B．EN 含义是每张订单的订货品项数量分析

C．进行配送中心的系统规划可以通过对订单、品项、数量分析方法进行

D．EIQ 分析是物流系统规划前要做的工作，

2．下列描述正确的是（　　）。

A．EIQ 分析包括资料收集、资料整理、统计分析并制作图表和规划改善应用

B．储运单位（PCB）是物品储存、搬运时的物流单位，它对实际物流作业效率产生较小影响

C．柏拉图法又称排列图法或主次因素分析图法，将订单或单品品项出货量排序后绘制 EQ、IQ 分布图，并将其累计量以曲线表示出来，即为柏拉图

D．单品出（订）货量和订单出（订）货品项数（N）数值是相等的

材料3　仓储布局规划与仿真实例

某连锁贸易公司计划在A市建设一个RDC，用于辐射周边地区5个FDC（日配）和5km以内的终端客户需求的配送（一日两配），向FDC约定每个SKU的订货量以“托”为单位，终端客户可以SKU为单位订货。公司租赁了一个3000m^{2}的库，平面规格为：库长60m，库宽50m，库高7.5m，库内无立柱，且只有一条60m边外侧可满足车辆进出及装卸的空间需要。预计年平均库存周转周期为15天，对FDC配送使用7.5m飞翼车带板配送，对终端客户配送使用4.2m厢式货车。根据仓库建成后计划处理的货物信息，请利用所学专业知识结合所给定的信息对该仓库实施仿真布局、设备搭建成型。

一、汽车散热器厂能采集到的信息

产品信息见表1-3-12。

表1-3-12　产品信息

序号	货物编码	货物包装尺寸（长×宽×高）/（mm×mm×mm）	运输包装尺寸（长×宽×高）/（mm×mm×mm）	内包装个数/件
1	KBC36LU6210	110×45×38	360×200×200	60
2	KBC36LU6211	190×175×120	400×360×495	16
3	KBC36LU6212	190×145×98	400×300×200	8
4	KBC36LU6213	192×130×120	600×400×495	36
5	KBC36LU6214	70×95×85	500×400×450	140
6	KBC36LU6227	110×45×38	360×200×200	60
7	KBC36LU6215	110×80×70	460×260×300	48
8	KBC36LU6216	185×155×130	380×320×400	12
9	KBC36LU6217	120×145×195	500×300×400	16
10	KBC36LU6218	100×68×245	320×280×495	24
11	KBC36LU6219	138×92×130	420×380×400	36
12	KBC36LU6220	190×175×120	400×360×495	16
13	KBC36LU6221	190×145×98	400×300×200	8
14	KBC36LU6222	192×130×120	600×400×495	36
15	KBC36LU6228	100×68×245	320×280×495	24
16	KBC36LU6223	70×95×85	500×400×450	140
17	KBC36LU6224	185×155×130	380×320×400	12
18	KBC36LU6229	100×68×245	320×280×495	24
19	KBC36LU6225	120×145×195	500×300×400	16
20	KBC36LU6226	100×68×245	320×280×495	24

备注：

（1）每个产品又分为A、B、C等各15个规格，共300个SKU。

（2）各 SKU 的平均在库存储量预计为：10% 的 SKU 平均在库存储量为 20 ～ 30 个托盘，其余的 SKU 平均在库存储量为 1 ～ 5 个托盘。

（3）RDC 要求供应商必须带板送货，使用 1200mm×1000mm×150mm 的木制标准托盘，托货单元总高度限制在 1200mm 以内，供应商将使用 12.5m 飞翼车送货。

（4）终端客户订货单位为“件”；FDC 订单单位为“箱”。

二、任务要求

（1）根据以上信息在相应的设备上完成该仓库布局和设备搭建，在能够满足上述业务需求的基础上要充分考虑效率、成本及安全问题。

（2）撰写本小组仓库布局与设备搭建设计报告。

设计报告内容应包括但不限于以下内容：

1）对给定物流业务背景的理解。

2）功能区整体布局图和各功能区面积及面积比重表。

3）对仓库地坪和墙体的选择理由。

4）对仓库动线类型的描述分析。

5）对功能区的面积（长、宽）和位置设定做出说明。

6）功能区布局与设备搭建成型效果图。

7）阐述各类设备选型和数量设定的理由。

8）综合描述设计完成后的仓库作业流程（含货位使用优化描述）。

（3）报告撰写要求：

1）严格按照答题纸模板撰写方案，封面页眉处填写参赛队号，正文要有报告题目（三号黑体），一级标题为四号黑体，其余部分为小四宋体，正文段落首行缩进，1.5 倍行距。

2）排版工整、图文并茂、内容能够充分体现现代物流与供应链的管理思想以及精益管理理念。

三、操作说明

（1）配重式叉车、电动托盘车、前移式叉车配置数量依据是：库存月周转次数为 2 时，各 1 台 /2000m^2，月库存周转次数每增加 1 次，配置数量翻倍，且前移式叉车上下架效率低于配重式叉车卸车的效率，可酌情增加。

（2）托盘为标准木质平托盘，规格尺寸为 1200mm×1000mm×150mm，托盘、物料箱（尺寸自定）、PDA 等数量无需配置，数量不受限制。

（3）托盘货架、驶入式货架、穿梭车货架、立体库货架平均每货位材质重量约为 60kg，各货架横梁高度均按 120mm 计，料箱机器人货架、电子标签拣选货架横梁高度为 60mm，叉车上下架所需作业空间（货架内）大于等于 100mm 即可。

（4）所有货物码托后，最大托货总重不超过 360kg。

（5）仓库“五距”仅考虑顶距即可。

（6）月台计入仓库面积内，地坪荷载请按整数设置。

（7）所有叉车货叉提升高度均默认满足需求。

（8）依据消防规定叉车充电区不设置在库内。

（9）飞翼车规格尺寸见表 1-3-13。

表 1-3-13　飞翼车尺寸

类型		车辆外径尺寸 /mm	车厢内径尺寸 /mm	翼展后高度 / mm
7.5m 飞翼		9990mm×2540mm×3990mm	7500mm×2350mm×2550mm	5260
12.5m 飞翼	牵引车	5957mm×2495mm×2896mm		
	挂车	12900mm×2540mm×3990mm	12500mm×2420mm×2450mm	5260

（10）4.2m 厢式货车车厢内径尺寸为 4.15m×2.1m×2.2m，额定吨位为 2500kg；7.5m 厢式货车车厢内径尺寸为 7.4m×2.2m×2.2m，额定吨位为 5000kg。

（11）一个托盘集装单元总高度不允许超过 2150mm。

（12）以箱为单位向拣选区补货。

四、操作步骤

（一）对给定物流业务背景的理解

1. 业务分析

某连锁贸易公司计划在 A 市建设一个 RDC，用于辐射周边地区 5 个 FDC（日配）和 5 公里以内的终端客户需求的配送（一日两配），业务较为简单。RDC 要求供应商必须带板送货。

2. 物流分析

RDC 是针对周边地区 5 个 FDC 的配送，配送路线不多；货物整托出入库，从编码上来看，货物类型统一，但是规格不一，可以认为货物是批量进出的；供应商带板送货，基本上不需要进行组托。

根据题目，各 SKU 的平均在库存储量预计为：10% 的 SKU 平均在库存储量为 20 ～ 30 个托盘，其余的 SKU 平均在库存储量为 1 ～ 5 个托盘。因此，10% 的 SKU 的最大库存周转率为 (30–20)/30×100%=33.3%，其余的 SKU 最大的库存周转率为 (5–1)/5×100%=80%，从库存周转率来看，可初步认为该仓库不同货物规格出入库频率变化较大。

3. 作业流程分析

仓库作业流程大致如下：入库收货验货、理货、在库存储、拣货理货、配装出库。

（二）功能区整体布局图和各功能区面积及面积比重表

1. 功能区整体布局图

根据给定的条件，将该仓库划分为月台、信息中心、设备存放区与维修区、收货理货区、拣货理货区、货物储存区，其中信息中心主要是对收发货进行信息化处理等；收货理货区主要是对入库货物的验收、暂存、理货等；设备维修区主要是对设施设备进行存放与维修；拣货理货区主要是用于出库货物的分拣、配装、待发货等。图略。

2. 各功能区面积估算

（1）存储区面积。

1）计算货架总层数。

库房有效高度为 7.5–0.5=7m

托货总高度为 1200mm，假设货架第二层开始为 n 层，$1200+100+n\times(120+1200+100)\leqslant 7000$，则 n=4.01，取整 n=4 层，所以货架总层数为 5 层。

2）存储量估算。

由题意知，各 SKU 的平均在库存储量预计为 10% 的 SKU 平均在库存储量为 20 ～ 30 个托盘，其余的 SKU 平均在库存储量为 1 ～ 5 个托盘。按照最大存储量计算：$300\times10\%\times30=900$ 托，$300\times90\%\times5=1350$ 托，则最大存储量为 $1350+900=2250$ 托。

3）面积估算。

一层码放托盘数量为 2250/5=450 托，则存储区面积为 $450\times1.2=540m^2$，考虑预留的人行通道和设备通道，存储区面积估算为 $540\times4=2160m^2$。

（2）收货理货区。

1）日处理量估算。

根据题意，入库的托盘数如下：计划处理的货物中，10% 的 SKU 最大入库 10 托，90% 的 SKU 最大入库 4 托，收货理货区总入库 $300\times10\%\times10+300\times90\%\times4=1380$ 托，则日入库量为 1380/30=46 托。

2）面积估算。

$46\times1.2\times1=55.2m^2$，考虑人行通道 $55.2\times2=110.4m^2$，取 $110m^2$。

（3）拣货理货区。

1）日处理量估算。

由题意知，各 SKU 的平均在库存储量预计为：10% 的 SKU 平均在库存储量为 20 ～ 30 个托盘，其余的 SKU 平均在库存储量为 1 ～ 5 个托盘。出库的最大托盘数为 $300\times10\%\times10+300\times90\%\times4=1380$ 托，则日入库量为 1380/30=46 托。

2）面积估算。

托盘占地面积为 $46\times1.2\times1=55.2m^2$，与收货理货区不同，该区域还需要对出库货物进行分类等操作，因此，加上通道及拣货所需区域，该区域预估为 $55.2\times4=220m^2$。

（4）设备存放与维修区的估算。设备存放区主要存放常见的仓库设施设备，如地牛、叉车、托盘等，并且配有维修区对设施设备进行定期维护与检修，可以分为两部分，加上通道，总面积约为 $210m^2$。

（5）办公室面积的估算。这个区域主要用于单据的打印和信息系统的维护以及仓库工作人员的办公，面积约为 $120m^2$。

（6）月台面积。月台按照 3m 宽规划，出入库月台共 $3\times60=180m^2$，入库月台和出库月台各占 $90m^2$。

3. 面积比重表

各功能区域面积的比重见表 1-3-14。

表 1-3-14 各功能区域面积估算

功能区域	估算面积 /m^2	面积比重 /%
存储区	2160	72.0
收货理货区	110	3.7
拣货理货区	220	7.3
设备存放与维修区	210	7.0
办公室	120	4.0
月台	180	6.0
总共	3000	100

（三）对仓库地坪和墙体的选择

1. 仓库地坪的选择

考虑到电商仓库出入库的频率较快，而且对仓库的清洁要求也比较高，综合存储货物的特性和成本，我们选择耐磨地坪。

货物总重量为 $450\times4\times(60+360)=756000kg=756t$，占地面积为 $540m^2$，则地面的技术定额为 $756t/540=1.4t/m^2$，取整 $2t/m^2$。

2. 仓库墙体的选择

该仓库为普通仓库，对环境温度没有特殊的要求，因此，选择普通常温库温板作为仓库的墙体。

（四）对仓库动线类型的描述分析

四种动线描述及特点见表 1-3-15。

表 1-3-15 动线描述及特点

类型	动线描述	动线特点
U 型布局	在仓库的一侧有相邻的两个发货和收货月台	码头资源（月台＋停车泊位）的最佳运用；适合越库作业；使用同一条通道供车辆出入；易于控制和安全防范；可以在建筑物的三个方向进行空间扩张
I 型布局	出货和收货区域在仓库的不同方向	可以应对进出货高峰同时发生的情况；常用于接受相邻加工厂的货物，或用于不同类型车辆来出货和发货

续表

类型	动线描述	动线特点
L 型布局	需要处理快速货物的仓库通常会采用该布局，其把货物出入仓库的途径缩至最短	可以满足进出货高峰同时发生对月台资源的需求；适合越库作业的进行；可同时处理“快流”（如越库）及“慢流”的货物
S 型布局	需要经过多步骤处理的货品一般采用 S 型动线	可以满足多种流通加工等处理工序的需要，且在宽度不足的仓库可作业：可与 I 型动线结合在一起使用

如前所述，该仓库有一个存储区域——货架存储区。因为该仓库为电商型仓库，配送路线不多，货物类型统一，且货物是整托出入库，可以理解为该仓库出入库类型为批量进出。基于此，根据图表对常见四种仓库动线类型的描述，进行四种类型的动线对比，结合仓库实际情况，选择 U 型动线布局，可以应对进出货高峰同时发生的情况。

（五）对功能区的面积（长、宽）和位置设定的说明

1. 存储区

（1）存储区的位置设定。存储区包括高位货架、设备通道、人行通道。高位货架为横式货架，采用横列式布局，存储区纵向放置三组货架，与收货理货区相邻，在收货理货区之后。

（2）存储区面积（长、宽）的设定。托盘一层 450 个，因为存储区面积为 $2160m^2$，仓库长 60m，则存储区宽度为 2160/60=36m。

每组货架间的通道设计为 3m，横向主通道有 2 个，各 5m，纵向主通道 1 个 5m，纵向 3 组，每组背靠背，则每个货架长 (36–10)/3≈9m；则一列有托盘数量 9×2×3=54 个，共有 450/54=8.3 列 =9 列；那么，存储区长 9×(1.2+1.2)+5+(9–1)×3≈51m；则存储区面积为 $51\times36=1836m^2$。

2. 收货理货区

（1）位置设定。收货理货区在入库月台之后，存储区之前。

（2）计算每日入库托盘数。根据题意，计划处理的货物中，一个月中，10% 的 SKU 入库为 0 ～ 10 个托盘，其余的 SKU 入库为 0 ～ 4 个托盘；收货理货区总入库 300×10%×10+300× 90%×4=1380 托，则日入库量为 1380/30=46 托。

（3）收货理货区面积（长、宽）的设定。每日入库托盘占地面积为 46×1.2×1= $55.2m^2$，考虑设备及人行通道，调整为 $55\times4=220m^2$，宽为 10m，长为 22m。

3. 办公室

（1）位置设定。办公室靠近入库月台，与收货理货区相邻。

（2）办公室面积（长、宽）的设定。办公室宽为 10m，长为 15.4m，面积为 $154m^2$。

4. 设备存放与维修区（入库）

（1）位置设定。靠近出库月台，与拣货理货区相邻。

（2）设施设备存放与维修区面积（长、宽）的设定。设施设备存放与维修区宽10m，长21m，面积约 $21\times10=210m^2$。

5. 拣货理货区

（1）位置设定。拣货理货区在存储区之后，出库月台之前。

（2）计算每日入库托盘数。根据题意，与收货理货区相同，每月总入库数量为 $300\times10\%\times10+300\times90\%\times4=1380$ 托，则日入库量为 1380/30=46 托。

（3）拣货理货区面积（长、宽）的设定。每日入库托盘占地面积为 $46\times1.2\times1=55.2m^2$，与收货不同，在这里需要分类、理货、配载，该区域需要更大的面积，则调整拣货理货区长为40m，宽为10m，面积为 $40\times10=400m^2$。

各功能区域面积的比重见表 1-3-16。

表 1-3-16 功能区域面积比重调整

功能区域	估算面积 /m²	面积比重 /%
存储区	1836	61.2
收货理货区	220	7.3
拣货理货区	400	13.3
设备存放与维修区	210	7.0
办公室	154	5.1
月台	180	6.0
总共	3000	100

（六）阐述各类设备选型和数量设定的理由

1. 选型原则

（1）设备设施的工作性能与仓库的作业量、出入库频率相适应。

（2）技术性和经济性的平衡原则。

2. 货架选型

根据设计思路，货物存储区选择托盘式货架。

3. 装卸搬运设备的选择及数量

托盘存储货架需要与叉车结合使用，才能实现货物的存取，考虑到综合性价比，选择高位拣选叉车对货架进行升降作业。

由题意可知，库存月周转次数为 2 时，各 1 台 $/2000m^2$，月库存周转次数每增加 1 次，配置数量翻倍。

预计年平均库存周转周期为 15 天，库存月周转次数为 2，各 1 台 $/2000m^2$。因仓库面积为 $3000m^2$，所以配置 2 台拣选车辆。搬运工具则使用地牛对货物进行搬运，需要 5 台。

4. 其他

需要若干个托盘进行出入库周转处理，还有若干打包机进行出库捆扎。

（七）综合描述设计完成后的仓库作业流程（含货位使用优化描述）

作业流程图绘制请扫码学习，结果略。

软件操作手册

根据材料 3，完成下列任务。

某三方物流公司，租赁了一个 2400m^2 的库，平面规格为：库长 80m，库宽 30m，库高 7.5m，库内无立柱。到货车辆以 7.5m 厢式货车为主，配送车辆以 4.2m 厢式货车为主。预计年平均库存周转周期为 15 天。计划用于满足某汽车散热器厂成品存储与配送，请选手们利用所学专业知识结合所给定的信息对该仓库实施仿真布局、设备搭建成型。

1. 汽车散热器厂能采集到的信息

产品信息见表 1-3-17。

表 1-3-17　汽车散热器厂产品信息表

序号	产品编码	包装尺寸（长 × 宽 × 高）/（mm×mm×mm）	畅销程度
1	E2SX1632085	885×130×520	畅销
2	M2SX1632094	885×130×520	畅销
3	M2SX1621016	755×110×540	畅销
4	M2SX1615173	645×120×550	畅销
5	M2SX1623163	740×110×545	一般
6	M2SX1623168	740×130×510	一般
7	M2SX26121013	655×190×510	一般
8	E2SX1615171	640×125×540	一般
9	E2SX1615236	815×120×500	一般
10	E2SX1632011	740×130×510	一般
11	E2SX1617221	805×140×540	一般
12	E2SX1616082	775×130×570	一般
13	M2SX1632012	740×130×510	一般

续表

序号	产品编码	包装尺寸（长 × 宽 × 高）/（mm × mm × mm）	畅销程度
14	A2SX1612361	800×140×570	一般
15	A2SX1612362	805×140×540	一般
16	E2SX2632263	865×130×545	一般
17	A2SX1617066	750×110×540	一般
18	M2SX1614305	815×120×500	一般
19	M2SX1614307	685×145×570	一般
20	M2SX2241039	805×100×425	一般

备注：

（1）每个产品又分为 A、B、C、D、E、F、G、H、I、J10 个规格，共 200 个 SKU。

（2）预计平均在库存储量为 25000 件，E2SX1632085 和 M2SX1632094 两个产品系列库存量约占库存总量的 40%，其余产品系列平均在库存储量最大的约为 300 件，平均在库存储量最小的约为 30 件左右。

（3）使用标准托盘：1200mm×1000mm×150mm，允许码 3 层。

（4）同时考虑未来发展所需冗余。

2. 任务要求

（1）根据以上信息在相应的设备上完成该仓库布局和设备搭建，在能够满足上述业务需求的基础上要充分考虑效率、成本及安全问题。

（2）撰写本小组仓库布局与设备搭建设计报告。

设计报告内容应包括但不限于以下内容：

1）对给定物流业务背景的理解。

2）功能区整体布局图和各功能区面积及面积比重表。

3）对仓库地坪和墙体的选择理由。

4）对仓库动线类型的描述分析。

5）对功能区的面积（长、宽）和位置设定做出说明。

6）功能区布局与设备搭建成型效果图。

7）阐述各类设备选型和数量设定的理由。

8）综合描述设计完成后的仓库作业流程。

3. 报告撰写要求

（1）要有封面，注明参赛队号，正文要有报告题目（三号黑体），一级标题为四号黑体，其余部分为小四宋体，正文段落首行缩进，1.5 倍行距。

（2）排版工整、图文并茂，内容能够充分体现现代物流与供应链的管理思想以及精益管理理念。

4. 操作说明

（1）配重式叉车、电动托盘车、前移式叉车配置数量依据是：库存月周转次数为 2 时，各 1 台 /2000m^2，月库存周转次数每增加 1 次，配置数量翻倍，且前移式叉车上下架效率低于配重式叉车卸车的效率，可酌情增加。

（2）托盘为标准木质平托盘，规格尺寸为 1200mm×1000mm×150mm，托盘、物料箱（尺寸自定）、PDA 等数量无需配置，数量不受限制。

（3）托盘货架、驶入式货架、穿梭车货架、立体库货架平均每货位材质重量约为 60kg，各货架横梁高度均按 120mm 计，料箱机器人货架、电子标签拣选货架的横梁高度为 60mm，叉车上下架所需作业空间（货架内）大于等于 100mm 即可。

（4）所有货物码托后，最大托货总重不超过 360kg。

（5）仓库“五距”仅考虑顶距即可。

（6）月台计入仓库面积内，地坪荷载请按整数设置。

（7）所有叉车货叉提升高度均默认满足需求。

（8）依据消防规定，叉车充电区不设置在库内。

（9）飞翼车规格尺寸见表 1-3-18。

表 1-3-18　飞翼车尺寸

类型	车辆外径尺寸 /（mm×mm×mm）		车厢内径尺寸 /（mm×mm×mm）	翼展后高度 /mm
7.5m 飞翼	9990×2540×3990		7500×2350×2550	5260
12.5m 飞翼	牵引车	5957×2495×2896		
	挂车	12900×2540×3990	12500×2420×2450	5260

（10）4.2m 厢式货车车厢内径尺寸为 4.15m×2.1m×2.2m，额定吨位为 2500kg；7.5m 厢式货车车厢内径尺寸为 7.4m×2.2m×2.2m，额定吨位为 5000kg。

（11）一个托盘集装单元总高度不允许超过 2150mm。

计算完毕后请扫码核对答案。

布局参考答案

任务评价

学习完本任务后结合自己的情况，依指标进行评价，见表 1-3-19。

表 1-3-19　考核评价指标

考核项目	评分标准	总分值	得分值
知识掌握	1. 熟悉货架的类型及特点 2. 熟悉叉车的类型及特点 3. 熟悉动线和布局知识	30	
能力提升	1. 能进行设备选型 2. 能进行动线设计 3. 能描述各区域功能 4. 能仿真布局软件	40	
职业素养	1. 责任心 2. 沟通能力 3. 协作能力 4. 计划能力	30	
签字		总分（100 分）	

任务反思

（1）仓库布局仿真及流程设计是熟练操作仿真软件的第一步，运行优化并给出解决方案则是第二步。

（2）布局设计理论基础之上，还需要经验做支撑。

相关学习资源

1. 教材

[1]　张晓东．物流园区布局规划理论研究 [M]．北京：中国物资出版社，2004.

[2]　钱为群．展览展示设计与布局 [M]．北京：中国劳动社会保障出版社，2007.

[3]　陶经辉．物流园区布局规划与运作 [M]．北京：中国物资出版社，2009.

[4]　曹岩，陈桦．Microsoft Office Visio 2003 简体中文版精通与提高 [M]．西安：西安交通大学出版社，2008.

[5]　华诚科技．Word/Excel/PowerPoint 三合一办公应用 [M]．北京：机械工业出版社，2012.

2. 论文

[1]　朱江洪．物流园区仓库布局改善设计 [J]．物流技术，2011，30（5）：131-134.

[2]　高建英．临汾万佳福仓储超市的仓库布局规划设计 [J]．物流技术，2011，30（9）：208-211.

[3]　黄童圣，李良春，孙士泽．基于装备物流供应链的后方军械仓库布局优化 [J]．包装工程，2010，31（5）：109-111.

[4] 冯梅，成耀荣．钢铁企业仓库布局优化及物流量分配研究 [J]．武汉理工大学学报，2010（11）：126-129，134．
[5] 田素诚．用 Visio 2007 绘制现场平面图 [J]．警察技术，2010（6）：73-76．
[6] 张玉环，萧淑霞．基于 Visio 软件的图形绘制技巧 [J]．电脑知识与技术，2005（3）：11-12．
[7] 陈怀妍，张晓毓．利用 Word 绘图功能绘制简图的技巧 [J]．有线电视技术，2005（17）99-101．

3．国内电子资源

[1] http://wenku.baidu.com/view/9ca5e74669eae009581becae.html
[2] http://doc.mbalib.com/view/a2898837c948338f5dfdbe8bc23de710.html
[3] http://v.youku.com/v_show/id_XMzE1MDE1Nzc2.html
[4] http://www.clb.org.cn/Print/InfoPrint.aspx?ID=63334

项目二　采购计划

知识目标

- 理解 MRP 原理。
- 掌握预测原理。
- 掌握库存控制原理。

能力目标

- 会对货物进行 MRP 计算。
- 会进行预测。
- 会进行库存控制计算。

素养目标

- 能主动有效地完成工作。
- 能与其他成员友好协作。

项目情境

某物流有限责任公司成立于 2003 年，建有 21340m^2 的货架式仓储配送中心和 14000m^2 的生鲜加工配送中心，常温商品日配送能力达 3.9 万箱。公司以完善投资方商业物流配送体系为目标，着力发展商品仓储配送业务，为客户提供全方位、高效率、一体化的第三方物流服务。为了扩大公司的仓储配送业务量，公司计划推出 24 小时不间断配送服务，并聘请专家就提高库存控制水平给出建议，为公司进行扩大仓储面积、增加工作人员、配备运输车辆等一系列管理决策提供依据。

素养教育

扫码阅读材料，回答下列问题。

仁义故事

- 谈谈你对仁义礼智信的看法。

- 谈谈此故事对你生活的意义。

任务 1　MRP 物料需求计划

作为采购主管，你拿到采购订单和产品 BOM 清单，请根据 A 产品相关信息完成 MPS 计划，并以表格形式体现。

工作内容

- 识读 BOM 清单的信息。
- 编制 MRP 物料需求计划。
- 编制原材料采购计划。

任务分析

根据需求计划运行 MRP，形成计划订单，再根据物料是内部生产还是外部采购，将计划订单转成生产订单或者外部的采购计划，这一步的结果会直接影响采购、存货成本和生产进度。根据采购订单、产品 BOM 清单及产品相关信息完成 MRP 物料需求计划的编制。

学习材料

材料 1　MRP 是什么？

一、MRP 的基本介绍

（一）MRP 的含义

MRP 英文全称为 Materials Requirement Planning，中文译为“物料需求计划”。MRP 是在订货点法（Order Point System）计划基础上发展形成的一种新的库存计划与控制方法，是建立在计算机基础上的生产计划与库存控制系统。其主要内容包括客户需求管理、产品生产计划、原材料计划以及库存记录。

客户需求管理包括客户订单管理及销售预测，将实际的客户订单数与科学的客户需求预测相结合即能得出客户需要什么以及需要多少。

产品生产计划指的是最终的生产时间和产品数量，这是成为决定需要多少劳动力和设备以及需要多少原材料和资金的依据。产品生产计划应是客户需求与现有库存量比较的结果。

原材料计划是在产品生产计划的基础上制订的原材料需求计划，表示生产所需要准备的原材料的具体情况。而在确定购买原材料之前，需要检查现有库存记录，并通过比较得出实际的购买量。

（二）MRP 的特点

经济订货批量（Economic Order Quantity，EOQ）系统解决了独立需求物品的库存控制问题，而 MRP 则是为了解决相关需求物品而发展起来的。

1. 需求的相关性

相关需求物品是指这些物品的需求与其他物品的需求有着直接的关系，即按产品结构，一个低层次物料的需求取决于上一层部件的需求，该层次部件的需求又取决于其上一层部件的需求，以此类推直至最终产品的需求。对相关需求物品，由于其需求取决于最终产品的生产数量和交货期，因此要采用 MRP 对其进行控制，按最终产品的需求量和需求时间，来确定各种物资的需求数量和订购时间，因此，MRP 既是一种精确的排产（优先次序）系统，又是一种有效的物料控制系统，它的目标是将库存量保持在最低限度，而又能保证及时供应所需数量的物料。

2. 需求的确定性

MRP 依据最终产品的总生产进度计划，并按照产品结构确定所需零件的数量，根据已有的库存资源及各种零件的前置时间与最终产品的交货期限生成零件的生产进度日程和材料与外构件的订购时间和订购数量。在情况发生变化后，MRP 能根据新的情况调整生产的优先次序，重新排产，它保证在需要的时间供应所需的物料，并同时使库存保持在最低水平。

3. 计划的精细性

MRP 计划有充分的依据，从主产品到零部件、从需求时间到需求数量、从出产先后到装配顺序都作了明确的规定，全面安排了生产活动和采购活动，严格执行计划就能保证生产任务的完成。

4. 计划的复杂性

MRP 计划是根据主产品生产计划、主产品结构文件、库存文件、生产时间和采购时间，把主产品的所有零部件的需要量、需要时间、先后关系等准确地计算出来，其计算量大且非常复杂。

二、MRP 的原理

MRP 始于最终产品的时间进度安排，再由它转换为特定时间生产成品所需部件、组件以及原材料的时间进度安排。因此，设计 MRP 等于回答了三个问题：需要什么，需要多少，以及何时需要。

MRP 的基本原理：由主生产计划（Master Production Schedule，MPS）、主产品结构文件（Bill of Materials）和产品库存文件（Product Inventory File）逐个求出主产品所有零部件的生产时间和生产数量，形成的计划就是“物料需求计划”。其中，如果零部件靠企业内部生产，需根据各自生产时间长短来提前安排投产时间，形成零部件投产计划；如果零部件需外购，则要根据各自的订货周期确定提前发出各自订货的时间、订货数量，以形成采购计划。按照这个投产计划进行生产和按照采购计划进行采购，就可以实现所有零部件的出产计划，从而不仅能够保证产品的交货期，还能够降低原材料的库存，减少流动资金的占用。MRP 系统原理如图 2-1-1 所示。

MRP 的工作程序是根据顾客和随机的订货需求，拟订出主生产计划，说明在特定的生产周期内应生产的数量；产品结构文件用来确认用于制造每个产品所需的具体零部件及原材料的确切数量；库存状态文件包括现有的和已订购的物料数量。这三个原始资料即主生产计划、产品结构文件和库存状态文件，成为计算机编制物料需求计划的数据资料来源，编程把生产计划进度具体化为整个生产顺序中的详细的订货进度计划。

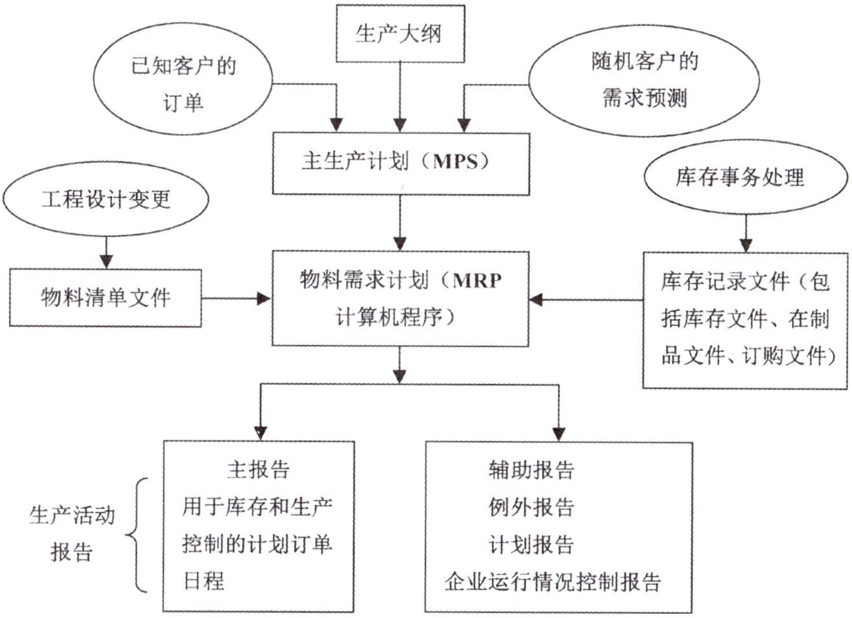

图 2-1-1　MRP 系统原理

阅读材料 1，回答下列问题。

1．下面描述正确的是（　　）。

A．物料需求计划主要内容包括客户需求管理、产品生产计划、原材料计划以及库存记录

B．MRP 是解决相关需求物品而发展起来的，和 EOQ 的原理类似

C．主生产计划、产品结构文件和库存状态文件是物料需求计划的数据资料来源

D．MRP 的特点体现在需求的相关性、确定性和计划的精细性、复杂性

2．MRP 的含义是什么？

____

____

3．MRP 的基本原理是什么？

____

____

材料 2　MRP 编制举例

2022 年 2 月 1 日，北京装配制造有限公司收到智联物流与供应链集团发来的订单，订单数据见表 2-1-1。

表 2-1-1 订单数据

序号	商品名称	单价 / 元	单件重量 /kg	订购数量 / 件	交货日期
1	A 产品	150	10	1200	2 月 27 日

A 产品 BOM 清单如下：

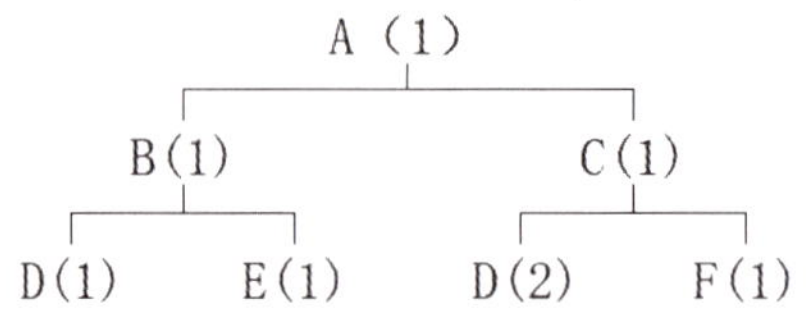

生产 1 个产品 A 需要 1 个零件 B 和 1 个零件 C，生产 1 个零件 B 需要 1 个原材料 D 和 1 个原材料 E，生产 1 个零件 C 需要 2 个原材料 D 和 1 个原材料 F。产品 A、零件 B 和零件 C 由该生产企业自主生产，原材料 D、原材料 E 和原材料 F 需外部采购。根据采购订单和产品 BOM 清单，你作为采购主管，需要对 A 产品、零件及原材料根据成本最低原则合理安排采购，编制采购计划，以便节约成本。

北京装配制造有限公司收到智联物流的 A 产品，所需原材料 D 的订货提前期为 5 天，原材料 E 的订货提前期为 3 天，原材料 F 的订货提前期为 2 天。在保证原材料供应充足的前提下，产品 A 的产能为 300 件 / 天，零件 B 的产能为 200 件 / 天，零件 C 的产能为 120 件 / 天，见表 2-1-2。

表 2-1-2 MRP 材料信息

序号	原材料	单价 / 元	单件重量 /kg	订货提前期 / 天
1	D	45	2.5	5
2	E	15	4	3
3	F	25	3	2

注：（1）为简化计算，暂不考虑生产过程中各原材料和零件的存货成本。

（2）假设不同生产阶段内的生产速度是均匀的。

（3）公司为轮班作息制，每天生产时间为：8:00—22:00（包括周六、周日）。

（4）运输时间界定：当日 8:00—22:00 为一个运输日。

（5）设原材料订单发出时间为订货日 8:00，到货时间为送达日 22:00。

（6）产品 A 生产完成后立即交付。

根据以上信息，编制 MRP。

操作步骤如下：

（1）首先根据客户订单和 BOM 清单计算出产品 A、零件、原材料的所需数量。

（2）根据产品 A 的交货日期，得出其生产结束时间，再用订购量和产能推算出其生产开始时间。

（3）根据产品 A 的生产开始时间，倒推算出零件 B 和 C 的生产结束 / 开始时间。

（4）根据零件 B 和 C 的生产开始时间，倒推算出各原材料的到货时间，结果见表 2-1-3 所示。

表 2-1-3　MRP 计算结果

计划	产品 A	零件 B	零件 C	原材料 D	原材料 E	原材料 F
订货量	1200	1200	1200	3600	1200	1200
发出订单时间	—	—	—	2 月 8 日	2 月 14 日	2 月 11 日
到货时间	—	—	—	2 月 13 日	2 月 17 日	2 月 13 日
生产开始时间	2 月 24 日	2 月 18 日	2 月 14 日	—	—	—
生产结束时间	2 月 27 日	2 月 23 日	2 月 23 日	—	—	—

阅读材料 2，完成下列任务。

依据以下内容编制物料需求计划，填写空格内容，填写完毕扫码查验答案。

2022 年 4 月 1 日，北京制造有限公司收到众物智联物流与供应链集团发来的订单，具体情况见表 2-1-4。

表 2-1-4　MRP 订单信息

序号	商品名称	单价 / 元	单件重量 /kg	订购数量 / 件	交货日期
1	A 产品	150	10	3000	6 月 24 日

A 产品 BOM 清单如下：

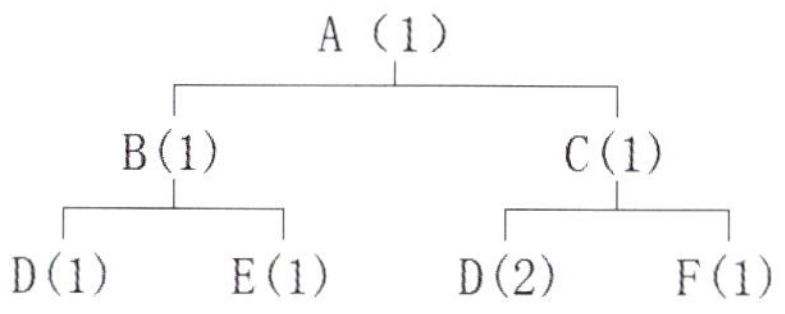

产品 A、零件 B 和零件 C 由该生产企业自主生产，原材料 D、原材料 E 和原材料 F 需外部采购。原材料 D 的订货提前期为 4 天，原材料 E 的订货提前期为 3 天，原材料 F 的订货提前期为 2 天。

在保证原材料供应充足的前提下，产品 A 的产能为 200 件 / 天，零件 B 的产能为 100 件 / 天，零件 C 的产能为 150 件 / 天。

根据以上资料，编制物流需求计划并填写入表 2-1-5。

表 2-1-5　MRP 计算数据

计划	产品 A	零件 B	零件 C	原材料 D	原材料 E	原材料 F
订货量						
发出订单时间	—	—	—			
到货时间	—	—	—			
生产开始时间				—	—	—
生产结束时间	6 月 24 日			—	—	—

扫码参看答案。

MRP 习题答案

任务评价

学完本任务后结合自己学习情况，依据指标进行评价，见表 2-1-6。

表 2-1-6　MRP 物料需求计划评价指标

考核项目	评分标准	总分值	得分值
知识掌握	BOM 清单理解 MRP 的编制原理 提前期的理解	30	
能力提升	编制物流需求计划的	40	
职业素养	个人理解力 沟通能力 协作能力 计划能力	30	
签字		总分（100 分）	

任务反思

结合整个任务的学习理解，请反思以下内容，并谈谈你的理解。

（1）根据订单确定了所需产品的数量之后，由产品的 BOM 即可推算出各种零部件和原材料的数量。

（2）从最终产品的生产计划（独立需求）导出相关物料（原材料、零部件等）的需求量和需求时间。

（3）根据物料的需求时间和生产（订货）周期确定其开始生产（订货）的时间。

任务 2　库存预测技术

你是一名仓库主管，请根据过去三个季度的销售数据预测下一个周期的数据。

工作内容

- 预测方法的选择。
- 预测方法的应用。
- 预测精度的分析。

任务分析

库存预测水平的高低决定了企业物流管理水平的高低，较高的预测水平是通过良好有效的预测方法实现的，所以选择较好的预测方法并熟悉其使用就显得十分重要。常用的预测方法有定性预测法和定量预测法。首先选择预测方法，然后借助于 Excel 的数据分析功能进行商品预测。

学习材料

材料 1　预测方法基础

一、库存预测的含义和作用

预测就是人们根据过去和现在的已知因素，运用实践经验和科学方法，对未来某一不确定的或未知的事件进行推测与估计，即根据已知推测未知，根据过去和现在推测未来。

库存预测就是企业根据历史统计资料和市场调查获得的市场信息，对库存供求关系等因素进行细致的分析研究，运用科学的方法和技术，对企业库存活动及其影响因素的未来发展状况和变化趋势进行预计和推测，为制订库存计划、采购计划等提供重要依据，实现企业的事前控制管理功能。

库存预测的重要作用主要表现在以下两个方面。

（1）库存预测可以实现企业库存的有效管理。通过库存预测得出的数据可以成为制定企业库存计划和采购计划的重要依据，从而防止企业超储和缺货现象的发生，以最低的成本达到库存保证程度最高的目标，实现企业库存的有效管理。

（2）库存预测是提高企业竞争能力的重要手段。通过以满足客户服务需求为前提的库存预测，可以对企业的库存水平进行有效管理，尽可能降低了库存水平，提高了物流系统的效率，强化了企业的竞争力。

二、库存预测程序

为保证库存预测工作顺利进行，必须有组织、有计划地安排工作进程，取得应有的成效。无论哪一种类型的预测，采取什么样的预测方法，其程序基本是相同的。预测的程序如图 2-2-1 所示。

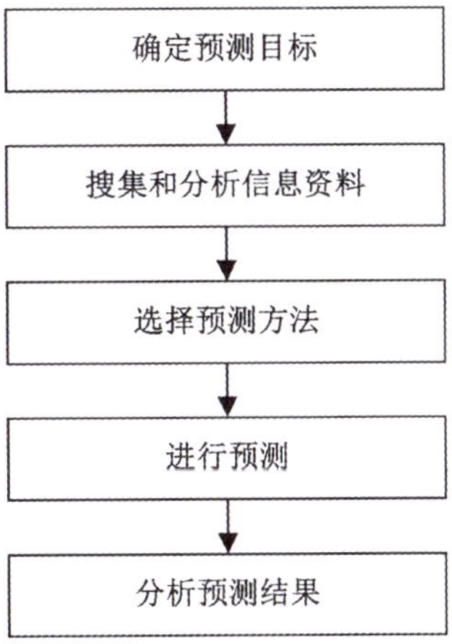

图 2-2-1　库存预测程序

（一）第一步：确定预测目标

确定预测目标就是从决策与管理的需要出发，紧密联系实际需要与可能，确定预测要解决的问题，即规定预测的具体对象、范围和期限等，如预测某地区未来 5 年内的货运总量，就是一个具体的预测目标。确定了这个目标之后，才能为搜集市场资料、选择预测方法、配备技术力量和预算所需费用指明方向。

（二）第二步：搜集和分析信息资料

资料是预测的依据，一般来说，收集的市场信息资料越充实，对预测越有帮助。要依据库存的规律性、相关性和空间与时间等特征搜集资料。对于数据资料收集，一般越多越好，如果预测值不要求很精确，则收集“7 点”即可；若预测值要求较精确，则至少收集“12 点”；当研究库存的季节性需求，则至少收集 3 年的数据，且应当注意数据的时间跨度。

对收集的预测分析用的资料，首先要认真审核，辨别真伪。对不完整的资料，尤其是历史统计资料，要进行必要的推算、插补或删除，以确保资料的完整性和可靠性。

在完成资料审核之后，就应该对数据资料进行科学分析、分组，编制统计表和绘制统计图，用图直观反映企业库存的发展变化规律，为选择预测方法服务。

（三）第三步：选择预测方法

预测方法有很多种，既有定性预测，又有定量预测；有适用于短期预测，也有适合于中长期预测；有的需要大量数据为依据，有的依赖个人的经验和判断等。预测方法选择是否适当，对于预测的准确性有很大的影响。因此，应根据预测项目的不同，选择不同的、恰当的预测方法。

（四）第四步：进行预测

在选择预测方法以后，即可进行预测。如果是定性预测，就要把相关的资料和问题交给预测人员进行分析和预测；若采用定量预测方法，就要将收集到的数据输入模型，进行运算并求出结果。由于存在随机性，还要对预测结果设置一定的置信区间。

（五）第五步：分析预测结果

对于得出的初步预测结果要进行分析和评价。评价中经常采用的方法是将定量预测与定性预测的一般性结论进行对照，检查其合理性和可信度，估计预测值的误差。如果误差较大，还要考虑采用别的预测方法或数学模型。

三、库存预测的分类

（一）按预测时间的长短分类，可以分为长期预测、中期预测和短期预测

长期预测是指对两年或两年以上的库存供求情况的预测。它是物流企业制订长期发展规划、投资计划的依据。长期预测一般是利用市场调研、技术预测、经济预测等方法，加上综合判断来完成，其结果大多是定性的描述。

中期预测是指对一个季度或两年以下的库存供求情况的预测。它是制订年度计划、季度计划、销售量预测等的依据。中期预测可以通过集体讨论、时间序列法、回归分析法等方法结合判断得出。

短期预测是指以日、周、旬、月为单位，对一个季度以下的库存供求情况的预测。它是日常具体经营活动的依据。短期预测可以利用趋势外推、指数平滑等方法与主观判断的有机结合进行。

（二）按主客观因素所起的作用分类，可以分为定性预测和定量预测

定性预测是那些利用判断、直觉、调查或比较分析对未来做出定性估计的方法。影响预测的相关信息通常是非量化的、模糊的、主观的，没有历史数据或者与当前的预测相关程度很低。这些方法的不科学性使得他们很难标准化，准确性有待证实。但是，当试图预测新产品成功与否，政府政策是否变化或新技术是否受到影响时，定性预测法可能是唯一的方法。中期到长期的预测更多选用此方法。

定量预测法是利用历史数据，根据数学模型，对未来的数量进行预测的方法。如果拥有相当数量的历史数据，时间序列的趋势和季节变化稳定、明确，那么将这些数据映射到未来将是有效的短期预测方法。

几种常见的定性和定量预测法见表 2-2-1。

表 2-2-1　几种典型预测方法的对比

预测方法		预测精度			所需信息	预测成本	所需时间	用途
		短期	中期	长期				
定性预测	德尔菲预测法	中～优	优	优	一组来自专家的信息	较高	较长	资料缺乏，数据变动大的宏观、长期预测
	消费者调查法	优	中	差	一组来自消费者的信息	较高	较长	资料缺乏，适合短期预测
	销售人员意见集中法	优	中	差	一组来自销售人员的信息	低	短	资料缺乏，适合短期预测
	部门主管讨论法	优	中	差	一组来自部门主管的信息	低	短	资料缺乏，适合短期预测
定量预测	移动平均法	良	差	很差	“7 点”以上历史数据	低	很短	数据波动不大的近期或短期预测
	指数平滑法	优	良	很差	“7 点”以上历史数据	低	短	一般是数据水平模式的短期预测
	回归预测法	优	优	中等	需要多年的历史数据	低	由模型的复杂程度决定	广泛用于宏观或微观的中、长期预测

1. 德尔菲预测法

德尔菲预测法是20世纪40年代由美国兰德公司首创和使用的，是一种专家调查法。它以预先选定的专家作为征询意见的对象，预测小组以匿名的方式给各位专家发放调查问卷，咨询征求专家的意见，然后将收集到的专家意见汇总整理，在参考反馈意见的基础上，预测小组重新设计出新的调查问卷，再对每个专家进行调查，专家可以根据多次反馈的信息进行判断，如此多次反复，专家的意见逐步趋于一致，即得出预测结果。

德尔菲预测法的特点主要有以下几个。

（1）匿名性：由于专家是背对背提出各自的意见，因而可以避免专家之间的相互影响。

（2）反馈性：预测结果一般是在多次调查、不断反馈、反复综合整理、归纳和修正基础上形成的，给专家提供了充分反馈意见的机会。

（3）统计性：对专家意见和预测结果进行定量化的统计归纳。它对各种不同类型的预测问题采用相应的不同统计处理方法。专家的意见经过几轮反馈后，有可能趋向集中，统计结果趋于收敛。

德尔菲预测法通常在采集数据成本太高或不便于进行技术分析时采用，使用于长期趋势和对新产品的预测。其主要优点是预测速度较快，预测成本较低；不存在群体压力或出现某些主导性个体对预测结果产生影响；同时在预测过程中，不断反复调查，使专家意见逐渐趋于一致。其缺点是专家的选择没有明确的标准，预测责任分散。库存需求为短期需求时，较少采用该种方法，除非采集数据成本太高或缺乏。

2. 消费者调查法

消费者调查法是通过信函、电话或访问的方式对现实的或潜在的顾客消费意图进行调查，得到需求的预测结果。

这种方法的优点：预测直接来源于顾客消费意图，较好地反映了市场需求情况；可以获得丰富的信息，如顾客对服务有缺点的看法，这有利于企业改善服务，有利于开发新产品或新服务和有针对性地开展促销活动。

这种方法的缺点：在调查中顾客有时不配合调查，影响调查结果的准确性；顾客购买意图容易随着一些新的情况出现而发生变化；调查需耗费较多的人力和时间。

消费者调查法是企业经常使用的一种辅助库存预测方法，此种方法的目的不是得到具体的需求预测数据，而是从宏观上探查市场对产品或服务的喜好情况，也就是得到一个关于产品销售预期的期望。对新产品或新服务的需求预测通常都会采用此种方法。

3. 销售人员意见集中法

销售人员意见集中法是根据每个销售人员对需求预测的情况进行综合得出预测结果。预测时，先让每个销售人员对自己负责的销售区域的产品销售额和总的市场需求进行估计，然后把个销售区域人员的估计销售额汇总，就可得出企业产品的销售额和市场需求的预测结果。

这种方法的主要优点是企业的市场销售人员直接接触经销商和客户，一般知道消费者的购买计划，在进行产品销售预测时，用此方法往往会得出比较符合实际的预测结果。

这种方法的主要缺点是容易受个人偏见的影响。例如，有些销售人员对市场形势比较乐观，他们估计的预测值可能偏高；反之，就可能偏低。另外销售人员为了制定低的、易于实现的销售计划，可能瞒报需求。因此要对结果进行校正，校正方法可以通过计算推定平均值得到较可信的结果。

4. 部门主管讨论法

部门主管讨论法是一些高层管理人员（如营销、生产运作、财务等部门主管人员）聚集在一起进行集体研讨，对产品需求进行分析与预测。

这种方法的优点：预测简单、经济易行；不用准备和统计历史资料；汇集了各主管的丰富经验与聪明才智；如果市场情况发生变化，可以立即进行修正。

此方法不足之处：个别人的观点可能左右其他人的意见；预测的责任分散，易导致管理者发表的意见过于草率。

这种方法应用的前提是参与预测的部门主管具有较高的知识水平、较丰富的经验以及对市场的洞察能力和分析能力。这种方法常用于制订长期规划以及开发新产品预测。

阅读材料 1，回答以下问题。

1．如何减少观察误差以提高观察的准确性？

______

______

2．定性调查与定量调查有何区别？

______

______

材料 2　定性预测示例

为了扩大公司的仓储配送业务量，假设2010年公司将推出24小时不间断配送服务，并聘请6位专家预测提供新服务后公司常温商品日配送业务量，为公司进行扩大仓储面积、增加工作人员、配备运输车辆等一系列管理决策提供依据。请你采用德尔菲预测法对公司2010年常温商品日配送业务量进行预测。

操作步骤如下所示。

（一）咨询

查阅相关书籍、检索相关网站，了解关于库存预测方面的知识，包括什么是库存预测、它有哪些作用、预测的程序是怎样的、预测的分类有哪些、德尔菲预测法的含义和工作程序是怎样等。

（二）计划和决策

1．设计、印制征询表格

采用德尔菲预测法首先要准备好征询表格。征询表格由预测者设计和印制，发给预测的专家填写。征询表格要达到以下要求：主题明确、中心突出；问题内容要接近专家熟悉的领域，便于充分利用专家的意见；问题不宜太多和过于复杂等。

2．选择专家

专家的选择是德尔菲预测法成败的关键。德尔菲预测法要求专家应当是对预测对象和预测问题有比较深入研究、富于创造性和极具判断能力的人，来源广泛并且规模适中。

（三）实施

1. 反复征询专家意见

德尔菲预测法是将征询表及背景材料提交给每位专家，请专家以书面形式回答。专家寄回第一轮预测表格后，预测组织者以匿名的方式将各种不同意见进行综合、分类和整理，然后再分发给这些专家，再次征询意见。各位专家在第二轮征询中可以坚持自己第一次的意见，也可以参考其他专家的不同意见，修改、补充自己的意见，再将意见寄回给预测组织者。如此几经反馈，一般在 3 ～ 5 轮后，各位专家的意见渐趋一致。

2. 整理专家意见

本项目专家意见征询经过 3 轮后，得到如表 2-2-2 所列的专家预测信息。

表 2-2-2 专家预测信息 单位：万箱

专家	第一轮			第二轮			第三轮		
	最低值	中间值	最高值	最低值	中间值	最高值	最低值	中间值	最高值
1	5	6	10	7	8	10	7	8	9
2	4	7	12	6	9	12	8	10	12
3	6	10	15	6	10	15	7	12	13
4	5	6	8	5	6	8	6	7	8
5	8	13	17	8	12	16	9	10	12
6	4	8	13	5	8	12	6	8	9
平均数	5.3	8.3	12.5	6.2	8.8	12.2	7.2	9.2	10.5
全距	4	7	9	3	6	8	3	5	5

从预测过程可以看出，第一、第二、第三轮的预测值的全距（极差）越来越小，说明专家意见逐渐趋近一致。

3. 处理预测结果

对预测结果的统计处理有以下几种方法。

（1）简单平均法。

将 6 位专家第三轮意见平均数作为预测值，则

日配送业务量 $$\hat{X}_{n+1}=\frac{1}{n}\sum_{i=1}^{n}X_i=\frac{7.2+9.2+10.5}{3}=8.97\text{（万箱）}$$

式中：$\hat{X}_{n+1}$为预测值；X_i为专家平均值；n 为平均值个数。

（2）加权平均法。

假如最低、中间、最高三种日配送量的概率分别为 0.2、0.6、0.2，则

日配送业务量 $$\hat{X}_{n+1}=\frac{\sum_{i=1}^{n}X_if_i}{\sum_{i=1}^{n}f_i}=\frac{7.2\times0.2+9.2\times0.6+10.5\times0.2}{0.2+0.6+0.2}=9.06\text{（万箱）}$$

式中：$\hat{X}_{n+1}$为预测值；f_i为专家平均值的权重；X_i为专家平均值。

（3）中位数法。

先将第三轮意见按数值高低排列如下：

- 最低值：6、6、7、7、8、9
- 中间值：7、8、8、10、10、12
- 最高值：8、9、9、12、12、13

数列为偶数项，中位数为位于$\frac{n}{2}$和$\frac{n+1}{2}$项数的平均数。

可以计算出，最低值的中位数为 7，中间值的中位数为 9，最高值的中位数为 10.5。

将最低、中间、最高三个中位数值按 0.2、0.6、0.2 的权数加权平均，则

日配送业务量 $$X_i=\frac{\sum_{i=1}^{n}X_if_i}{\sum_{i=1}^{n}f_i}=\frac{7\times0.2+9\times0.6+10.5\times0.2}{0.2+0.6+0.2}=8.9\text{（万箱）}$$

（四）检查和评价

对 3 次专家征询表中专家的意见、专家预测信息表中的数据，以及用三种计算方法计算的过程和结果进行检查，并结合三种方法的结果，进行综合分析和总结，最终形成汇总报告。

阅读材料 2，回答以下问题。

1．中位数的意义是什么？

____

____

2．你认为提高定量预测精度的方法有哪些？

____

____

材料 3　定量预测计算示例

北京烟草物流中心坐落于通州区梨园镇，负责全市卷烟仓储配送工作。中心占地面积约 50000m^2，总建筑面积约 31000m^2。库房采用现代化高架立体库存储和激光定位堆垛机入出库，满足年销量 70 万箱和平均储量 4 万箱的营销需求。

假设公司 2009 年仓储量如表 2-2-3 所列，请预测 2010 年 1 月份公司的仓储量。

表 2-2-3　2009 年北京烟草物流中心仓储量统计表　　单位：万箱

月份	1	2	3	4	5	6	7	8	9	10	11	12	预测
仓储量	3.8	3.5	3.9	4.0	4.2	4.5	3.7	4.0	3.9	3.8	4.1	4.2	—

请扫码学习定量预测方法的相关知识。

定量预测

操作步骤如下所示。

一、咨询

查阅相关书籍和网页，获取关于库存预测定量分析方面的知识。具体知识见本节内容。

二、计划和决策

对几种常用的定量预测方法进行分析后，根据本项目的特点，选择移动平均法和指数平滑法进行预测。

三、实施

1. 采用移动平均法预测

采用移动平均法，制作 2009 年北京烟草物流中心仓储量统计表，见表 2-2-4。

表 2-2-4　2009 年北京烟草物流中心仓储量统计表　　单位：万箱

月份	1	2	3	4	5	6	7	8	9	10	11	12	预测
仓储量	3.8	3.5	3.9	4.0	4.2	4.5	3.7	4.0	3.9	3.8	4.1	4.2	—
移动期 n=3	—	—	3.73	3.80	4.03	4.23	4.13	4.07	3.87	3.90	3.93	4.03	4.03
移动期 n=5	—	—	—	—	3.88	4.02	4.06	4.08	4.06	3.98	3.90	4.00	4.00

（1）当移动期数 n=3，分别计算：

$$M_3^{(1)}=\frac{x_1+x_2+x_3}{3}=\frac{3.8+3.5+3.9}{3}=3.73\text{（万箱）}$$

$$M_4^{(1)}=\frac{x_2+x_3+x_4}{3}=\frac{3.5+3.9+4.0}{3}=3.80\text{（万箱）}$$

……

$$M_{12}^{(1)}=\frac{x_{10}+x_{11}+x_{12}}{3}=\frac{3.8+4.1+4.2}{3}=4.03\text{（万箱）}$$

（2）当移动期数 n=5，分别计算：

$$M_5^{(1)}=\frac{x_1+x_2+x_3+x_4+x_5}{5}=\frac{3.8+3.5+3.9+4.0+4.2}{5}=3.88\text{（万箱）}$$

$$M_6^{(1)}=\frac{x_2+x_3+x_4+x_5+x_6}{5}=\frac{3.5+3.9+4.0+4.2+4.5}{5}=4.02\text{（万箱）}$$

……

$$M_{12}^{(1)}=\frac{x_8+x_9+x_{10}+x_{11}+x_{12}}{5}=\frac{4.0+3.9+3.8+4.1+4.2}{5}=4.00\text{（万箱）}$$

Excel 应用步骤：

（1）录入数据：做好“数据分析”准备。选择“工具”菜单的“数据分析”选项，弹出“数据分析”对话框，如图 2-2-2 所示。

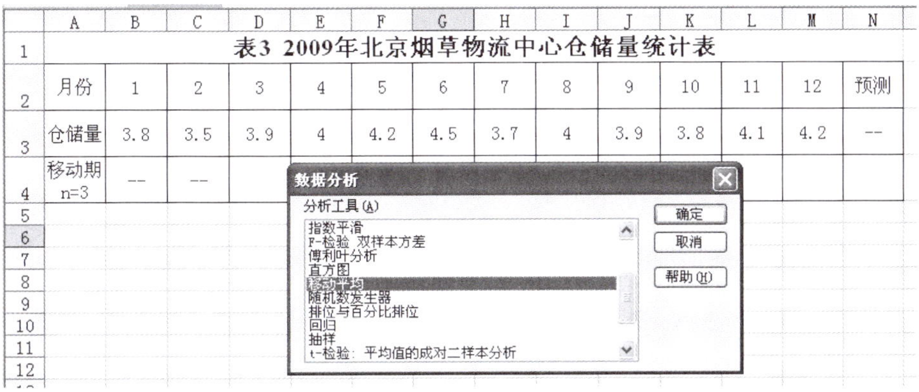

图 2-2-2 “数据分析”对话框

（2）计算三期移动平均值及标准误差。在“数据分析”对话框的“分析工具”列表框中选择“移动平均”，单击“确定”按钮，弹出“移动平均”对话框。在“输入区域”组合框中输入分析数据所在的单元格“$B$3：$M$3”，在“间隔”输入“3”，表示使用三期移动平均法。在“输出区域”组合框中输入“$B$4”，表示将输出区域的左上角单元格定义为 B4。勾选“图表输出”复选框和“标准误差”复选框，如图 2-2-3 所示。

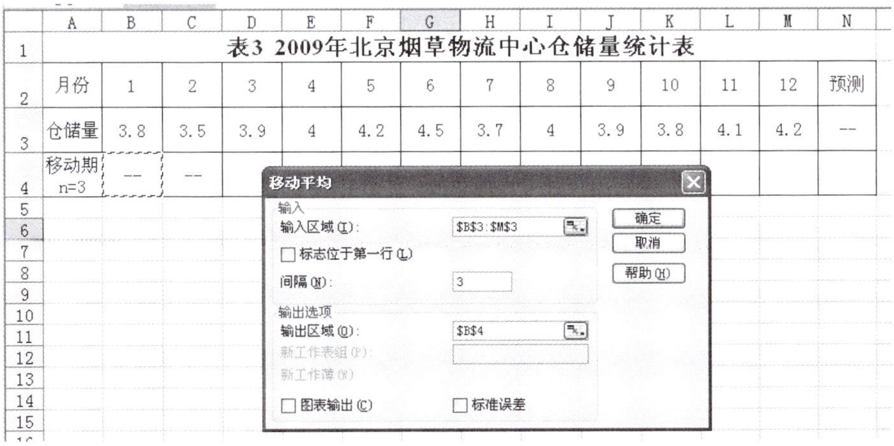

图 2-2-3 “移动平均”对话框

（3）显示计算结果，单击“确定”按钮，如图 2-2-4 所示。

表3 2009年北京烟草物流中心仓储量统计表

月份	1	2	3	4	5	6	7	8	9	10	11	12	预测
仓储量	3.8	3.5	3.9	4	4.2	4.5	3.7	4	3.9	3.8	4.1	4.2	--
移动期 n=3			3.73	3.80	4.03	4.23	4.13	4.07	3.87	3.90	3.93	4.03	
					0.18	0.22	0.31	0.30	0.25	0.07	0.11	0.15	

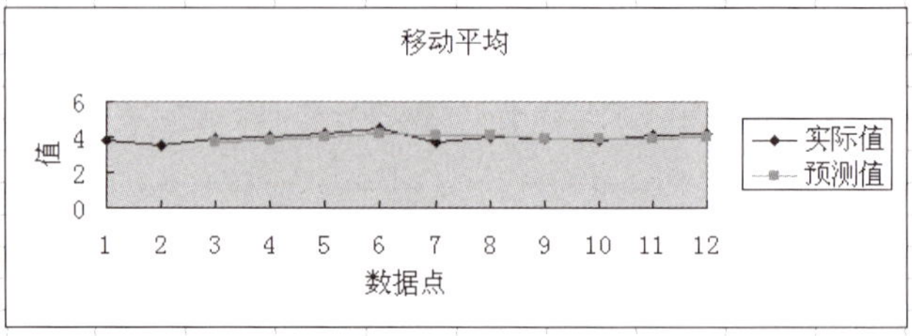

图 2-2-4　三期移动平均预测结果

在如图 2-2-4 所示的预测结果中，单元格 D4 ～ M4 的数值分别表示$M_3^{(1)} \sim M_{12}^{(1)}$期的一次平均移动值，对应的 F4 ～ M4 分别表示他们相应的标准误差。一般来说，这个标准误差越小，预测的精度就越高。单元格 M4 中的值 4.03 万箱就是 2010 年 1 月份仓储量的预测值，M5 的数值 0.15 万件就是相应的标准误差。从插图中还可以看到预测值和实际值的拟合程度。

类似地采用五期移动平均法可以得到如图 2-2-5 所示的结果。图中 2010 年 1 月份仓储量的预测值为 4.00 万件，标准误差为 0.17 万件，这个误差比三期移动的大，故采用三期移动平均法对本项目预测效果较好。

表3 2009年北京烟草物流中心仓储量统计表

月份	1	2	3	4	5	6	7	8	9	10	11	12	预测
仓储量	3.8	3.5	3.9	4	4.2	4.5	3.7	4	3.9	3.8	4.1	4.2	--
移动期 n=5					3.88	4.02	4.06	4.08	4.06	3.98	3.90	4.00	
									0.31	0.29	0.22	0.17	

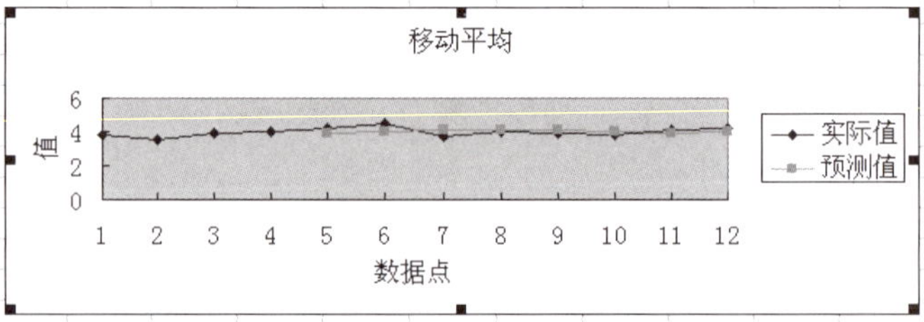

图 2-2-5　五期移动平均预测结果图

2. 采用指数平滑法预测

采用指数平滑法，制作 2009 年北京烟草物流中心仓储量统计表，见表 2-2-5。

表 2-2-5　2009 年北京烟草物流中心仓储量统计表　　单位：万箱

月份	仓储量	平滑值$S_t^{(1)}(\alpha=0.1)$	平滑值$S_t^{(1)}(\alpha=0.3)$
1	3.8		
2	3.5	3.80	3.80
3	3.9	3.77	3.71
4	4.0	3.78	3.77
5	4.2	3.80	3.84
6	4.5	3.84	3.95
7	3.7	3.91	4.11
8	4.0	3.89	3.99
9	3.9	3.90	3.99
10	3.8	3.90	3.96
11	4.1	3.89	3.92
12	4.2	3.91	3.97
下月	预测值	3.91	3.97

（1）设$\alpha=0.1$，$S_1=X_1=3.8$，根据$S_t^{(1)}=\alpha X_{t-1}+(1-\alpha)S_{t-1}^{(1)}$

$$S_2^{(1)}=\alpha X_1+(1-\alpha)S_1^{(1)}=0.1\times3.8+0.9\times3.8=3.8\text{（万箱）}$$

$$S_3^{(1)}=\alpha X_2+(1-\alpha)S_2^{(1)}=0.1\times3.5+0.9\times3.8=3.77\text{（万箱）}$$

……

$$S_{12}^{(1)}=\alpha X_{11}+(1-\alpha)S_{11}^{(1)}=0.1\times4.1+0.9\times3.89=3.91\text{（万箱）}$$

（2）设$\alpha=0.3$，$S_1=X_1=3.8$，根据$S_t^{(1)}=\alpha X_{t-1}+(1-\alpha)S_{t-1}^{(1)}$

$$S_2^{(1)}=\alpha X_1+(1-\alpha)S_1^{(1)}=0.3\times3.8+0.7\times3.8=3.80\text{（万箱）}$$

$$S_3^{(1)}=\alpha X_2+(1-\alpha)S_2^{(1)}=0.3\times3.5+0.7\times3.8=3.71\text{（万箱）}$$

……

$$S_{12}^{(1)}=\alpha X_{11}+(1-\alpha)S_{11}^{(1)}=0.3\times4.1+0.7\times3.92=3.97\text{（万箱）}$$

Excel 应用步骤：

（1）录入数据，做好“数据分析”准备。打开工作表，选择“工具”菜单的“数据分析”选项，弹出“数据分析”对话框，如图 2-2-6 所示。

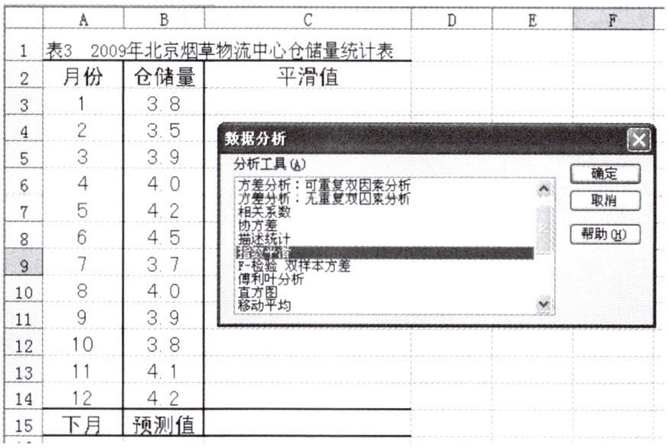

图 2-2-6　“数据分析”对话框

（2）计算平滑值。在“分析工具”列表框中选择“指数平滑”后单击“确定”按钮，弹出“指数平滑”对话框。在“输入区域”组合框中输入分析数据所在的单元格“$B$3:$B$14”，在“阻尼系数”文本框中输入“0.9”。在“输出区域”组合框中输入“$C$3”，表示将输出区域的第一个单元格定义为 C3。勾选“图表输出”复选框和“标准误差”复选框，如图 2-2-7 所示。

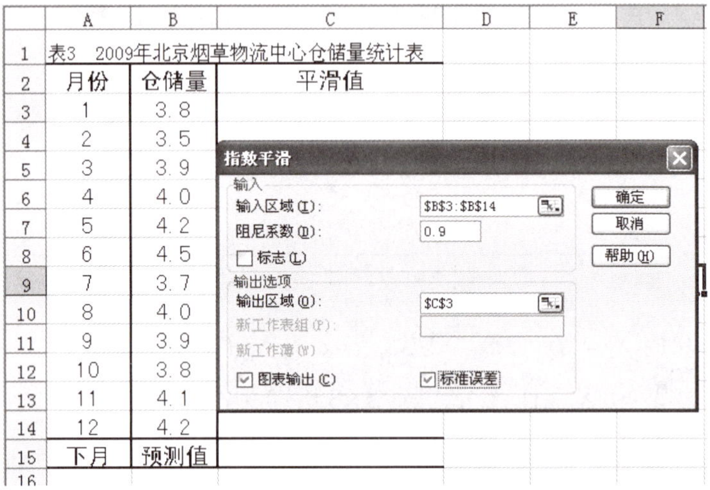

图 2-2-7　“指数平滑”对话框

（3）显示数据。单击“确定”按钮，得到如图 2-2-8 所示的预测结果。

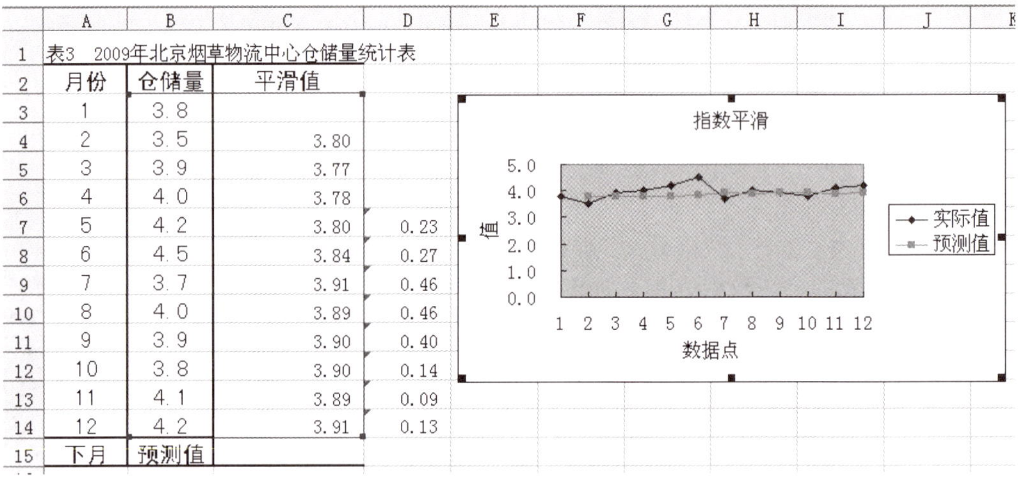

图 2-2-8　指数平滑法预测结果（α =0.1）

图 2-2-8 中，C4 ～ C14 表示 2—12 月份的平滑值，D7 ～ D14 表示相应的标准误差。单元格 C14 的数值 3.91 万箱作为 2010 年 1 月份北京烟草物流中心的仓储量的预测值，相应单元格 D14 中的数值 0.13 万箱，表示标准误差的大小。从插图中还可以看到实际值和预测值的拟合程度。

（4）数据分析。类似地可以计算出当 α=0.3 时的平滑值和标准误差，如图 2-2-9 所示。2010 年 1 月份的北京烟草物流中心的仓储量的预测值为 3.97 万箱，标准误差为 0.15 万箱。可见平滑系数为 0.3 时的预测结果优于平滑系数为 0.1 时的预测结果。

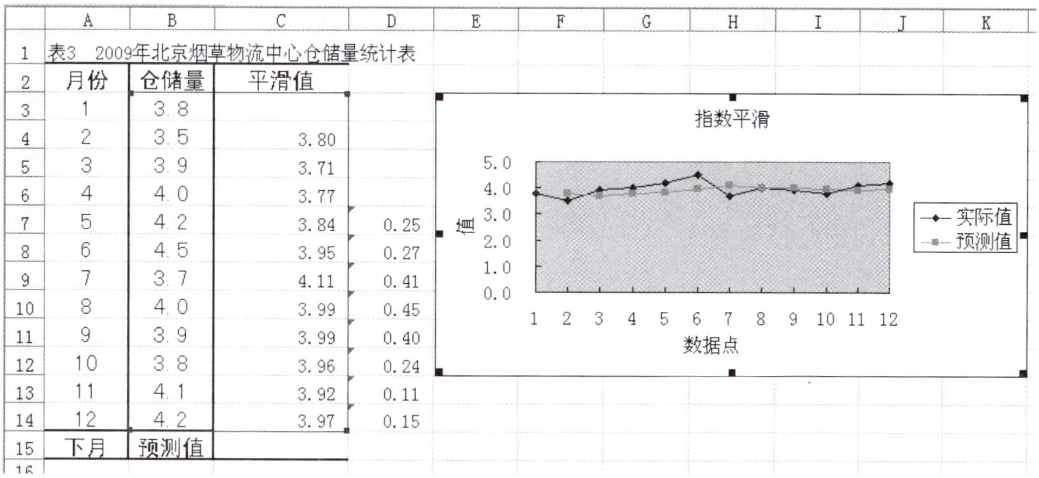

表3　2009年北京烟草物流中心仓储量统计表

月份	仓储量	平滑值	
1	3.8		
2	3.5	3.80	
3	3.9	3.71	
4	4.0	3.77	
5	4.2	3.84	0.25
6	4.5	3.95	0.27
7	3.7	4.11	0.41
8	4.0	3.99	0.45
9	3.9	3.99	0.40
10	3.8	3.96	0.24
11	4.1	3.92	0.11
12	4.2	3.97	0.15
下月	预测值		

图 2-2-9　指数平滑法预测结果（α =0.3）

四、检查和评价

对计算过程和计算结果进行再次检查，并结合两种方式进行综合分析和总结，最终形成汇总报告。

阅读材料 3，回答以下问题。

1．移动平均法的步长如何决定？

____

____

2．指数平滑法的精度如何计算？

____

____

材料 4　回归预测计算示例

北京物美商业集团股份有限公司是国内最早以连锁方式经营超市的现代商业流通企业集团公司。自 1994 年创建北京第一家规范的综合超市以来，现已发展为多种业态经营的连锁商业集团。请根据本地区人均 GDP 与配送量的数据资料，试用回归法预测 2010 年货运量，并对公司 2010 年各个季度的配送量进行估算。假设 2005—2009 年公司配送业务及某地区人均 GDP 情况见表 2-2-6。

表 2-2-6 公司库配送量统计表

年度	一季度 / 万箱	二季度 / 万箱	三季度 / 万箱	四季度 / 万箱	年配送量 / 万箱	地区人均 GDP/ 元
2005	580	780	1100	460	2920	26000
2006	660	860	1200	540	3260	28000
2007	650	940	1350	580	3520	30000
2008	720	1020	1380	660	3780	31000
2009	780	1200	1400	800	4180	36000

请扫码学习回归预测方法。

回归预测方法

操作步骤如下所示。

一、咨询

查阅相关书籍和网页，获取关于库存预测定量分析方面的知识。

二、计划和决策

对几种常用的定量预测方法进行分析后，根据本项目的特点，选择季节预测法和回归预测法进行预测。

三、实施

1. 回归分析预测法

（1）判定相关关系。根据资料中给出的数据，利用 Excel 绘制散点相关图，如图 2-2-10 所示，相关图显示该地区人均 GDP 与公司配送量之间的相关关系近似一条直线，属于线性正相关关系。

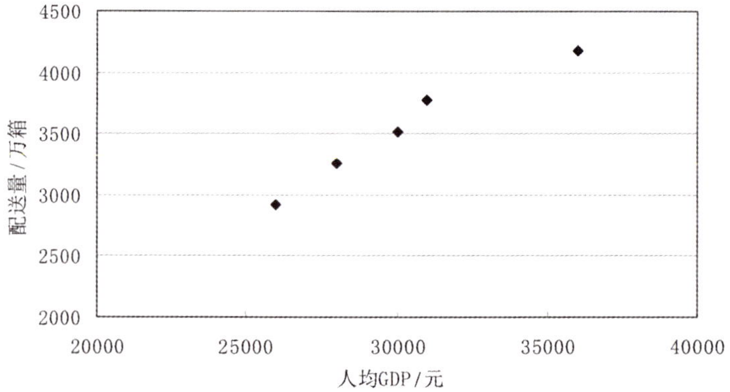

图 2-2-10 配送量与地区人均 GDP 相关图

（2）计算相关系数 r。相关系数 r 的计算情况如表 2-2-7 所列。

表 2-2-7　相关系数计算表

年度	地区人均 GDP x/ 元	年配送量 y/ 万箱	x^2	y^2	xy
2005	26000	2920	676000000	8526400	75920000
2006	28000	3260	784000000	10627600	91280000
2007	30000	3520	900000000	12390400	105600000
2008	31000	3780	961000000	14288400	117180000
2009	36000	4180	1296000000	17472400	150480000
合计	151000	17660	4617000000	63305200	540460000

把表 2-2-7 中的数据代入简捷公式，计算相关系数：

$$r=\frac{n\sum xy-\sum x\sum y}{\sqrt{n\sum x^2-(\sum x)^2}\sqrt{n\sum y^2-(\sum y)^2}}$$

$$=\frac{5\times540460000-151000\times17660}{\sqrt{5\times4617000000-151000^2}\times\sqrt{5\times63305200-17660^2}}=0.98$$

计算结果表明：该地区人均 GDP 与本公司配送量之间呈现出线性高度相关关系，可以考虑将该地区人均 GDP 作为一元线性回归分析的自变量。

（3）计算回归参数 a、b，并建立预测模型。

$$b=\frac{n\sum xy-\sum x\sum y}{n\sum x^2-(\sum x)^2}=\frac{5\times540460000-151000\times17660}{5\times4617000000-151000^2}=0.1255$$

$$a=\frac{\sum y}{n}-\frac{b\sum x}{n}=\frac{17660}{5}-0.13\times\frac{151000}{5}=-257.88$$

将 a、b 的直代入模型，得到一元线性回归预测模型

$$\hat{y}=a+bx=-257.88+0.1255x$$

（4）运用模型进行预测。

该地区 2010 年人均 GDP 达到 40000 元，则公司配送量预测值为

$$\hat{y}=-257.88+0.1255\times40000=4762\text{万箱}$$

Excel 应用步骤：

（1）录入数据。

（2）做相关图，如图 2-2-10 所示。

（3）选择“工具”菜单的“数据分析”选项，在“分析工具”列表框中，如图 2-2-11 所示，选择“回归”选项，单击“确定”按钮，弹出“回归”对话框。

（4）“回归”对话框中，在“Y 值输入区域”组合框中输入“$C$2:$C$6”、在“X 值输入区域”组合框中输入“$B$2：$B$6”、“输出区域”组合框中选择“$D$2”、“置信度”文本框中输入“95”，单击“确定”按钮，输入结果，如图 2-2-12 所示。

（5）根据输出表中的 a、b 参数值，如图 2-2-13 所示，建立回归方程，并以测定系数和估计标准误差对回归预测模型进行检验。

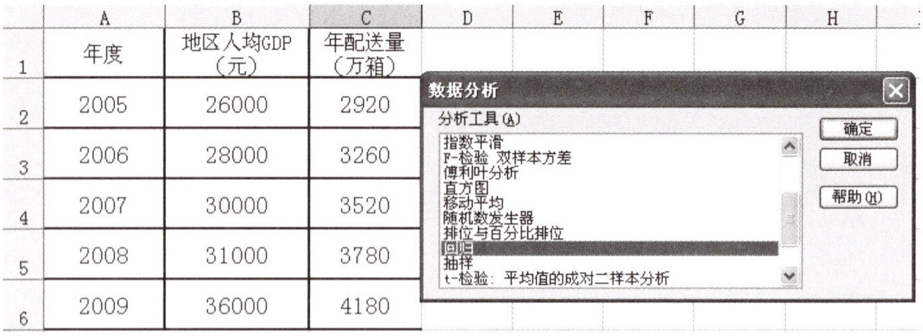

图 2-2-11 “数据分析”对话框

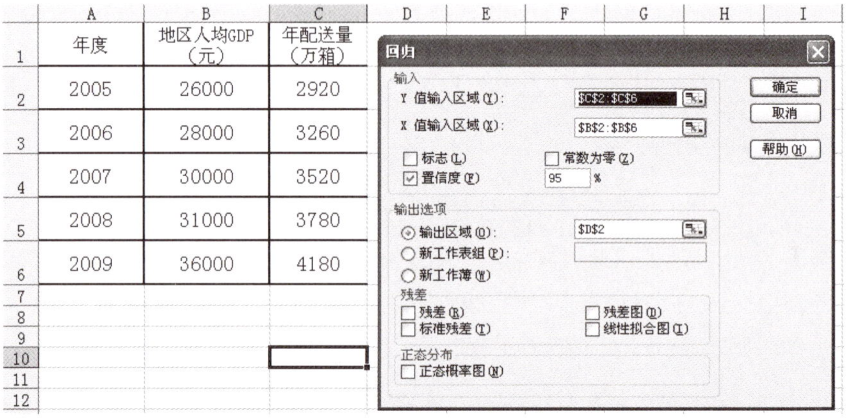

图 2-2-12 “回归”对话框

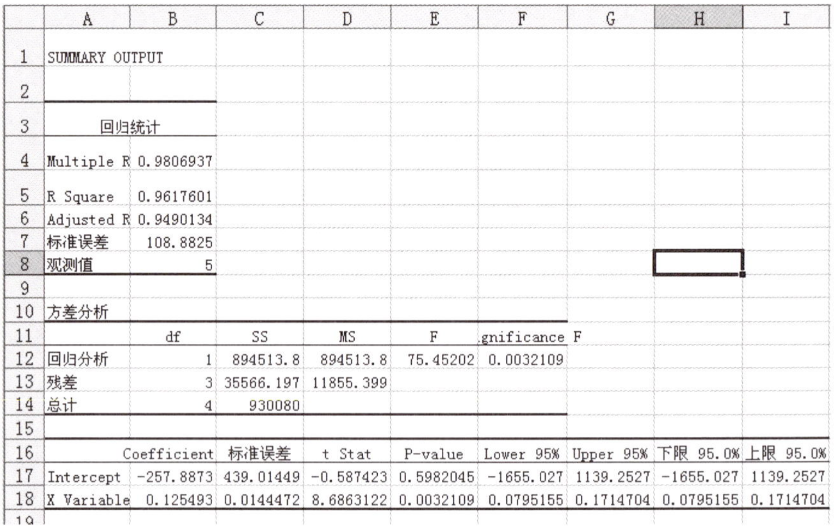

	A	B	C	D	E	F	G	H	I
1	SUMMARY OUTPUT								
2									
3	回归统计								
4	Multiple R	0.9806937							
5	R Square	0.9617601							
6	Adjusted R	0.9490134							
7	标准误差	108.8825							
8	观测值	5							
9									
10	方差分析								
11		df	SS	MS	F	gnificance F			
12	回归分析	1	894513.8	894513.8	75.45202	0.0032109			
13	残差	3	35566.197	11855.399					
14	总计	4	930080						
15									
16		Coefficient	标准误差	t Stat	P-value	Lower 95%	Upper 95%	下限 95.0%	上限 95.0%
17	Intercept	-257.8873	439.01449	-0.587423	0.5982045	-1655.027	1139.2527	-1655.027	1139.2527
18	X Variable	0.125493	0.0144472	8.6863122	0.0032109	0.0795155	0.1714704	0.0795155	0.1714704

图 2-2-13 参数计算结果

将 a、b 的值代入模型，得到一元线性回归预测模型

$$\hat{y} = a + bx = -257.88 + 0.1255x$$

2. 季节指数预测法

（1）根据项目情景中给出的资料，计算如表 2-2-8 所示的数据。

表 2-2-8　2005—2009 年物美的库存季节指数计算表

年度	第一季度	第二季度	第三季度	第四季度	年库存量	全年平均
2005	580	780	1100	460	2920	730
2006	660	860	1200	540	3260	815
2007	650	940	1350	580	3520	880
2008	720	1020	1380	660	3780	945
2009	780	1200	1400	800	4180	1045
同季平均	678	960	1286	608	3532	883
季节指数 /%	76.78	108.72	145.64	68.86	400	100
季节变差	-205	77	403	-275	—	—

（2）判断数据变动类型，选择预测模型。用 Excel 做折线图，如图 2-2-14 所示。从图中可以看出物美公司历年配送量的变动基本上呈水平季节型变动，因此选择水平型季节分析预测模型进行预测比较合适。

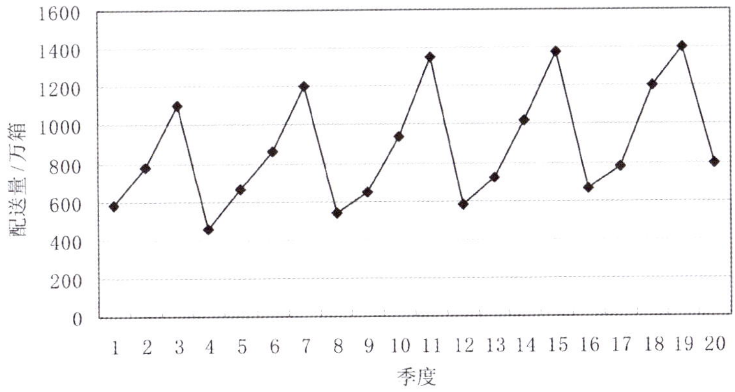

图 2-2-14　2005—2009 年物美公司分季配送量

（3）计算历年同季的平均数，填入表内“同季平均数”的一行，如第一季度平均配送量为

$$\frac{580+660+650+720+780}{5}=678\text{（万箱）}$$

（4）计算各季的季节指数，填入表内“季节指数”的一行，如第一季度的季节指数为

$$\frac{678}{883}\times100\%=76.78\%$$

（5）预测 2010 年各季度配送量。根据 2010 年全年配送量预测值为 4762 万箱计算，该年平均每季度配送量为 1190 万箱，则

一季度配送量预测值 =1190×76.78% = 913（万箱）

二季度配送量预测值 =1190×108.72% = 1294（万箱）

三季度配送量预测值 =1190×145.64% = 1733（万箱）

四季度配送量预测值 =1190×68.86% = 819（万箱）

Excel 应用步骤：

（1）输入数据。

（2）计算全年平均数。在单元格 F2 输入公式“=AVERAGE(B2:E2)”，并拖动填充柄到 F6，如图 2-2-15 所示。

F2 =AVERAGE(B2:E2)

	A	B	C	D	E	F
1	年度	一季度	二季度	三季度	四季度	
2	2005	580	780	1100	46	730
3	2006	660	860	1200	540	815
4	2007	650	940	1350	580	880
5	2008	720	1020	1380	660	945
6	2009	780	1200	1400	800	1045
7						

图 2-2-15　全年平均数计算

（3）计算同季平均数。在单元格 B7 输入公式“=AVERAGE(B2:B6)”，并拖动填充柄到 F7，如图 2-2-16 所示。

B7 =AVERAGE(B2:B6)

	A	B	C	D	E	F
1	年度	一季度	二季度	三季度	四季度	
2	2005	580	780	1100	460	730
3	2006	660	860	1200	540	815
4	2007	650	940	1350	580	880
5	2008	720	1020	1380	660	945
6	2009	780	1200	1400	800	1045
7	同季平均	678	960	1286	608	883

图 2-2-16　同季平均数

（4）计算季节指数。在单元格 B8 输入公式“=B7/883*100”，并拖动填充柄到 F8，如图 2-2-17 所示。

B8 =B7/883*100

	A	B	C	D	E	F
1	年度	一季度	二季度	三季度	四季度	
2	2005	580	780	1100	460	730
3	2006	660	860	1200	540	815
4	2007	650	940	1350	580	880
5	2008	720	1020	1380	660	945
6	2009	780	1200	1400	800	1045
7	同季平均	678	960	1286	608	883
8	季节指数（%）	76.78	108.72	145.64	68.86	100.00

图 2-2-17　季节指数

（5）计算预测值。在单元格 B9 输入公式“=1190*B8/100”，并拖动填充柄到 F9，如图 2-2-18 所示。

B9　　fx　=1190*B8/100

	A	B	C	D	E	F
1	年度	一季度	二季度	三季度	四季度	
2	2005	580	780	1100	460	730
3	2006	660	860	1200	540	815
4	2007	650	940	1350	580	880
5	2008	720	1020	1380	660	945
6	2009	780	1200	1400	800	1045
7	同季平均	678	960	1286	608	883
8	季节指数（%）	76.78	108.72	145.64	68.86	100
9	2010预测值	914	1294	1733	819	1190

图 2-2-18　2010 年各季度预测值

3. 季节变差预测法

（1）根据项目情景中给出的资料，计算如表 2-2-8 所示的数据。

（2）判断数据变动类型，选择预测模型。用 Excel 做折线图，如图 2-2-14 所示。从图上可以看出物美公司历年配送量的变动基本上呈水平季节型变动，因此选择水平型季节分析预测模型进行预测比较合适。

（3）计算历年同季的平均数，填入表内“同季平均数”的一行。

（4）计算各季的季节变差，填入表内“季节变差”的一行，如第一季度季节变差为 678–883=–205 万箱。

（5）预测 2010 年各季度配送量。根据 2010 年全年配送量预测值为 4400 万箱计算，该年平均每季度配送量为 1100 万箱，则

一季度配送量预测值 =1190+（–205）=985（万箱）

二季度配送量预测值 =1190+77=1267（万箱）

三季度配送量预测值 =1190+403=1593（万箱）

四季度配送量预测值 =1190+（–275）=915（万箱）

Excel 应用步骤：

（1）输入数据。

（2）计算全年平均数。在单元格 F2 输入公式“=AVERAGE(B2:E2)”，并拖动填充柄到 F6，如图 2-2-15 所示。

（3）计算同季平均数。在单元格 B7 输入公式“–AVERAGE(B2:B6)”，并拖动填充柄到 F7，如图 2-2-16 所示。

（4）计算季节变差。在单元格中 B8 输入公式“=B7-883”，并拖动填充柄到 E8，如图 2-2-19 所示。

（5）计算预测值。在单元格中 B9 输入公式“=1190+B8”，并拖动填充柄到 E9，如图 2-2-20 所示。

B8 f_x =B7-883

	A	B	C	D	E	F
1	年度	一季度	二季度	三季度	四季度	
2	2005	580	780	1100	460	730
3	2006	660	860	1200	540	815
4	2007	650	940	1350	580	880
5	2008	720	1020	1380	660	945
6	2009	780	1200	1400	800	1045
7	同季平均	678	960	1286	608	883
8	季节变差	-205.00	77.00	403.00	-275.00	

图 2-2-19　季节变差

B9 f_x =1190+B8

	A	B	C	D	E	F
1	年度	一季度	二季度	三季度	四季度	
2	2005	580	780	1100	460	730
3	2006	660	860	1200	540	815
4	2007	650	940	1350	580	880
5	2008	720	1020	1380	660	945
6	2009	780	1200	1400	800	1045
7	同季平均	678	960	1286	608	883
8	季节变差	-205.00	77.00	403.00	-275.00	
9	2010年预测值	985	1267	1593	915	

图 2-2-20　2010 年预测值

四、检查和评价

对计算过程和计算结果再次进行检查，并结合两种方式进行综合分析和总结，最终形成汇总报告。

阅读材料 4，完成以下任务。

1. 某公司研制出一种新兴产品，现在市场上还没有相似产品出现，因此没有历史数据。公司需要对可能的销售量进行预测，以决定产量。于是该公司成立专家小组，并聘请业务经理、市场专家和销售人员等 8 位专家，预测全年可能的销售量。8 位专家提出个人判断，经过三次反馈得到结果如表 2-2-9 所示。请使用平均值预测和加权平均法预测（最可能销售量、最低销售量、最高销售量的权重分别为 0.5，0.2，0.3）。

表 2-2-9　德尔菲预测数据

第一次判断			第二次判断			第三次判断		
最低销售量	最可能销售量	最高销售量	最低销售量	最可能销售量	最高销售量	最低销售量	最可能销售量	最高销售量
150	750	900	600	750	900	550	750	900
200	450	600	300	500	650	400	500	650
400	600	800	500	700	800	500	700	800

续表

第一次判断			第二次判断			第三次判断		
最低销售量	最可能销售量	最高销售量	最低销售量	最可能销售量	最高销售量	最低销售量	最可能销售量	最高销售量
750	900	1500	600	750	1500	500	600	1250
100	200	350	220	400	500	300	500	600
300	500	750	300	500	750	300	600	750
250	300	400	250	400	500	400	500	600
260	300	500	350	400	600	370	410	610
345	500	725	390	550	775	415	570	770

2．某纺织品公司近年棉布销售量如表 2-2-10 所示，请用一次移动平均法预测 2022 年棉布销售量（假定 n=3）。

表 2-2-10　移动平均法数据　　单位：万米

年份	销售量 X_1	一次移动平均数 $M_1^{(1)}$
2015	984	
2016	1022	
2017	1040	
2018	1020	1015
2019	1032	1027
2020	1015	1031
2021	1010	1022
2022		?

3．某视频生产厂 2021 年第一、二、三季度视频的销售额分别为 140 万元、200 万元和 180 万元。

（1）如果平滑指数 α=0.2，试用指数平滑法预测该厂第四季度的产品销售额。

（2）若第四季度的实际销售额为 170 万元，请用指数平滑法预测该厂 2022 年第一季度的销售额。

计算完毕请扫码对照参考答案。

预测答案

任务评价

学完本任务后结合自己学习情况，依指标进行评价，如表 2-2-10 所示。

表 2-2-10 库存预测技术评价指标

考核项目	评分标准	总分值	得分值
知识掌握	1. 德尔菲法原理 2. 定量预测方法	30	
能力提升	1. 会采取德尔菲法进行预测 2. 会采取指数平滑法进行预测 3. 会采取回归法进行预测	40	
职业素养	1. 责任心 2. 沟通能力 3. 协作能力 4. 计划能力	30	
签字		总分（100 分）	

任务反思

结合整个任务的学习理解，请反思以下内容，并谈谈你的理解。

1. 预测方法有很多种，如何选择？选择的标准是什么？预测精度如何保证？
2. 目前市场上有很多的预测软件，请举例并解释其使用方法。

任务 3　库存控制技术

库存控制是在保障供应的前提下，为使库存物品的数量最少所进行的有效管理的经济技术措施。库存控制的重点是对库存量的控制，订货点技术是从影响实际库存量的两方面入手，即销售（消耗）的数量和时间与进货的数量和时间，来确定商品订购的数量和时间，从而达到控制库存量的目的。因此，订货点技术的关键在于把握订货的时机，具体的方法包括定量订货法和定期订货法两种。

工作内容

- 定量订货法计算。
- 定期订货法应用。

任务分析

通过库存控制技术可以较好地预防物料需求的不确定性，满足不同经营模式的需求。库存控制重要的决策点是订货点和订货量。一般的原则是先确定库存量水平，然后决定订货量。选定一个用来确定订货时间和订货量的库存水平，是生产经营中的重要决策，直接影响企业的资金运作状况。

学习材料

材料 1　定量订货法原理

定量订货法是指当库存量下降到预定的最低库存量（订货点）时，按规定数量（一般以经济批量 EOQ 为标准）进行订货的一种库存控制方法。它主要靠控制订货点和订货批量两个参数来控制订货，达到既能最好地满足库存需求，又能使总费用最低的目的。

（1）定量订货法的原理是：预先确定一个订货点 Q_k，在销售过程中随时检查库存，当库存下降到 Q_k 时，就发出一个订货批量 Q^*，一般取经济批量 EOQ。库存量的变化如图 2-3-1 所示。

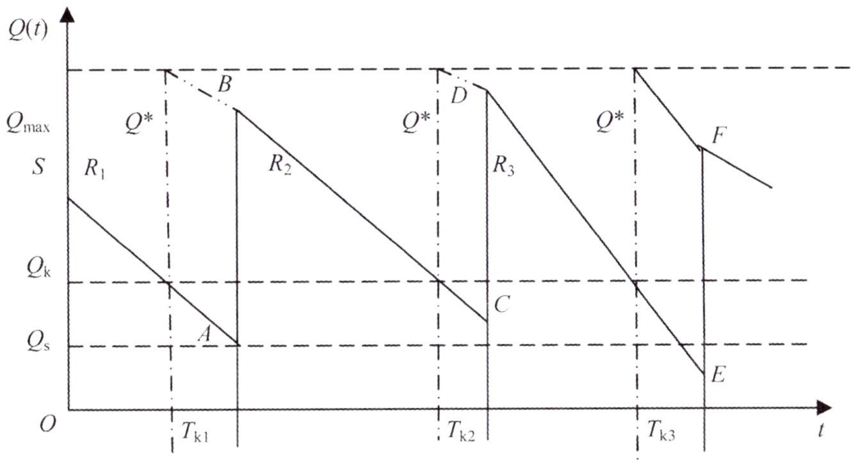

图 2-3-1 库存量的变化

图 2-3-1 是库存量变化的一般情况，每一阶段库存下降速度 R 和订货点的时间间隔都是随机变量，即 $R_1 \neq R_2 \neq \cdots \neq R_n$，$T_{k1} \neq T_{k2} \cdots \neq T_{kn}$。第一阶段，库存以 R_1 的速度下降，当库存下降到 Q_k 时，就发出一个订货批量 Q^*，这时"名义库存"升高 Q^*，达到 $Q_{max}=Q_k+Q^*$，进入第一个订货提前期 T_{k1}，在 T_{k1} 内库存继续以 R_1 的速度下降至 A 点；新订货物到达，T_{k1} 结束，实际库存为 $Q_B=Q_s+Q^*$，进入第二阶段，库存以 R_2 的速度下降，假设 $R_2<R_1$，所以库存消耗周期较第一阶段要长，当库存下降到 Q_k 时，又发出一个订货批量 Q^*，"名义库存"又升到 $Q_{max}=Q_k+Q^*$，进入第二个订货提前期 T_{k2}，在 T_{k2} 内库存继续以 R_2 的速度下降到 C 点，第二批订货到达，T_{k2} 结束，实际库存又升高了 Q^* 达到 D 点，实际库存为 $Q_D=Q_C+Q^*$，由于 $R_2<R_1$，所以 $T_{k2}<T_{k1}$。之后进入第三个阶段，库存以 R_3 的速度下降，$R_3>R_1>R_2$，因 $T_{k3}>T_{k1}>T_{k2}$，当 T_{k3} 结束时库存量下降到 E 点，且动用了安全库存 Q_S，新的订货到达时实际库存上升到 $Q_F=Q_E+Q^*$，比 B 点和 D 点的实际库存都低，然后进入到下一个出库周期，如此反复循环下去。

可以看到订货点 Q_k 包括两部分：第一部分为 Q_S，即安全库存；第二部分 DL，即各订货提前期内销售量的平均值 $\overline{\text{Dl}}$。如果各个周期的销售是平衡的，即 $R_1=R_2=R_3=\cdots$，则 $\overline{\text{Dl}}$ 就是各提前期的销量 DL。

在整个库存变化中所有的需求量均得到满足，没有缺货现象，但是第三阶段的销售（出库）动用了安全库存 Q_S，如果 Q_S 设定太小的话，则 T_{k3} 期间的库存曲线会下降到横坐标以下，出现负存货，即表示缺货。因此安全库存的设置是必要的，它会影响库存的水平。

由于控制了订货点 Q_k 和订货批量 Q^*，使得整个系统的库存水平得到了控制，名义库存 Q_{max} 不会超过 Q_k+Q^*，实际最高库存 Q_B、Q_D、DF 不会超过 $Q_k+Q^*-\overline{\mathrm{DI}}$。

（2）定量订货法控制参数的确定。实施定量订货法需要确定两个控制参数：一个是订货点，即订货点库存量；一个是订货数量，即经济批量 EOQ。

1）订货点的确定。影响订货点的因素有三个：订货提前期、平均需求量和安全库存。根据这三个因素我们可以简单地确定订货点。

2）在需求和订货提前期确定的情况下（即 R 和 T_k 固定不变），不考虑安全库存时可直接求出订货点。公式如下：

订货点 = 订货提前期（天）×（全年需求量 /360）（一年按照 360 天计算时）

例如：某仓库每年出库商品业务量为 18000 箱，订货提前期为 10 天，试计算订货点。

解：订货点 =10×（18000÷360）=500（箱）

3）需求和订货提前期都不确定，即 $R_1 \neq R_2 \neq R_3 \neq \cdots$，$T_{k1} \neq T_{k2} \neq T_{k3}\cdots$的情况下需要安全库存，则

订货点 =（平均需求量 × 最大订货提前期）+ 安全库存

（3）订货批量的确定。在定量订货中，对每一个具体的品种而言，每次订货批量都是相同的，所以对每个品种都要制订一个订货批量，通常是以经济批量作为订货批量。

所谓经济批量就是使库存总成本达到最小时的订货数量，它是通过平均订货成本和储存成本两个方面得到的（不考虑购入成本时）。其计算公式为（扫码学习推导过程）

$$\mathrm{EOQ}=\sqrt{\frac{2CD}{A}}=\sqrt{\frac{2CD}{\mathrm{PF}}}$$

式中：EOQ 为经济订货批量；D 为商品年需求总量；C 为每次订货成本；A 为单位商品年保管费。

EOQ 的推导

例如，某仓库 Q 商品年需求量为 16000 箱，单位商品年保管费为 20 元，每次订货成本为 400 元求经济订货批量 Q^*。

解：

$$Q^*=\sqrt{\frac{2\times16000\times400}{20}}=800\text{（箱）}$$

采用用经济批量法来确定订货量，实际操作时还需调整，使其尽可能地接近一个包装单元，或者是它们的倍数，这样便于发货和配送运输，此道理也称为 EOQ 的柔性（扫码学习）。

另外，厂家为了销售，常采取折扣促销的方法，具体扫码学习。

有折扣的 EOQ

EOQ 的柔性

材料 2 定期订货法

一、定期订货法的原理

预先确定订货时间间隔，进行订货补充的库存管理方法叫作定期订货法。定期订货法是以时间为基础的订货控制方法。它设定订货周期和最高库存量，从而达到控制库存量的目的。只要订货间隔期和最高库存量被合理控制，就可能达到既保障需求、合理存货，又可以节省库存费用的目标。

定期订货法的原理：预先确定一个订货周期和最高库存量，周期性地检查库存，根据最高库存量、实际库存、在途订货量和待出库商品数量，计算出每次订货批量，发出订货指令，组织订货，如图 2-3-2 所示。

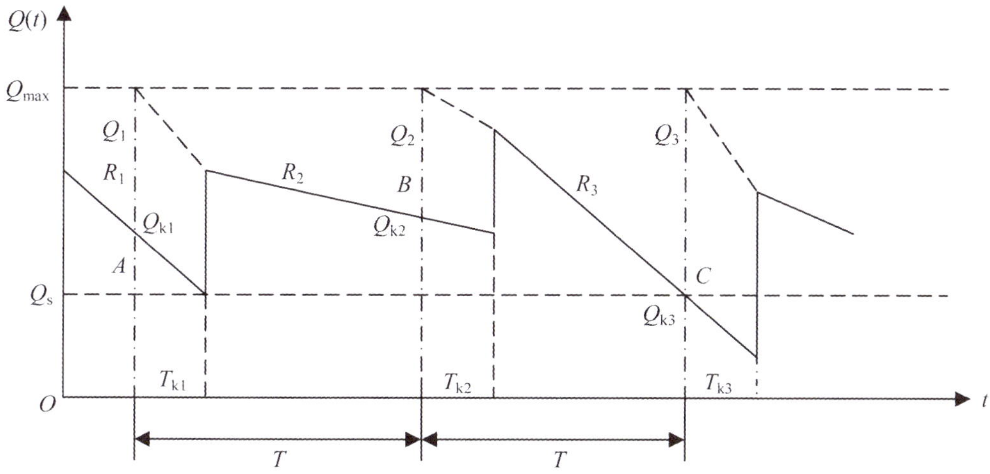

图 2-3-2 定期订货法原理

图 2-3-2 中表示了定期订货法一般情况下库存量的变化情况：$R_1 \neq R_2 \neq R_3 \cdots$，$T_{k1} \neq T_{k2} \neq T_{k3} \cdots$在第一个周期，库存以 R_1 的速率下降，因预先确定了订货周期 T，订货时间也就被规定了，到了订货时间，不论库存剩下的数量，都要发出订货指令，所以当到了第一次订货时间即库存下降到 A 点时，检查库存，求出实际库存量 Q_{k1}，在途货物和待出货物相结合，发出一个订货批量 Q_1，使名义库存上升到 Q_{max}。然后第二周期开始，经过 T 时间又检查库存得到此时的库存量 Q_{k2}，并发出一个订货批量 Q_2，使名义库存又回到 Q_{max}。

定期订货法与定量订货法不同。定量订货法是以订货提前期来满足需求的，其控制参数 Q_k（订货量）是用于满足订货提前期内库存的需求。与其不一样，定期订货法是以满足整个订货提前周期内的库存需求——本次发出订货指令到下次订货到达即 $T+T_k$ 期间的库存需求为目标的。由于在 $T+T_k$ 期间的库存需求量是改变的，因此 $T+T_k$ 期间的最高库存需求量 Q_{max} 也是随机变量，它包括 $T+T_k$ 期间的库存平均需求量和防止需求波动或不确定因素而设置的 Q_S（安全库存）。

二、定期订货法的控制参数

（一）确定订货周期 T

订货周期实际上就是定期订货的订货点间间隔的时间，其每次总是一样的。订货间隔期的长短直接决定最高库存量有多少，即库存水平的高低，进而库存成本的多少也被决定。所以，订货周期不能太长，否则会增加库存成本；也不能太短，太短会使订货次数增加，使得订货费用增加，进而增加库存总的成本。从费用方面来看，如果要使总费用达到最小，订货周期 T 可以采用经济订货周期的方法来确定，其公式是（推导过程扫码学习）：

$$T=\sqrt{\frac{2C}{AD}}=\sqrt{\frac{2C}{\mathrm{PF}D}}$$

式中：T 为经济订货周期；C 为单次订货成本；PF 为单位商品年储存成本；D 为单位时间内库存商品总需求量（销售量）。

EOT 的推导

（二）确定最高库存量 $Q_{\max}$

定期订货法最高库存量的作用是满足 $T+T_k$ 期间内的库存需求，所以我们可以用 $T+T_k$ 期间的库存需求量为基础。考虑到不确定库存需求，一定的安全库存也需要被设置，所以最高库存量

$$Q_{\max}=\overline{R}*(T+\overline{T_k})+Q_S$$

式中：$Q_{\max}$ 为最高库存量；$\overline{R}$ 为 $T+\overline{T_k}$ 期间的库存需求量平均值；T 为订货周期；$\overline{T_k}$ 为平均订货提前期；Q_S 为安全库存量。

（三）订货量的确定

定期订货法订货数量不固定，其大小是由当时实际库存量的大小决定的，考虑到订货点时在途到货量和已发出出货指令尚未出货的待出货数量，可以用下面的公式计算订货量：

订货量 = 最高库存量 – 现有库存量 – 订货未到量 + 待出库数量

Q 的计算公式如下：

$$Q=R(L+T)+S-Q_1-Q_2+Q_3$$

式中：Q 为每次的订货批量，以单位计；R 为日需求率，单位 / 日；L 为供货周期，日；T 为订货间隔期，日；S 为安全库存，以单位计；Q_1 为现有库存量，以单位计；Q_2 为在途库存量，以单位计；Q_3 为待出库数量，以单位计。

（四）定期订货法的优缺点

1. 优点

（1）通过订货数量调整，控制库存量。

（2）周期盘点比较彻底、精确，减少了工作量（定量订货法每天盘存），工作效率得到提高。

（3）库存管理的计划性强，对于工作计划的安排有利。

2. 缺点

（1）安全库存量不能设置太少。因为它的保险周期（$T+T_k$）较长，因此，$T+T_k$期间的需求量也较大，需求标准偏差也较大，因此需要设置较大的安全库存量来保障需求。

（2）每次订货的数量不一致，无法制定出经济订货批量，因而运营成本降不下来，经济性较差；只适合于 ABC 物资分类中的 A 类以及重点物资的库存控制。

【例 1】某种物料的订购周期为 10 天，每日需要量为 20 吨，安全库存量为 200 吨。

（1）如果企业采取定期订货法采购，每 30 天订购一次，订购当日的现有库存量为 450 吨，已经订购但尚未到货的数量为 45 吨，求订购批量。

（2）若采用定量订购方式，试确定其订货点。

解：（1）采取定期订货的订货批量：

$$Q=r(L+T)+S-Q_1-Q_2+Q_3=20\times(10+30)+200-450-45=505\text{（吨）}$$

（2）采取定量订货的订货点：

$$B=\text{日需求率}\times LT+S=20\times10+200=400\text{（吨）}$$

三、两种库存控制方法的比较

定期订货法和定量订货法在运行机制上有所不同。定量订货法是“事件驱动”，而定期订货法是“时间驱动”。也就是说，定量订货法在达到规定的再订货水平后就进行订货，这有可能随时发生，主要取决于对库存的需求情况。相比较而言，定期订货法只限于在预定的期末进行盘点和订货，是由时间驱动的。具体而言，两种订货方法在以下几个方面有所区别。

（1）提出订货请求的时点标准不同。定量订货法提出订货请求的时点标准是，当库存量降到预订的订货点时，提出订货；定期订货法提出订货请求的时点标准是，按预先规定的订货间隔周期，到了规定的请求订货期即提出订货请求。

（2）请求订货的物品批量不同。定量订货法每次请购物品的批量相同，都是事先确定的经济批量；而定期订货法每到规定的请求订货期，订购的物品批量都不相同，是根据实际库存量经过计算以后确定的。

（3）库存物品管理控制的程度不同。定量订货法要求仓库作业人员对库存物品进行严格的库存控制，要精心管理、经常检查、详细记录、认真盘点，随时掌握库存的余量；而用定期订货法时，对库存只要求按周期进行一般的管理，定期盘点即可。

材料 3　安全库存的确定

一、安全库存的概念

安全库存（又称保险库存）是指满足订货期间需求增长、到货延期等不确定因素导致的更高预期需求的缓冲存货。

安全库存越大，出现缺货的可能性越小。但库存越大，越容易导致剩余库存的出现。因此，应根据不同物品的用途以及客户的要求，将缺货保持在适当的水平上，允许存在一定程度的缺货现象。

二、安全库存量的确定

安全库存量可根据客户需求量固定、需求量变化、提前期固定、提前期发生变化等情况，利用正态分布图、标准差、期望服务水平等来求得。

1. 服务水平的确定

公式如下：

$$\text{订货点的库存量} = \text{订货期间使用量} + \text{安全库存}$$

服务水平越高，缺货风险越低，且服务水平 + 缺货风险 =1。

2. 估计安全库存量所要考虑的因素

（1）随着安全库存投资的增加，服务水平的增量会越来越少。

（2）选择适当的客户服务水平，进而决定安全库存。

（3）客户服务水平、安全库存和生产批量相互影响。

（4）库存超过需求时，预期存货可以作为安全库存。

三、安全库存公式

当提前期为固定常数，且提前期内的需求状况和标准差被确定时，可以利用下面的公式获得安全库存量（Safety Stock，SS）：

$$SS = Z\sigma_{\mathrm{D}}\sqrt{L}$$

式中：Z 为一定客户服务水平下需求的安全系数；L 为提前期的长短；σ_{D}为在提前期内，需求的标准方差（扫码学习）。

标准方差的计算

【例 2】某饭店的啤酒平均日需求量为 10 加仑，并且啤酒需求情况服从标准方差是 2 加仑 / 天的正态分布，如果提前期是固定的常数（6 天），试问满足 95% 的客户满意度的安全库存是多少？顾客服务水平及安全系数见表 2-3-1。

表 2-3-1　顾客服务水平及安全系数

顾客服务水平 /%	安全系数 Z	顾客服务水平 /%	安全系数 Z
100.00	3.09	96.00	1.75
99.99	3.08	95.00	1.65
99.87	3.00	90.00	1.80
99.20	2.40	85.00	1.04
99.00	2.33	84.00	1.00
98.00	2.05	80.00	0.84
97.70	2.00	75.00	0.68
97.00	1.88		

解：由题意知，σ_{D}=2 加仑 / 天，L=6 天，由于 $F(Z)$=95%，查顾客服务水平及安全系数表可知 Z=1.65，从而$SS = Z\sigma_{\mathrm{D}}\sqrt{L} = 1.65\times 2\times\sqrt{6} = 8.08$，即在满足 95% 的客户满意度的情况下，安全库存是 8.08 加仑。

四、降低安全库存

订货时间尽量接近需求时间，订货量尽量接近需求量，可以使库存保持在适量的水平，但供应中断、生产中断的危险也随之加大。有四种具体措施可以用于降低安全库存。

（1）改善需求预测。预测越准，意外需求发生的可能性就越小，还可以采取一些方法鼓励客户提前订货。

（2）缩短订货周期与生产周期。周期越短，在该期间内发生意外的可能性也越小。

（3）减少供应的不稳定性。其中一个途径是让供应商了解生产计划，以便他们能够及早做出安排。

（4）改善现场管理，减少废品或返修品的数量，从而减少由于此种原因造成的不能按时、按量供应的现象。

阅读材料 1，完成以下任务。

1. 某仓库 A 商品年需求量为3600件，前三个月的实际需求量分别为300件、310件、290件，最大订货提前期为2个月，缺货概率根据经验统计为10%，该商品的单位年保管费为4元，每次订货成本为200元，要求确定该商品的订货点和经济订货批量。

解：

2. 某企业计划年度需要原料6000吨，每次订货的变动成本为125元，单位储存费用为6元，单位商品的购买价格为20元，求：该商品的经济订购批量、最低年总成本，每年的订货次数及平均订货间隔周期。

解：

3. 北京装配制造有限公司去年全年对产品 M 的需求量如表2-3-2所示，已知最大订货提前期为4个月，缺货概率为5%，每箱产品的保管费用为3元，每次订货的成本为30元，请确定产品 M 的订货点和订货批量。

表 2-3-2 需求数据

月	1	2	3	4	5	6
需求量 / 箱	174	161	175	165	172	171
月	7	8	9	10	11	12
需求量 / 箱	165	170	163	174	160	166

（1）计算订货点：

计算 1 ～ 12 月合计需求量为 ____________ 箱，月平均需求量为 ____________；

当缺货概率为 5% 时，查安全系数表得 k=1.65

$$R=175-160=15 \text{ 箱}$$

当 n 为 12 时，查表 2-3-3 得 $1/d_2$=0.3069

需求变动值 =________________________；

安全库存 =__________________________；

订货点 =____________ 箱；

即当 M 商品下降到 ____________ 箱时就应该订货。

表 2-3-3　d_2 变动表

n	2	3	4	5	6	7	8
d_2	1.128	1.693	2.059	2.326	2.534	2.704	2.847
$1/d_2$	0.8865	0.5907	0.4857	0.4299	0.3946	0.3098	0.3512
n	9	10	11	12	13	14	15
d_2	2.970	3.078	3.173	3.258	3.336	3.407	3.472
$1/d_2$	0.3367	0.3149	0.3512	0.3069	0.2998	0.2935	0.2880
n	16	17	18	19	20	21	
d_2	3.532	3.588	3.640	3.689	3.735	3.778	
$1/d_2$	0.2831	0.2787	0.2747	0.2711	0.2677	0.2647	

（2）计算经济订货批量：____________。

4. 北京装配制造有限公司需要产品 Z，不允许缺货，按生产计划年需要量 10000 件，每件价格为 1 元，每采购一次的采购费为 25 元，年保管费率为 12.5%，该产品可在市场上立即购得，问应如何组织进货？

____

____

____

1、2 答案　　3、4 答案

任务评价

学完本任务后结合自己的学习情况，依指标进行评价，见表 2-3-4。

表 2-3-4　采购计划评价指标

考核项目	评分标准	总分值	得分值
知识掌握	1. MRP 原理 2. EOQ 原理 3. 预测方法	30	
能力提升	1. 会库存预测 2. 会 EOQ 和 EOT 的计算 3. 会 MRP 分析	40	
职业素养	1. 责任心 2. 沟通能力 3. 协作能力 4. 计划能力	30	
签字		总分（100 分）	

任务反思

结合整个任务的学习理解，请反思以下内容，并谈谈你的理解。

1. 库存预测重要的是如何提高精度，如何选择更合适的预测方法。
2. 如何更好地区分定量订货法和定期订货法？
3. MRP 的基础是 BOM，请谈谈你如何理解 MRP 的计算过程。

相关学习资源

1. 教材

[1] 唐纳德 • J. 鲍尔索克斯，戴维 • J. 克劳斯，M. 比克斯比 • 库伯. 供应链物流管理（原书第 2 版）[M]. 马士华，黄爽，赵婷婷，译. 北京：机械工业出版社，2007.

[2] 王皓，肖炜华，邓光君. 采购管理 [M]. 武汉：华中科技大学出版社，2019.

[3] 彼得•贝利，大卫•法摩尔，巴里•克洛克，等. 采购原理与管理 [M]. 11 版. 王增东，王碧琼，译. 北京：电子工业出版社，2016.

2. 论文

[1] 程巳益. 生产企业内部物流体系优化策略分析 [J]. 产业与科技论坛，2020（17）：2.

[2] 王珊珊，郭进利. 基于精益生产的制造业物流体系研究 [J]. 物流科技，2021（5）：4.

[3] 黄钰婷，曾锐，沈凯. 基于疫情需求的 A 医药公司库存控制研究 [J]. 物流科技，2022（7）：4.

[4] 胡玉洁．EIQ 分析在 S 公司成品仓库规划的应用 [J]．物流工程与管理．2018（3）：3．

[5] 李雪，孙国峰．基于双重 ABC 分类的 B2C 电商的物流储位优化 [J]．物流技术与应用，2020（9）：7．

3. 国内电子资源

[1] https://zhengf.zbytb.com/

[2] http://www.chinawuliu.com.cn/

[3] https://baike.so.com/doc/5448980-5687348.html

项目三　入库方案设计

知识目标

- 理解 ABC 分类原理。
- 掌握组托设计原理。
- 理解货位管理原理。
- 掌握就地堆码知识。

能力目标

- 会对货物进行 ABC 分类。
- 会进行组托设计。
- 会进行货位规划。
- 会进行就地堆码规划。

素养目标

- 能主动有效地完成工作。
- 能与其他成员友好协作。

项目情境

2020 年“双十一”全网销售额达到 2673.65 亿元，参与的品牌有 81923 个，参与的 SKU 有 31463842 个，在大促期间发布的新品占比为 6.41%。2020 年“双十一”全网销售额排名第一的是家用电器行业，其次是手机数码和服装行业。个护美妆销售额暂居第四位。根据近两个季度的销售变化情况，作为仓库主管，你需要对“双十一”期间库里要采购的部分商品进行 ABC 分类，以更好地对储位进行规划，并进行入库方案的设计，以实现对库内商品良好的管理。

素养教育

- 工作心态教育。

工作心态教育

扫码阅读材料，回答问题。

- 生活中你对心态的看法如何？

____

____

- 如何保持良好的心态？

____

____

任务 1　ABC 分类计算

作为仓库主管，你拿到一份过去两个季度的销售数据，根据数据请完成商品的 ABC 分类，并以表格形式呈现。

工作内容

- 识读表格数据信息。
- 绘制 ABC 分类计算过程。
- 就分类结果给出分析。

任务分析

ABC 分类是物流仓储方案设计过程中重要的一步，结果直接影响着仓储成本和客户服务水平。分类计算过程需要先得到库内商品过去出库历史数据，借助于 Excel 的数据分析功能进行商品分类。

学习材料

材料 1　ABC 基础知识

ABC 分类法是由意大利经济学家维尔弗雷多 • 帕累托首创的。ABC 分析法是储存管理中常用的分析方法，也是经济工作中一种基本工作和认识方法。ABC 分析的应用在储存管理中比较容易取得以下成效：第一，压缩了总库存量；第二，解放了被占压的资金；第三，使库存结构合理化；第四，节约了管理力量。

1879 年，帕累托在研究个人收入的分布状态时，发现少数人的收入占全部人收入的大部分，而多数人的收入却只占一小部分，他将这一关系用图表示出来，就是著名的帕累托图。该分析方法的核心思想是在决定一个事物的众多因素中分清主次，识别出少数但对事物起决定作用的关键因素和多数但对事物影响较少的次要因素。后来，帕累托法被不断应用于管理的各个方面。1951 年，管理学家戴克（H.F.Dickie）将其应用于库存管理，命名为 ABC 法。1951 年—1956 年，约瑟夫 • 朱兰将 ABC 法引入质量管理，用于质量问题的分析，被称为排列图。1963 年，彼得•德鲁克（P.F.Drucker）将这一方法推广到全部社会现象，使 ABC 法成为企业提高效益的普遍适用的管理方法。

ABC 控制法的基本原理：把物资按品种和占用资金的大小分类，再按各类重要程度不同分别控制，抓住重点，抓住主次，进行重点控制。由于现实世界中常常是 20% 的因素产生 80% 的结果，故也经常称为“20/80”原则。

在库存控制上，库存与资金占用之间也存在这种规律：少数库存价值昂贵，占用大部分的库存资金；相反，大多数库存价格便宜，仅占用很小部分的库存资金。因此，可将库存分为 ABC 三类。

A 类：库存品种数占总数的 10% ～ 20%，价值占 70% ～ 85%；应投入最多的精力和资源进行重点控制，努力降低库存水平，进行重点、严格的控制。

B 类：库存品种数占总数的 20% ～ 30%，价值占 10% ～ 20%；进行适当控制。

C 类：库存品种数占总数的 50% ～ 70%，价值仅占 5% ～ 10%；只需进行简单控制，如每年 1 或 2 次的盘存和检查、简单的库存记录、不精确的控制。

ABC 分类步骤：一是将物品按年耗金额从大到小排序；二是计算各种物品占用资金额占全部库存占用资金额的百分比进行累计（或品种百分比累计）；三是按照分类标准选择断点进行分类，确定 ABC 物品。

阅读材料 1，回答以下问题。

1．ABC 控制法原理是什么？

____

____

2．帕累托图含义是什么？

____

____

3．ABC 分类步骤是什么？

____

____

材料 2　ABC 计算方法举例

根据 A 物流公司某时间段的出库数据，对其进行 ABC 分类并解释分类结果，结果保留 4 位有效数字。分类标准见表 3-1-1，历史数据见表 3-1-2。

表 3-1-1　ABC 分类标准

累计品种所占比重 /%	$0 < A \leqslant 8$	$8 < B \leqslant 24$	$24 < C \leqslant 100$
累计周转量所占比重 /%	$0 < A \leqslant 65$	$65 < B \leqslant 90$	$90 < C \leqslant 100$

表 3-1-2　出库数据

货品编码 / 条码	货品名称	出库量 / 箱
6901521103123	诚诚油炸花生仁	50
6902774003017	金多多婴儿营养米粉	1200
6903148042441	吉欧蒂亚干红葡萄酒	50
6917878007441	蜂圣牌蜂皇浆冻干粉片	458
6918010061360	脆香饼干	48

续表

货品编码 / 条码	货品名称	出库量 / 箱
6918163010887	小师傅方便面	27
6920855052068	利鑫达板栗	150
6920855784129	黄桃水果罐头	217
6920907800173	休闲黑瓜子	4
6931528109163	玫瑰红酒	45
6932010061808	神奇松花蛋	44
6932010061815	兴华苦杏仁	243
6932010061822	爱牧云南优质小粒咖啡	700
6932010061839	联广酶解可可豆	165
6932010061846	隆达葡萄籽油	100
6932010061853	乐纳可茄汁沙丁鱼罐头	12
6932010061860	金谷精品杂粮营养粥	17
6932010061877	华冠芝士微波炉爆米花	390
6932010061884	早苗栗子西点蛋糕	20
6932010061891	轩广章鱼小丸子	15
6932010061907	大嫂什锦水果罐头	1
6932010061914	雅比沙拉酱	30
6932010061921	山地玫瑰蒸馏果酒	55
6932010061938	梦阳奶粉	78
6932010061945	大牛牛奶	80
6932010061952	日月腐乳	9
6932010061969	鹏泽海鲜锅底	11
6932010061976	大厨方便面	25
6932010062065	大王牌大豆酶解蛋白粉	451
6939261900108	好娃娃薯片	400

操作步骤如下：

（1）首先将数据输入到 Excel 表格里面，然后对出库量进行降序排列。

（2）对出库量数据进行求和。

（3）求各商品出库量占总出库量的百分比。

（4）求累积百分比。

（5）按照分类标准，结果见表 3-1-3。

ABC 计算过程

表 3-1-3 ABC 计算结果

货品编码 / 条码	货品名称	出库量 / 箱	百分比 /%	累计百分比 /%	累计品种数	累计品种百分比 /%	分类结果
6902774003017	金多多婴儿营养米粉	1200	23.55	23.55	1	3.33	A1
6932010061822	爱牧云南优质小粒咖啡	700	13.74	37.29	2	6.67	A2
6917878007441	蜂圣牌蜂皇浆冻干粉片	458	8.99	46.28	3	10.00	B1
6932010062065	大王牌大豆酶解蛋白粉	451	8.85	55.13	4	13.33	B2
6939261900108	好娃娃薯片	400	7.85	62.98	5	16.67	B3
6932010061877	华冠芝士微波炉爆米花	390	7.65	70.64	6	20.00	B4
6932010061815	兴华苦杏仁	243	4.77	75.41	7	23.33	B5
6920855784129	黄桃水果罐头	217	4.26	79.67	8	26.67	C1
6932010061839	联广酶解可可豆	165	3.24	82.90	9	30.00	C2
6920855052068	利鑫达板栗	150	2.94	85.85	10	33.33	C3
6932010061846	隆达葡萄籽油	100	1.96	87.81	11	36.67	C4
6932010061945	大牛牛奶	80	1.57	89.38	12	40.00	C5
6932010061938	梦阳奶粉	78	1.53	90.91	13	43.33	C6
6932010061921	山地玫瑰蒸馏果酒	55	1.08	91.99	14	46.67	C7
6901521103123	诚诚油炸花生仁	50	0.98	92.97	15	50.00	C8
6903148042441	吉欧蒂亚干红葡萄酒	50	0.98	93.95	16	53.33	C9
6918010061360	脆香饼干	48	0.94	94.90	17	56.67	C10
6931528109163	玫瑰红酒	45	0.88	95.78	18	60.00	C11
6932010061808	神奇松花蛋	44	0.86	96.64	19	63.33	C12
6932010061914	雅比沙拉酱	30	0.59	97.23	20	66.67	C13
6918163010887	小师傅方便面	27	0.53	97.76	21	70.00	C14
6932010061976	大厨方便面	25	0.49	98.25	22	73.33	C15
6932010061884	早苗栗子西点蛋糕	20	0.39	98.65	23	76.67	C16
6932010061860	金谷精品杂粮营养粥	17	0.33	98.98	24	80.00	C17
6932010061891	轩广章鱼小丸子	15	0.29	99.27	25	83.33	C18
6932010061853	乐纳可茄汁沙丁鱼罐头	12	0.24	99.51	26	86.67	C19

续表

货品编码 / 条码	货品名称	出库量 / 箱	百分比 /%	累计百分比 /%	累计品种数	累计品种百分比 /%	分类结果
6932010061969	鹏泽海鲜锅底	11	0.22	99.73	27	90.00	C20
6932010061952	日月腐乳	9	0.18	99.90	28	93.33	C21
6920907800173	休闲黑瓜子	4	0.08	99.98	29	96.67	C22
6932010061907	大嫂什锦水果罐头	1	0.02	100.00	30	100.00	C23
		5095					

阅读材料 2，完成以下任务。

1．依据表 3-1-4 销售量进行物动量计算过程，填写空格内容，填写完毕扫码查验答案。

表 3-1-4 物动量计算结果

序号	商品名称	商品规格	上月销售量 / 箱	销量百分比 /%	累计销量百分比 /%	品种数	品种百分比 /%	累计品种百分比 /%	分类结果
1	吸尘器	MC-CA291YJ81	9300	24.2497	24.2497	1	2.5000	2.5000	A
2	康师傅香辣牛肉面	盒装	6002	15.6502	39.8999	1	2.5000	5.0000	A
3	燕京啤酒	瓶装	4500	11.7337	51.6336	1	2.5000	7.5000	A
4	吸尘器	MC-UL282SJ81	2220	5.7886	57.4222	1	2.5000	10.0000	B
5	吸尘器	MC-CA781DJ81	1908	A2	A3	A4	2.5000	12.5000	B
6	吸尘器	MC-CA293RJ81	1860	4.8499	67.2473	1	2.5000	15.0000	B
7	台灯	SQC945L（蓝）	1400	3.6505	70.8978	1	2.5000	A5	B
8	舒洁迷你纸巾	袋装	1002	2.6127	73.5105	1	2.5000	20.0000	B
9	雪碧	瓶装	1001	2.6101	76.1206	1	2.5000	22.5000	A6
10	娃哈哈八宝粥	瓶装	1000	2.6075	78.7281	1	2.5000	25.0000	C
11	娃哈哈营养快线	瓶装	800	2.0860	80.8141	1	2.5000	27.5000	C
12	电吹风	EH5247-P405	600	1.5645	82.3786	1	2.5000	30.0000	C
13	吸尘器	MC-CA783RJ81	504	1.3142	83.6927	1	2.5000	32.5000	C
14	脉动	瓶装	500	1.3037	84.9965	1	2.5000	35.0000	C
15	电吹风	EH5246-W405	410	1.0691	86.0656	1	2.5000	37.5000	C
16	王老吉	瓶装	409	1.0665	87.1320	1	2.5000	40.0000	C
17	剃须刀	ES-RL40-S405	404	1.0534	88.1854	1	2.5000	42.5000	C
18	伊利经典牛奶	瓶装	403	1.0508	89.2363	1	2.5000	45.0000	C
19	康师傅妙夫蛋糕	袋装	402	1.0482	90.2845	1	2.5000	47.5000	C
20	双汇火腿肠	个装	400	1.0430	91.3275	1	2.5000	50.0000	C

续表

序号	商品名称	商品规格	上月销售量 / 箱	销量百分比 /%	累计销量百分比 /%	品种数	品种百分比 /%	累计品种百分比 /%	分类结果
21	电吹风	EH-NE32-P405	399	1.0404	92.3679	1	2.5000	52.5000	C
22	麻辣海带丝	袋装	303	0.7901	93.1579	1	2.5000	55.0000	C
23	好丽友蛋黄派	袋装	302	0.7875	93.9454	1	2.5000	57.5000	C
24	电熨斗	NI-S130TS（红）	300	0.7822	94.7276	1	2.5000	60.0000	C
25	高露洁牙刷	盒装	300	0.7822	95.5099	1	2.5000	62.5000	C
26	台灯	SQC916L（蓝）	280	0.7301	96.2400	1	2.5000	65.0000	C
27	牛栏山二锅头	瓶装	230	0.5997	96.8397	1	2.5000	67.5000	C
28	毛绒玩具	袋装	203	0.5293	97.3690	1	2.5000	70.0000	C
29	3+2 饼干	袋装	202	0.5267	97.8958	1	2.5000	72.5000	C
30	力士牌浴液	瓶装	196	0.5111	98.4068	1	2.5000	75.0000	C
31	红牛	瓶装	130	0.3390	98.7458	1	2.5000	77.5000	C
32	葵花阳光米	袋装	105	0.2738	99.0196	1	2.5000	80.0000	C
33	富丽饼干	袋装	104	0.2712	99.2908	1	2.5000	82.5000	C
34	太阳锅巴	袋装	100	0.2607	99.5515	1	2.5000	85.0000	C
35	绿箭口香糖	包装	50	0.1304	99.6819	1	2.5000	87.5000	C
36	云南白药	瓶装	45	0.1173	99.7992	1	2.5000	90.0000	C
37	鲁花油	瓶装	40	0.1043	99.9035	1	2.5000	92.5000	C
38	吸尘器	MC-DL563AJ81	19	0.0495	99.9531	1	2.5000	95.0000	C
39	剃须刀	ES4853-W405	10	0.0261	99.9791	1	2.5000	97.5000	C
40	吸尘器	MC-CA781GJ81	8	0.0209	100.0000	1	2.5000	100.0000	C
			A1			40			

请将数据填写到空格处：

A1__________；A2__________；A3__________；A4__________；

A5__________；A6__________；

2．某工厂现有库存物品品种 3421 个，全年物资消耗资金总额达 8390 万元，按年度消耗物资金额排列见表 3-1-5。

表 3-1-5　某工厂年度物资消耗金额

年消耗额 / 万元	品种数	品种累计 / 个	品种百分比 /%	消耗总额 / 万元	消耗额累计 / 万元	消耗额占比 /%
X ≥ 6	105	105	3.07	5190	5190	61.86
5 ≤ x<6	68	173	1.99	400	5590	4.77

续表

年消耗额 / 万元	品种数	品种累计 / 个	品种百分比 /%	消耗总额 / 万元	消耗额累计 / 万元	消耗额占比 /%
4 ≤ x<5	145	318	4.24	700	6290	8.34
3 ≤ x<4	160	478	4.68	600	6890	7.15
2 ≤ x<3	170	648	4.97	420	7310	5.01
1 ≤ x<2	352	1000	10.29	410	7720	4.89
x<1	2421	3421	70.77	670	8390	7.99

根据上表数据填写：

A 类物资：共 ______ 种，品种数占 ______%，总消耗金额 ______ 元，消耗资金占 ______%。

B 类物资：共 ______ 种，品种数占 ______%，总消耗金额 _____ 万元，消耗资金占 ______%。

C 类物资：共 ______ 种，品种数占 ______%，总消耗金额 _____ 万元，消耗资金占 ______%。

计算完毕后请扫码核对答案。

ABC 答案

任务评价

学完本任务后结合自己学习情况，依指标进行评价，见表 3-1-6。

表 3-1-6　ABC 分类计算评价指标

考核项目	评分标准	总分值	得分值
知识掌握	1. ABC 工作原理 2. ABC 计算过程 3. 物资分类结果的理解	30	
能力提升	1. 会数据搜集处理 2. 会 ABC 的计算 3. 会进行 ABC 分类物资的管理	40	
职业素养	1. 责任心 2. 沟通能力 3. 协作能力 4. 计划能力	30	
签字		总分（100 分）	

任务反思

结合整个任务的学习理解，请反思以下内容，并谈谈你的理解。

（1）物动量 A、B、C 分类结果仅代表某时间段的周转量变化情况，随着统计周期变化会有变化。

（2）一般情况下 A 类货物放置货架第一层，B 类货物放置货架第二层，C 类货物放置货架第三层。实践中，如果出现某层货位不够时，需要将货物放置其他层，如 A 类货物放置到第二层或者 C 类货物放置到 B 层，判断的依据是 ABC 的顺序。比如，C 类货物如果第三层以上货位不够时，应该将最靠近 B 类货物的 C 类货物放置到第二层，并且将货物数量少的托盘存放在第二层，目的是尽快释放这个货位。当货物存放层数变化时，应该按照新的条件计算货物使用托盘数量和堆码层数。其中，对于存放在第一层的货物，如果托盘直接存放在地上，考虑地面的承载量大于单货位的承载量，故一般地面仅需考虑堆码高度即可。

（3）货物入库时要考虑特殊情况，如果保质期较短（如 3 ～ 7 天），此货物将不进行入库，来订单后及时出库。另外有可能后入库的货物（不是同一批次的）生产日期较早，这时候出库时要优先出库保质期短的货物。

（4）不同批次的货物一般情况下不允许存放到同一个货位，特殊情况下为了减少货位占用，必须放到一个货位上时，应该在系统里注明，并在货卡上标注清楚，以便正确出库。

（5）个人或者小组在工作前对所要解决的问题进行深入分析，思考出现的可能性及对策，深入理解 ABC 分类的目的和实际意义。

任务 2　组托设计

作为主管，你需要对一批待入库货物进行组托方案设计，以更经济地利用仓库资源。托盘尺寸是 1000mm×1200mm×160mm，重量 20kg，数量不限。

工作内容

- 识读包装箱数据信息。
- 理解组托原理。
- 会进行组托设计。

任务分析

进行货架存储的货物一般包装箱底面平整，适合采取托盘进行集装。根据包装箱唛头所显示的信息，确定包装箱底面，根据所采取的码放方式，将货物最大程度地安全码放在托盘上。

学习材料

材料 1　包装箱——唛头

运输包装标志简称运输标志，是指在运输包装的外面书写、压印、刷制的简单图形、文字和数字。其作用是方便装卸运输、保管过程中的有关人员，以及仓储、商检和验关工作的容易识别和进行，便于发货人和承运人、承运人和收货人之间的货物交接，避免货物错发错运。这种标志俗称唛头，通常是由图形和文字字母、目的港、批件号三个部分组成。

按 ISO 的建议，运输标志应包括以下四项内容。

（1）收货人或买方的名称字首或简称。

（2）参考号码，如买卖合同号码、订单、发票、信用证号码等。

（3）目的地，货物运输的最终目的地或目的港的名称。

（4）件数号码，指本批货物的顺序号和货物总件数。

警告性标志又称危险货物包装标志，指凡在运输包装内装有爆炸品、易燃物品、有毒物品、腐蚀物品、氧化剂和放射性物资等危险货物，都必须在运输包装上标打醒目的图形和文字，如“易燃物品”“有毒品”“爆炸品”等，以示警告，使装卸、运输和保管人员按特性采取相应的防护措施，以保护物资和人身的安全。在我国出口危险货物的运输包装上，要标打我国和国际海运所规定的两套危险品标志。

指示性标志又称注意标志，是指用在易碎、易坏、易变质的一类商品外包装上的醒目的图形和文字，如“小心轻放”“此端向上”“防止潮湿”等，以引起有关人员注意，在装卸、运输和保管过程中需要注意的事项。

小心标志又称安全标志或保护标志，是装运标志的一种，为避免货物在搬运时遭受碰撞损坏，在外层包装上所加注的标志，以提醒搬运人员装卸时注意。例如易破坏的陶器、玻璃制品即注明“小心搬运”，易受手钩破损者记载“免用手钩”，不可颠倒者注明“此端向上”等，此外亦有以图形表示者。

阅读材料 1，回答问题。

1．将图 3-2-1 中的对应图例填入表 3-2-1 中。

表 3-2-1　释义与图例

名词	释义	图例
指示性标志		
警告性标志		
小心标志		

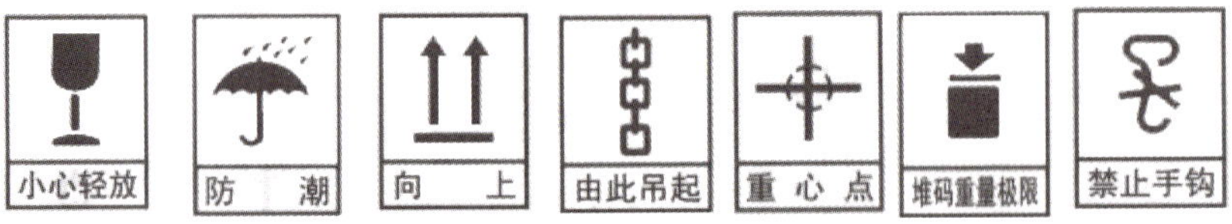

图 3-2-1　运输标志图例

图 3-2-1　运输标志图例（续图）

2．解释图 3-2-2 唛头的不同含义。

____

____

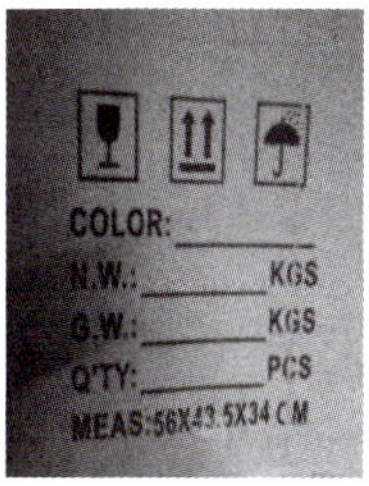

图 3-2-2　唛头示例

材料 2　组托理论与规则

组托理论

一、常见的组托码放方式

常见的组托码放方式如图 3-2-3 所示。

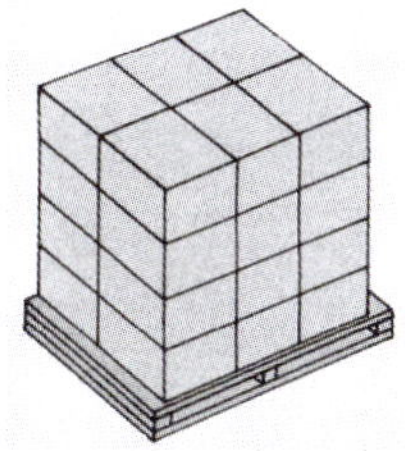

（a）重叠式

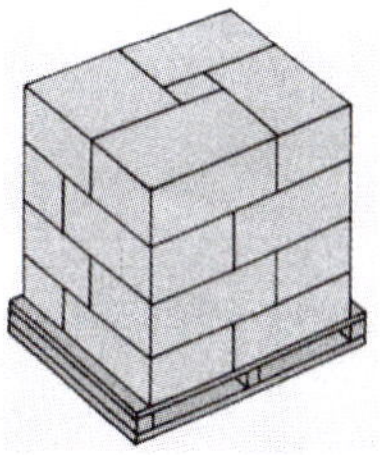

（b）旋转交错式

（c）正反交错式

图 3-2-3　组托示意图

二、组托要求

1. 货物组托前的要求

（1）商品的名称、规格、数量、质量已经全部查清。

（2）商品已根据物流的需要进行编码。

（3）商品外包装完好，清洁、标志清楚。

（4）部分受潮、锈蚀以及发生质量变化的不合格商品，已加工恢复或已剔除。

（5）为便于机械化作业，准备堆码的商品已经进行集装单元化。

2. 组托操作中的要求

（1）堆码整齐，货物堆码后四个角呈一条直线。

（2）货物品种不混堆、规格型号不混堆、生产厂家不混堆、批号不混堆。

（3）堆码合理性、牢固性。要求奇偶压缝、旋转交错、缺口留中、整齐牢固。

（4）不能超出货架规定的高度。

三、组托图绘制

1. 示意图的类型

（1）主视图：指从正前方观察完成组托货物绘制的示意图。

（2）俯视图：指从上方观察完成组托货物绘制的示意图（注意最后一层的货物摆放）。

（3）奇数层俯视图：指第 1、3、5 等层的货物摆放示意图。

（4）偶数层俯视图：指第 2、4、6 等层的货物摆放示意图。

2. 组托方式的计算

（1）计算托盘每层最大摆放数量，已知标准托盘尺寸 1000mm×1200mm；货物尺寸 *L*mm×*W*mm。

（2）计算托盘堆码的高度：货架高度 *H*mm，货物高度 *h*mm。

（3）画出每层的摆放示意图。

（4）如果是整托，每层货物摆放数量一致，如果是散托，注意最后一层货物的摆放方式。

3. 示意图的绘制步骤

（1）计算包括所需托盘总数，整托货物数量，散托货物数量；每层货物摆放方式。

（2）用文档工具或专业绘图工具绘制示意图，托盘尺寸和货物尺寸按比例绘制，并在图中标识。

（3）为示意图配上合适的文字说明。

阅读材料 2，回答问题。

1．组托的原则是什么？

____

____

2. 组托码放方式及特点是什么？

____

____

材料 3　组托设计举例

根据表 3-2-2 提供的资料，完成不同包装箱尺寸在托盘 1200mm×1000mm×160mm 上的组托设计，托盘限重 500kg，托盘自重 20kg。计算每层码放数量和托盘使用数量（不许重叠式码放）。

表 3-2-2　组托设计数据

商品序号	商品名称	纸箱规格	重量 /kg	限层	数量
1	康师傅酸菜方便面	400×240×200	10	5	49

操作步骤如下：

第一、熟悉组托方式。

要求：（1）划分工作组。

（2）教师下发组托方式图。

（3）小组熟悉各组托方式。

组托设计举例

第二、选择组托方式。

要求：（1）教师下发组托任务。

（2）小组讨论确定组托方式。

第三、绘制组托方式图。

要求：（1）学习演示组托图绘制视频。

（2）练习绘制组托方式图。

（3）在规定时间内完成，10 分钟 / 组。

具体实施步骤（以 400×240×200 为例）：

（1）首先打开 Visio（以此软件为例，也可以使用 Word、PowerPoint 等软件），单击新建下三角按钮，选择“流程图—基本流程图”，出现绘图所用的模板，如图 3-2-4 所示。

（2）鼠标拖动“进程”方框到界面，选中此框，右击并选中“视图—大小和位置窗口”，在左下角弹出“大小和位置”界面，其中 X、Y 坐标表示方框在白板的位置，宽度和高度表示方框本身的大小，角度表示方框旋转的角度大小，正角度表示逆时针方向旋转，负角度表示顺时针方向旋转。1200mm×1000mm（绘制时缩小 10 倍）的托盘如图 3-2-5 所示。

图 3-2-4　绘制流程图界面

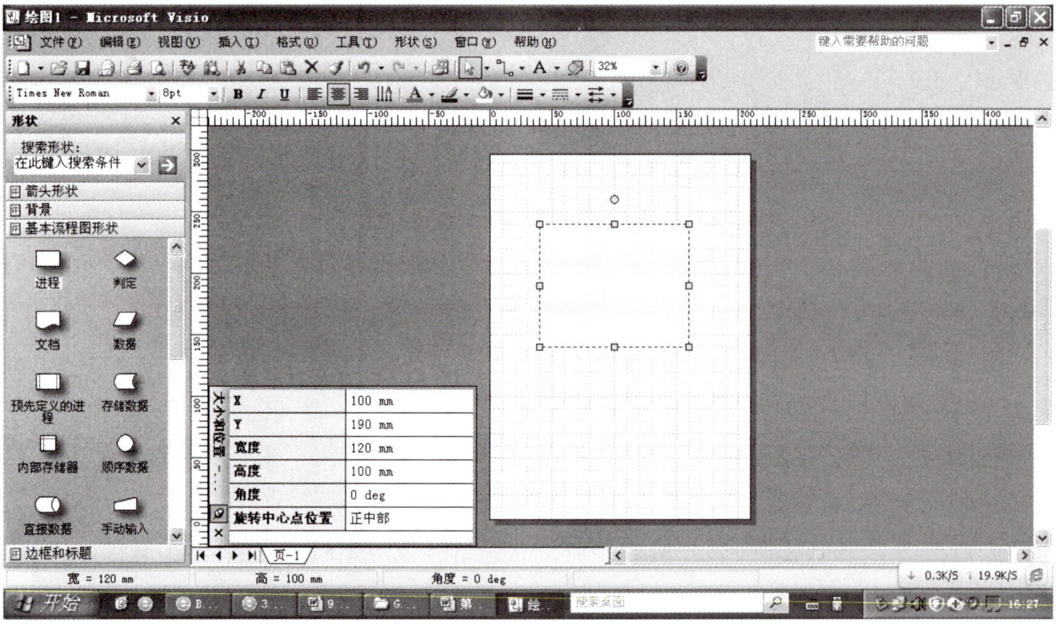

图 3-2-5　绘制托盘

（3）再拖动鼠标拉出一方框，大小设定为 40mm×24mm。首先绘制奇数层的俯视图，绘制前要优先考虑是否可以压缝码放，一般而言，如果长宽或者宽长比例在 0.8 ～ 1 之间，就只能重叠码放，小于这个数值可以考虑压缝码放。由于 24/40=0.6，可以考虑压缝码放。在 120mm 的方向上，第一行如果是 40mm 可以放三列，选中小方框并复制三个；如果是 24mm 可以码放 5 列。在 100mm 的方向上，只能码放 2 个 24mm

和 1 个 40mm，共 24+24+40=88mm，其他情况就会超出托盘的界限。此时俯视图有两种情形，如图 3-2-6 所示。

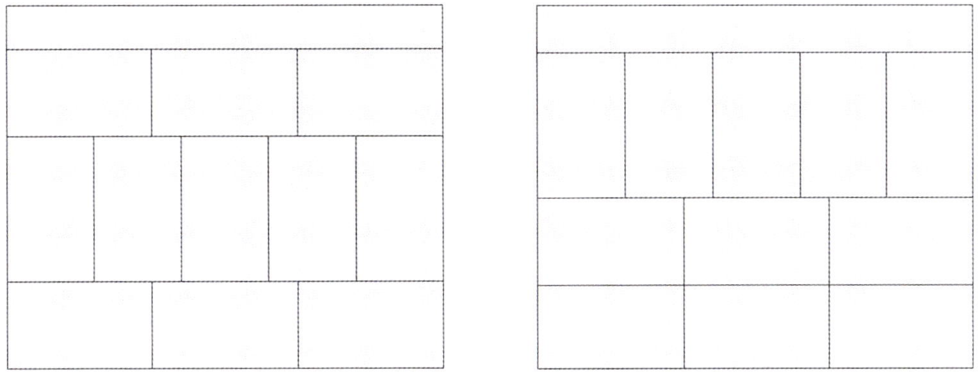

（a）情形 1　　（b）情形 2

图 3-2-6　奇数层的俯视图

一般来讲，这两种情形都是对的，但通常选择情形 2。绘制组托视图和在实际组托时需要注意的是要按照托盘的一个直角边对齐码放，同时托盘的中间不要留缝隙。

（4）根据奇数层的俯视图我们可以绘制出偶数层的俯视图、主视图、左（侧）视图，如图 3-2-7 所示。

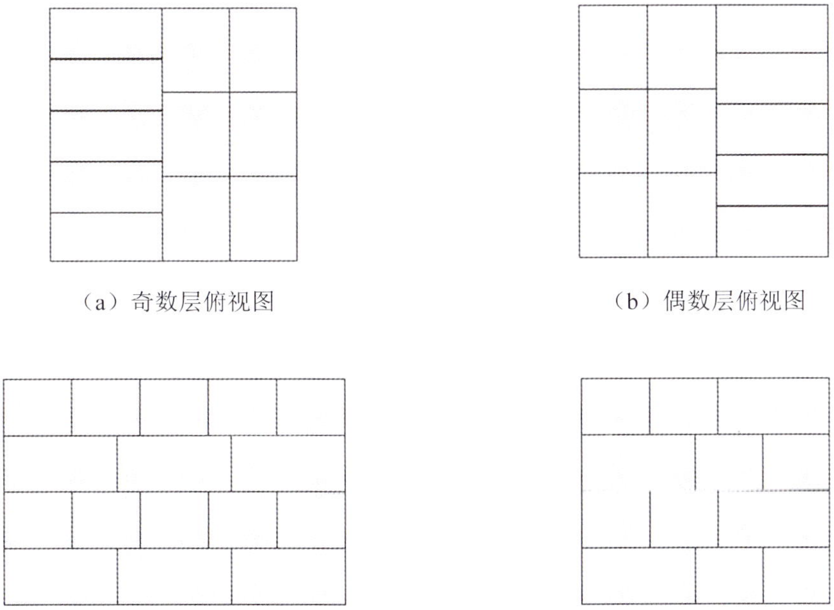

（a）奇数层俯视图　　（b）偶数层俯视图

（c）主视图　　（d）侧视图

图 3-2-7　400mm×240mm×200mm 四个视图

（5）采取压缝式码放，一层码放 11 个，每托盘最多码放货物数量为 (500–20)/10=48 个；康师傅酸菜方便面限高五层，所以每托盘码放 48 个，共五层。货物数量共 49 个，所以需要两托盘，一托盘 48 个，一托盘 1 个，见表 3-2-3。

表 3-2-3　康师傅酸菜方便面组托设计结果

货物名称	康师傅酸菜方便面
码放方式	压缝式
一层码放数量	11
托盘使用量	2
每托盘码放数量	48，1

阅读材料 3，依据要求完成下列任务。

根据表 3-2-4 提供的资料，完成不同包装箱尺寸在托盘 1200mm×1000mm×160mm 上的组托设计，托盘限重 500kg，托盘自重 20kg。托盘货架存储货位可用高度 1000mm（含托盘），在计算每层码放数量和托盘使用数量（不许重叠式码放）过程中，填写以下数据。

表 3-2-4　组托设计数据

商品序号	商品名称	纸箱规格 /（mm × mm × mm）	重量 /kg	限层	数量
1	康师傅苏打夹心饼干	448×276×180	16	6	38
2	农夫山泉矿泉水	370×190×220	16	3	55
3	康师傅矿物质水	230×260×180	16	2	41
4	话梅	353×235×300	16	3	66

1．康师傅苏打夹心饼干组托后一层码放数量为（　　）。

A．7　　B．8　　C．9　　D．10

2．农夫山泉矿泉水最多的码放层数为（　　）。

A．2　　B．3　　C．4　　D．5

3．康师傅矿物质水使用的托盘数量为（　　）。

A．1　　B．2　　C．3　　D．4

4．话梅码托后最少的数量是（　　）。

A．13　　B．14　　C．26　　D．30

计算完毕后请扫码核对答案。

组托设计答案

任务评价

学完本任务后结合自己学习情况，依指标进行评价，见表 3-2-5。

表 3-2-5　组托设计评价标准

考核项目	评分标准	总分值	得分值
知识掌握	1. 组托方式及特点 2. 组托规则 3. 组托计算过程	30	
能力提升	1. 会绘制组托图 2. 会组托设计 3. 会撰写方案报告	40	
职业素养	1. 责任心 2. 沟通能力 3. 协作能力 4. 计划能力	30	
签字		总分（100 分）	

任务反思

结合整个任务的学习理解，请反思以下内容，并谈谈你的理解。

1. 实际的堆码层数是根据货架高度、单货位限重、包装箱自身材质的限重和托盘一层最多码放的数量等条件决定的。

2. 组托方式一般是压缝式或旋转式，重叠式是最基本的方式，但不稳定。在比赛中常不采取重叠式堆码。

3. 货架第一层的货位承重量大于二层以上货位的承重量，比赛中要根据要求进行设计码放层数。通常 1200mm×1000mm×160mm 托盘与地面接触的有效面积为 $0.5m^2$，如库房地面的单位面积技术定额为 $1.2T/m^2$，则重力式货架第一层货位最大承重量为 1.2×0.5=0.6T。

4. 理清组托图绘制技巧和码放层数计算方法。

任务 3　货位规划

货位规划就是根据物品的外形、包装和合理的堆码、苫垫方法及操作要求，结合保管场所的地形，规划各货位的分布或货架的位置，并进行统一编号处理。

工作内容

- 绘制储位管理内容的思维导图。
- 绘制储位存储图。
- 进行就地堆码规划设计。

任务分析

思维导图是提高学习效果的有效工具，可以快速地梳理核心内容。组托设计完成后需要分配货位，绘制出货物的存储位置。

学习材料

材料 1 储位管理

一、储位管理的基本原则

1. 储存位置指示明确

先将储存区域经过详细规划区分，并标示编号，让每一项预备储放的货品均有位置可以储放。此位置必须是很明确的，而且经过储位编码的，不能是边界含糊不清的位置，例如走道、楼上、角落或某某货品旁等。

2. 货品被有效定位

所谓“有效的”就是刻意的、经过安排的，例如冷藏的货就该放冷藏库，周转率高的货物就该放在靠近出口处，香皂不应该和香烟放一起，这就是有效原则的应用。

3. 异动情况要如实记录

不管是因拣货取出或因产品更新，或是受其他作业的影响，货品的位置或数量发生改变时，必须如实地把变动情形加以记录，以使账与实际数量能够完全吻合，这样才能进行管理。这个原则是进行储位管理最困难的地方，也是目前各配送中心储位管理作业成败的关键所在。

二、储位管理范围

在配送中心的所有作业中，其所使用到的保管区域均属于储位管理的管理范围，其范围因作业方式的不同而有四类储区域：暂存储区、保管存储区、半存储区、移动存储区。

1. 暂存储区

暂存储区即在进货和出货作业时所使用的暂存区。放在此区域中的货品不但应对品质有某种程度的保证，而且对于此区域的标示与货品分类也要清楚，即先将货品分类区分、再将产品依要求归位，排放整齐。

以进货暂存区而言，在货品进入暂存区前先分类，暂存区域也先标示区分，把货品依分类或入库上架顺序，配置到预先规划好的暂存区储位。

以出货暂存区而言，对于预备配送的货品，每一车或每一区域路线的配送货品必须排放整齐并且加以隔离，安置在事先标示区分好的储位上，并照出货单依序点收上车。

总而言之，暂存储区的管理以标示、隔离、定位为方法，加以颜色管理和类别管理。

2. 保管存储区

保管存储区是在入库作业时所使用的保管区域，此区域的货品大多以中长期状态进行保管，所以称为保管存储区。此区域为配送中心最大且最主要的保管区域，是整个配送中心管理的重点。加大存放数量，提升空间使用效率应考虑到货物摆放方式、摆放位置以及合适的搬运设备等。

3. 半存储区

半存储区即在拣货作业时所使用的拣货区域，此区域的货品大多在短时期即将被拣取出货，其货品在储位上流动频率很高所以称为半存储区。为了让拣货时间及距离缩短，以及降低拣错率，就必须在拣取时能方便迅速地找到欲拣取的货品，因此对于储存的标示与位置指示就非常重要。设置半存储区有以下几个原因。

（1）当保管存储区与半存储区分开时，保管存储区一般是以托盘为单位，没有零散箱数。而半存储区每一品项仅有一储位，虽然有零散箱数，但数量少，因此管理及盘点均相当明确。

（2）若直接由保管存储区中拣取，即一次拣货，但若分成保管存储区与半存储区则需二次拣货，虽然二次拣货名义上花费的时间与人力均比一次高，但保管储区补货至拣货区是以托盘为单位，作业较简单，且由保管存储区中到半存储区的补货作业也仅补给被拣取完的品项或不足的品项，次数并不频繁，故并未增加多少负担，相反可以大大缩短行走距离。

（3）对商品种类做 ABC 分析，A 类商品为全部品项中的 10% 品项，其出货量占总出货量的 70%，所以，可考虑将 A 类放在半存储区，而将 B、C 类放在保管存储区。设备方面，半存储区使用流动棚架，保管存储区运用一般货架，或是半存储区放置在一般货架之第一层，保管存储区放置在货架第二层以上，以发挥储位管理的最佳功能。

4. 移动存储区

移动存储区是在配送作业时，配送车上的货品放置区域，此区域货品存放在移动中的车上。为了提高配送效率，减少配送环节的无效作业和提高客户的满意度，需要对配送环节在路线优化、装车配载等方面进行规划设计。移动存储区的管理要注意以下几点。

（1）依配送计划决定送货优先顺序。

（2）优先顺序决定后，在驾驶记录表上应载明路线优先顺序与到达时间，并告诉驾驶员遵照执行。

（3）货物装载的单位（如托盘），应尽量使用标准尺寸，以提升车辆的容积率。

（4）装载车内的储存空间应预留一块位置，以方便配送货品顺序调配及人员取货站立使用。

（5）货品装载单位（如托盘）上，应附上客户名称、卸货顺序的标示卡，并正确存放在事先规划好的移动储位编号上。若没有储位编号，则每家店的货品必须以帆布或隔板加以明确区隔。

三、储位管理的方法步骤

1. 储存作业的考虑因素和策略

（1）储存保管的目标。

1）空间利用率最大。

2）人力及设备的有效使用。

3）按照储存货品特性考虑储存。

4）做到所有货品都能随时存取。

5）货品的有效移动。

6）货品质量完好。

7）良好的管理。

（2）选择储区位置的策略。

1）依照货品特性来储存。

2）大批量使用大储区，小批量使用小储区。

3）能安全有效率储于高位的物品使用高储区。

4）笨重、体积大的货品储存于较坚固的货架底层及接近出货区。

5）将较轻货品储存于层架。

6）将相同或相似的货品尽可能靠近储放。

7）滞销的货品或小、轻及容易处理的货品使用较远存储区。

8）周转率低的物品尽量远离进货、出货区及仓库较高的区域。

9）周转率高的物品尽量放于接近出货区及较低的区域。

10）服务设施应选在低层楼区。

（3）储存策略。良好的储存策略可以减少出入库移动的距离、缩短作业时间，甚至能够充分利用储存空间。一般常见储存策略有如下几条。

1）定位储放。每一储存货品都有固定储位，货品不能互用储位。选用定位储放的原因有以下几个。

（a）物品尺寸及重量不适合随机储放。

（b）储存条件，如有些品项必须控制温度。

（c）易燃物必须限制储放于一定高度以满足保险标准及防火法规。

（d）依商品物性必须分开储放。

（e）保护重要物品。

（f）储区能被记忆，容易提取。

采取定位储放的优缺点有以下几个。

优点：

（a）每种货品都有固定储放位置，拣货人员容易熟悉货品储位。

（b）货品的储位可按周转率大小或出货频率来安排，以缩短出入库搬运距离。

（c）可针对各种货品的特性作储位的安排调整，将不同货品特性间的相互影响减至最小。

缺点：储位必须按各项货品的最大在库量设计，因此储区空间平时的使用效率较低。

定位储放容易管理，所需的总搬运时间较少，但却要较多的储存空间。所以除上述原因外，此策略较适用于厂房空间大和多品种少数量商品的储存情况。

2）随机储放。每一个货品被指派储存的位置都是随机的，而且可经常改变。也就是说，任何货物可以被存放在任何可利用的位置。随机储放的优缺点有以下几个。

优点：由于储位可共用，因此只要按所有库存货品最大在库量设计即可，储区空间的使用效率较高。

缺点：

（a）货品的出入库管理及盘点困难。

（b）周转率高的货品可能被储放在离出入口较远的位置，增加了出入库的搬运距离。

（c）具有相互影响特性的货品可能相邻储放，造成货品的伤害或发生危险。

随机储放较适用于厂房空间有限和种类少或体积较大的货品的情况。

3）分类储放。所有的储存货品按照一定特性加以分类，每一类货品都有固定存放的位置，而同属一类的不同货品又按一定的规则来指派储位。分类储放通常按产品相关性、流动性、产品尺寸、重量和产品特性来分类。分类储放的优缺点有以下几个。

优点：

（a）便于畅销品的存取，具有定位储放的各项优点。

（b）各分类的储存区域可根据货品特性再作设计，有助于货品的储存管理。

缺点：储位必须按各项货品最大在库量设计，因此储区空间平均的使用效率低。

分类储放较适用于以下情况。

（a）产品相关性大者，经常被同时订购。

（b）周转率差别大者。

（c）产品尺寸相差大者。

4）分类随机储放。每一类货品有固定存放位置，但在各类的储区内，每个储位的指派是随机的。分类随机储放优缺点有以下几个。

优点：具有分类储放的部分优点，又可节省储位数量，提高储区利用效率。

缺点：货品出入库管理及盘点难度较高。

5）共用储放。在确定知道各货品的进出仓库时刻，不同的货品可共用相同储位的方式称为共用储放。共用储放在管理上虽然较复杂，所需的储存空间及搬运时间却更经济。

四、储位分配原则

1. 考虑随机储放策略和共用储放策略

靠近出口原则：将刚到达的商品分配到离出入口最近的空储位上。

2. 考虑定位储放策略和分类（随机）储放策略

（1）以周转率为基础原则。按照商品在仓库的周转率（销售量除以存货量）来排定储位。首先依周转率由大自小排一序列，再将此一序列分为若干段，通常分为三至五段。同属于一段中的货品列为同一级，依照定位或分类储存法的原则，指定储存区域给每一级的货品。周转率愈高应离出入口愈近。

另外，当进货口与出货口不相邻时，可依据进、出仓库次数进行存货空间的调整，表 3-3-1 为 A、B、C、D、E、F、G、H 八种货品进出仓库的情况，当出入口分别在仓库的两端时，可依据货品进出仓库的次数比率，来指定其储存位置，图 3-3-1 为此八种货品的配置图。

表 3-3-1　货品进出仓库的情况

产品	进货量	进仓次数	出货批量	出仓次数	进仓次数 / 出仓次数
A	40 托盘	40	1.0 托盘	40	1.0
B	200 箱	67	3.0 箱	67	1.0
C	1000 箱	250	8.0 箱	125	2.0
D	30 托盘	30	0.7 托盘	43	0.7
E	10 托盘	10	0.1 托盘	100	0.1
F	100 托盘	100	0.4 托盘	250	0.4
G	800 箱	200	2.0 箱	400	0.5
H	1000 箱	250	4.0 箱	250	1.0

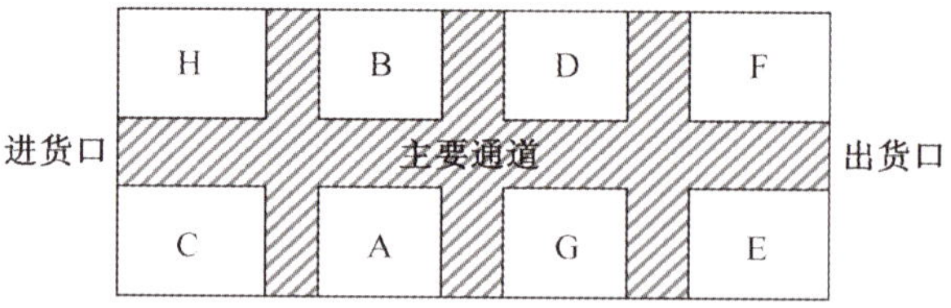

图 3-3-1　进出口分离的储位分配

（2）产品相关性原则。商品相关性大者在订购时经常被同时订购，所以应尽可能存放在相邻位置。

（3）产品同一性原则。所谓同一性的原则，指把同一物品储放于同一保管位置的原则。

（4）产品类似性原则。所谓类似性的原则，指将类似品比邻保管的原则。

（5）产品互补性原则。互补性高的物品也应存放于邻近位置，以便缺货时可迅速以另一品项替代。

（6）产品相容性原则。相容性低的产品绝不可放置在一起，以免损害品质，如烟、香皂、茶不可放在一起。

（7）先进先出的原则。先进先出指先保管的物品先出库。一般适用于寿命周期短的商品，例如感光纸、食品等。

（8）叠高的原则。所谓叠高的原则，即像堆积木般将物品叠高。

（9）面对通道的原则。面对通道指物品面对通道，通过可识别的标号、名称让作业员容易简单地辨识。

（10）产品尺寸原则。储存物品时必须要有不同大小位置的变化，用以存放不同大小的物品和不同的容积。一旦未考虑储存物品单位大小，可能造成储存空间太大而浪费空间，或储存空间太小而无法存放；未考虑储存物品整批形状也可能造成整批形状太大无法同处存放（数量太多）或浪费储存空间（数量太少）。一般将体积大的货品存放于进出较方便的位置。

（11）重量特性原则。所谓重量特性的原则，即按照物品重量的不同来决定储放物品的高低位置。一般而言，重物应保管于地面上或料架的下层位置，而重量轻的物品则保管于料架的上层位置；若是以人手进行搬运作业时，人的腰部以下的高度用于保管重物或大型物品，而腰部以上的高度则用来保管重量轻的物品或小型物品。

（12）产品特性原则。物品特性不仅涉及物品本身的危险及易腐性质，也可能影响其他的物品，因此在配送中心布置设计时必须要考虑到。下面列举五种有关货品特性的基本储存方法。

1）易燃物的储存：安装适当防火设备的空间，最好是独立放置。

2）易窃物品的储存：储存在有锁的笼子、箱、柜或房间内。

3）易腐品的储存：要储存在冷冻、冷藏或其他特殊设备内，且专人作业与保管。

4）易污损品的储存：可使用帆布套等覆盖。

5）一般物品的储存：要储存在干燥库房，以便客户随时提取。

（13）储位表示原则。所谓储位表示原则，指把保管物品的位置给予明确表示的原则。

（14）表示性原则。所谓表示性原则，指利用视觉，使保管场所及保管品能够容易识别的原则。

阅读材料 1，回答以下问题。

1. 针对“储位管理范围”的内容结构和要点，请绘制出思维导图（可以参考 http://huatu.bangongtuku.com/home/newfile）。

储位管理范围的思维导图：

2. 设置半存储区的原因是什么？

3. 根据本节所学知识，将相应内容填入表 3-3-2 中。

表 3-3-2　各种储存策略对比

储存策略	优点	缺点	适用情况
定位储放			
分类储放			
随机储放			

续表

储存策略	优点	缺点	适用情况
分类随机储放			
共用储放			

4．将表 3-3-3 中储位分配原则的描述正确用线连起来。

表 3-3-3　储位分配原则

储位分配原则	原则含义描述
表示性原则	在配送中心布置设计时必须要考虑物品特性原则
产品特性原则	利用视觉，使保管场所及保管品能够容易识别的原则
面对通道的原则	把同一物品储放于同一保管位置的原则
储位表示原则	物品面对通道，将可识别的标号、名称让作业员容易辨识的原则
产品同一性原则	把保管物品的位置给予明确表示的原则

材料 2　绘制上架存储货位图

根据入库信息和货架信息，完成入库货物的上架存储方案，绘制出上架存储货位图。

（一）入库信息

入库信息表见表 3-3-4。

表 3-3-4　入库信息表

序号	商品名称	商品规格	包装箱尺寸 /（mm × mm × mm）	重量 /kg	上月销售	入库箱数
1	血压计	EW3106（W）	413mm×168×211	3.5	55	16
2	电吹风	EH5163（Y）	520×288×287	6.73	1000	18
3	电吹风	EH5246（W）	447×350×235	5.1	200	18
4	剃须刀	ES-RC40-（S）	361×253×182	2.512	18	30
5	台灯	SQC945L	368×238×345	1.9	19	16
6	空气净化器	F-PDC30C-W	471×197×515	6.5	30	10
7	电熨斗	NI-SI30TS	380×310×310	8.6	110	18
8	吸尘器	MC-UL282SJ81	590×205×244	4.5	600	18
9	吸尘器	MC-DL563AJ81	515×140×240	3.3	400	14
10	吸尘器	MC-CA781DJ81	510×355×320	6.4	140	10
11	吸尘器	MC-CA783AJ81	510×355×320	6.7	280	10
12	吸尘器	MC-CA783RJ81	510×355×320	6.7	199	15

续表

序号	商品名称	商品规格	包装箱尺寸 /（mm×mm×mm）	重量 /kg	上月销售	入库箱数
13	吸尘器	MC-CA781GJ81	510×355×320	6.4	220	10
14	吸尘器	MC-CA291YJ81	466×331×272	4.6	8	16
15	吸尘器	MC-CA293RJ81	466×331×273	4.6	10	20

（二）货架信息

1. 设备设施规格

设备规格数据见表 3-3-5。

表 3-3-5 设备设施规格

木制托盘	1200mm×1000mm×160mm
货架	3 排，3 层，4 列，2×2 货位（标准货位）货位参考尺寸：2300mm×900mm×1230mm
叉车	电瓶叉车，荷载能力 1600kg，提升高度 4m（含驾驶员）

2. 货位号说明

货位条码编制规则为“四号定位”。第一位，表示库序号；第二位，表示货架号；第三位，表示架层号；第四位，表示货位号。如 01030101，表示的意思是 1 号库区第 3 排第 1 层第 1 位。各组所在库区均为 1 号库区。此处我们把库号省去，货架用 ABC 表示，如 A0304 表示 A 货架第三层第 4 位。

3. 货架布局

现场货架布局和区域划分如图 3-3-2 所示。

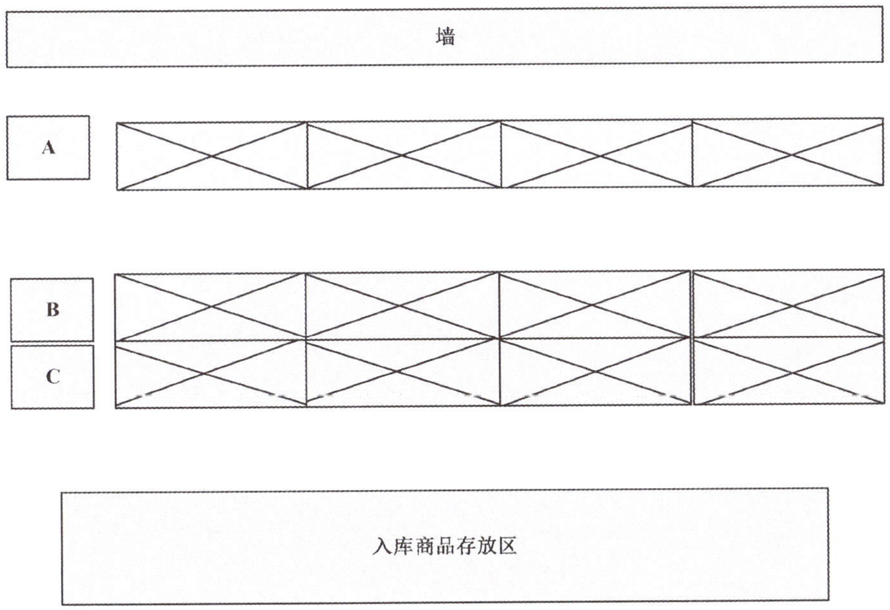

图 3-3-2 现场货架布局和区域划分图

4. 货位初始存储信息

货架初始化如图 3-3-3 所示。货位标示出来的表示此位置已经有货物。

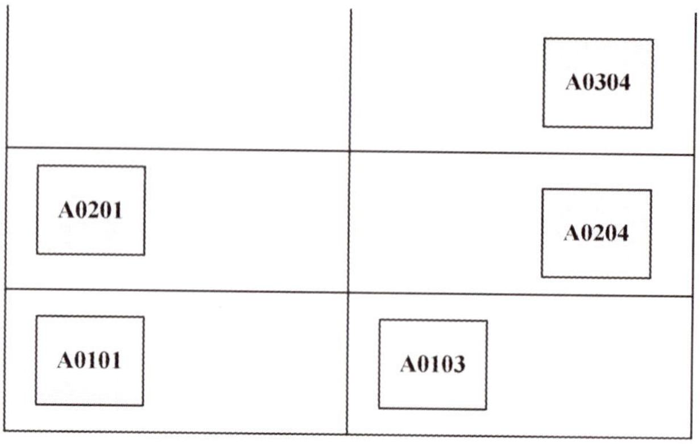

（a）第 A 排货架存储信息

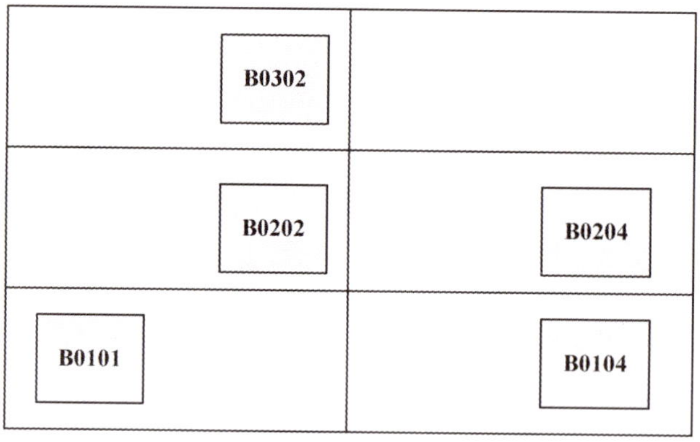

（b）第 B 排货架存储信息

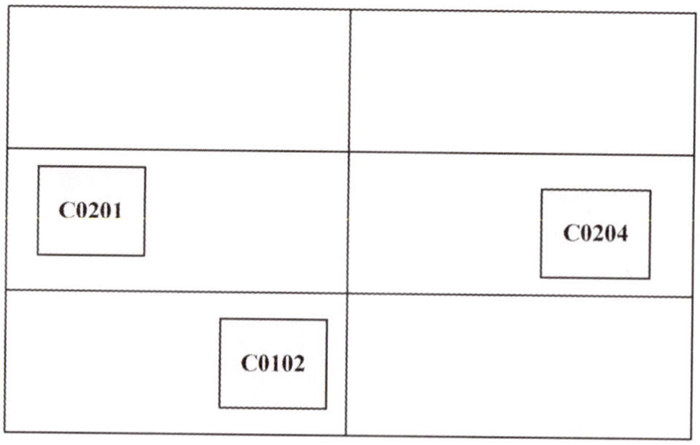

（c）第 C 排货架存储信息

图 3-3-3　货架初始化图

操作步骤如下：

第一、熟悉货位及商品信息。

要求：（1）划分工作小组，每组 3 人。

（2）组内熟悉商品信息和货位的编号原则。

第二、熟悉工作任务。

要求：（1）教师发放任务单。

（2）组内讨论任务要求。

（3）制订分工计划。

（4）讨论上架方案。

第三、绘制货位存储图。

要求：（1）完成数据的信息化。

（2）完成 ABC 计算。

（3）完成组托图及托盘使用量的计算。

（4）完成货物上架图。

第四、研讨交流，老师点评总结。

具体实施步骤：

（1）首先组长根据任务目标分配工作。

（2）完成方案的工作准备，包括封面设计、人员分工和岗位职责。

（3）完成商品的 ABC 分类，ABC 分类结果见表 3-3-6。

表 3-3-6　ABC 分类结果

序号	商品名称	商品规格	包装箱尺寸 /（mm × mm × mm）	重量 / kg	上月销售	累加物动量占比 /%	累加品种占比 /%	结果
2	电吹风	EH5163（Y）	520×288×287	6.73	1000	30.4044	6.6667	A
8	吸尘器	MC-UL282SJ81	590×205×244	4.5	600	48.6470	13.3333	B
9	吸尘器	MC-DL563AJ81	515×140×240	3.3	400	60.8088	20.0000	B
11	吸尘器	MC-CA783AJ81	510×355×320	6.7	280	69.3220	26.6667	C
13	吸尘器	MC-CA781GJ81	510×355×320	6.4	220	76.0109	33.3333	C
3	电吹风	EH5246（W）	447×350×235	5.1	200	82.0918	40.0000	C
12	吸尘器	MC-CA783RJ81	510×355×320	6.7	199	88.1423	46.6667	C
10	吸尘器	MC-CA781DJ81	510×355×320	6.4	140	92.3989	53.3333	C
7	电熨斗	NI-SI30TS	380×310×310	8.6	110	95.7434	60.0000	C
1	血压计	EW3106（W）	413×168×211	3.5	55	97.4156	66.6667	C
6	空气净化器	F-PDC30C-W	471×197×515	6.5	30	98.3278	73.3333	C
5	台灯	SQC945L	368×238×345	1.9	19	98.9054	80.0000	C
4	剃须刀	ES-RC40-（S）	361×253×182	2.512	18	99.4527	86.6667	C

续表

序号	商品名称	商品规格	包装箱尺寸/（mm×mm×mm）	重量/kg	上月销售	累加物动量占比/%	累加品种占比/%	结果
15	吸尘器	MC-CA293RJ81	466×331×273	4.6	10	99.7568	93.3333	C
14	吸尘器	MC-CA291YJ81	466×331×272	4.6	8	100.0000	100.0000	C
合计					3289			

（4）计算入库商品所使用的托盘数量。计算方法是使用 Word（或者 Visio）将不同的包装尺寸在托盘上摆放，优先采取压缝式，实际操作时超过三层要用绑扎带捆绑。最后除了序号 15 的商品使用 2 个托盘，其他均使用 1 个托盘。

（5）按照一定的原则将组托好的托盘放到货架上。考虑入库作业时间和现场布局，优先将货物放在 C 货架上，然后是 A、B 货架。其中一种货架存储图方式如图 3-3-4 所示。

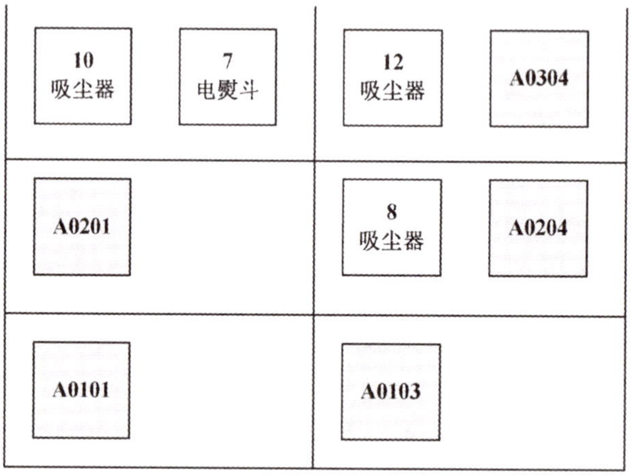

（a）第 A 排货架存储信息

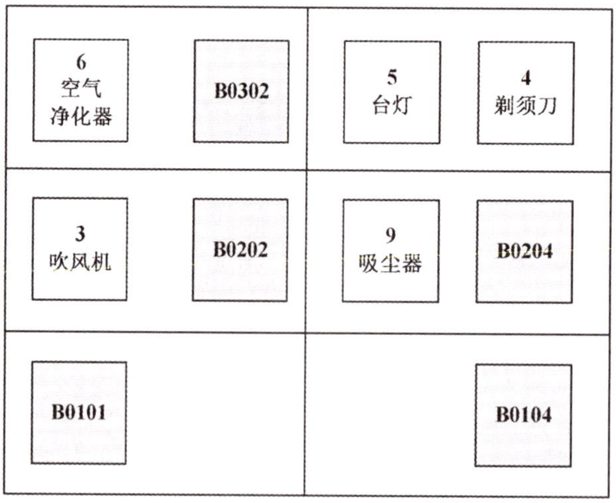

（b）第 B 排货架存储信息

图 3-3-4　货架存储图

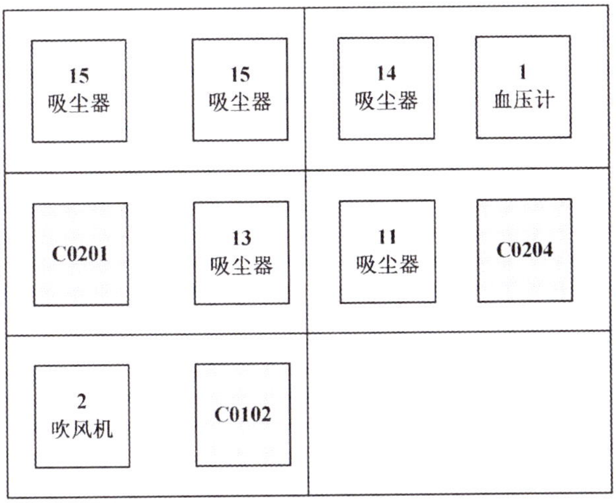

（c）第 C 排货架存储信息

图 3-3-4　货架存储图（续图）

阅读材料 2，完成以下任务。

根据入库货物信息（表 3-3-7）确定有 15 种货物需要办理入库作业，请依据成本与费用最低原则设计方案并组织实施。货架布局、货架尺寸、托盘尺寸条件同表 3-3-3 和图 3-3-3。

表 3-3-7　入库货物信息

商品序号	商品名称	包装箱 /（mm × mm × mm）	商品规格	箱数	上月销售 / 箱
1	吸尘器	466×331×272	MC-CA293RJ81	18	1860
2	吸尘器	466×331×272	MC-CA291YJ81	16	9300
3	吸尘器	510×355×320	MC-CA783RJ81	15	504
4	吸尘器	510×355×321	MC-CA781DJ81	16	1908
5	吸尘器	515×140×240	MC-DL563AJ81	25	19
6	电熨斗	380×310×310	NI-S130TS（红）	18	300
7	电吹风	447×350×235	EH5246-W405	28	410
8	电吹风	447×350×250	EH5247-P405	22	600
9	剃须刀	361×235×182	ES-RL40-S405	45	404
10	台灯	368×238×345	SQC945L（蓝）	12	1400
11	台灯	375×350×400	SQC916L（蓝）	12	280
12	电吹风	575×280×285	EH-NE32-P405	15	399
13	吸尘器	590×205×244	MC-UL282SJ81	30	2220
14	吸尘器	510×355×320	MC-CA781GJ81	16	8
15	剃须刀	388×210×163	ES4853-W405	40	10

任务评价

完成本任务后结合自己学习情况，依指标进行评价，见表 3-3-6。

表 3-3-6 货位规划评价指标

考核项目	评分标准	总分值	得分值
知识掌握	1. 储位管理特点 2. 储存策略	30	
能力提升	1. 会进行货位分配 2. 会正确操作设备 3. 会撰写方案报告	40	
职业素养	1. 责任心 2. 沟通能力 3. 协作能力 4. 计划能力	30	
签字		总分（100 分）	

任务反思

1．ABC 分类、组托设计方案对货物货架存储的影响如何？

2．货物存储位置根据 ABC 分类结果进行调整。如 C 类货物组托较多，货位不足时就需要将距离 B 类货物近的放置到第二层位置上。

3．思考电商库的货位存储模式和商贸类存储货位规划的区别。

任务 4 就地堆码规划

货物就地堆码的规划指的是规划出货物就地堆码的方式、货物堆码的尺寸，包含垛高、垛长、垛宽。

工作内容

- 理解就地堆码的要求。
- 根据五距要求进行就地堆码设计。

任务分析

就地堆码设计要考虑地面强度（单位面积的技术定额）、库房有效高度和货物堆码极限（由单位面积的堆存定额得到）三个因素，取最小值决定堆码的层数等。

学习材料

材料 1　就地堆码理论

1. 货物堆码

（1）货物堆码的基本要求。

1）合理。对不同品类、规格、型号、形状、牌号、等级和批次的货物必须分开堆码，不能混合、间杂堆码。码垛时位置的安排要分清入库的先后次序，以便贯彻“先进先出”的原则。

2）安全。码堆应不偏不斜、不歪不倒，且不准压坏底层货物和地坪，以确保货物堆垛牢固、安全和货物不受损害。因此，要适当选择垛底面积、堆垛高度和垫衬材料，保证堆码的牢固与安全。

3）定量。在货物堆码时，垛、行、层、包（件）等数量力求整数，每垛应有固定数量。对某些过磅称重货物不能成整数时，必须明确地标出重量，分层堆码或成捆堆码，定量存放。

4）整齐。堆码货物的垛形要规范，纵横成行成列，货物包装上的标志一律朝外排齐，便于查看和发货。

5）低耗。坚持一次堆码，减少重复搬运；爱护苫盖物品，节约备品用料，降低消耗；堆码紧凑，节省仓位，提高仓容利用率。

6）方便。便于装卸搬运，便于收发保管，便于日常维护保养，便于检查点数，便于灭火消防，以利货物保管和安全。

（2）有特殊要求的货物堆码。

1）要求通风的货物堆码。对需要防潮湿、需通风保管的商品，可在每件货物的前后左右均留出一定的间隔或空隙，码成通风垛，便于散发货物中所含水分和降低垛中的温度。

2）怕压货物的堆码。为了使货物不致受损，堆码时应根据货物承受力的大小，适当地控制堆码的方式和堆码的高度。对于体形不大或不太特殊的货物，为保证不被压坏，并充分利用库容量，可利用货架摆放。

3）容易渗漏的货物堆码。此类货物为方便检查，应堆码成小垛，并且成行排列，同时行与行之间亦应留有一定的间隔。

4）有毒物品的堆码。有毒有害物品多指氰化钾、氰化纳等氰化物。各种有毒有害物品都必须单独存放，严加保管，堆码要适当低一些，而且存放场所要干燥、通风、阴凉，切不可同时存放其他物品。

5）酸、碱等腐蚀品的堆码。此类货物应单独存放在干燥、阴凉、通风的库房内，避免堆码在露天，货垛不宜码得过高，要特别注意防止腐蚀，切忌水浸，严防爆炸事故。

6）易燃、易爆危险货物的堆码。此类货物因对消防有特殊要求，堆码要留有间隔，垛形不宜码得过高。堆放场所要干燥、阴凉、通风，库内所有电器及照明设施均应采用防爆装置，与货垛保持一定距离，并根据其不同理化特征，在货垛附近配备有效的安全消防设施。

（3）货物的垛高。货物的垛高直接影响库容量，它除了受库房地坪安全负荷决定外，还受货物性质和包装的影响，通常是以不超重货物可堆高层数决定最高允许堆高，但对轻泡货还要受仓库空间高度的影响。

（4）货物与仓库建筑物之间的距离。货物的堆码要保持通常所说的货垛“五距”，即墙距、柱距、顶距、灯距和垛距。货垛不能倚墙靠柱，相互间不能挤得太紧，不能与屋顶照明设备接触，并满足仓库消防规定，必须保留适当距离。

物料堆码合理堆放的要求可用 32 字诀表述为：不同品种、不同规格，分开堆码，不相混杂；合理垛距、走道宽度，分清次序，先进先出。商品堆码要做到牢固——不偏不斜，确实稳定；定量——过目成数，便于检查；整齐一成行成列，标志在外；节省——节省货位，提高仓容；方便——装卸搬运检查，物流作业方便。

做好物料的堆码也可采用“四定”“五标准”要求。“四定”即划区定块、划线定位、货垛定形和仓库定量。“五标准”即垛型位要符合“牢、齐、清、稳、美”的五字标准。

2. 货物堆码的方式

常用的堆码方式主要有以下几种。

（1）散堆方式。散堆是指将无包装的散货在仓库或露天货场上堆成货堆的存放方式。这种方适用于不用包装的颗粒状、块状的大宗散货，如煤炭、矿砂、散粮、散化肥、海盐等。这种堆码方式简便，便于采用机械设备装卸、堆垛，节省包装费用及仓容和运费。因此，散堆方式是目前货物堆存的一种趋势。

（2）货架方式。使用通用和专用的货架进行货物堆码，主要适用于存放不宜堆高、需特殊保管存放的小件包装的货物，如小百货、小五金、绸缎、呢绒、医药品等。这种堆码方式能够提高仓库的利用率，减少差错，加快存取，但其适用货物的范围较狭窄。

（3）成组方式。采用成组工具先将货物组成一组，使其堆存单元扩大，可以用装卸机械成组搬运、装卸、堆码。常用的成组工具有托盘、网络、绳扣等。成组堆码一般每垛 3 或 4 层。这种堆码方式可以提高仓库、货场的利用率，实现货物机械化操作，保证货物的安全，也有利于提高货物进出库的劳动效率，加快货物的流转。

（4）堆垛方式。这种堆码方式是指直接利用货物或其包装外形进行堆码，适用于有外包装和不需要包装的长、大件货物，如箱、桶、筐、袋装的货物，以及木材、钢材等。这种堆码方式能够增加货垛高度，提高仓库利用率，能够根据货物的形状和特性的需要和货位的实际情况，把货垛堆码成各种样式，以利于保护货物质量。堆垛的方式是应用最为广泛的、样式也最为繁多的堆码方式。

3. 货垛安排

（1）货垛“五距”的规范要求：垛距（库房一般为 0.5 ～ 1m，货场不少于 1.5m）、墙距（库房墙距：外墙距 0.3 ～ 0.5m，内墙距 0.1 ～ 0.2m，货场：只有外墙距为 0.8 ～ 3m）、柱距（0.1 ～ 0.3m）、顶距（平库房为 0.2 ～ 0.5m）、灯距（不少于 0.5m），如图 3-4-1 所示。

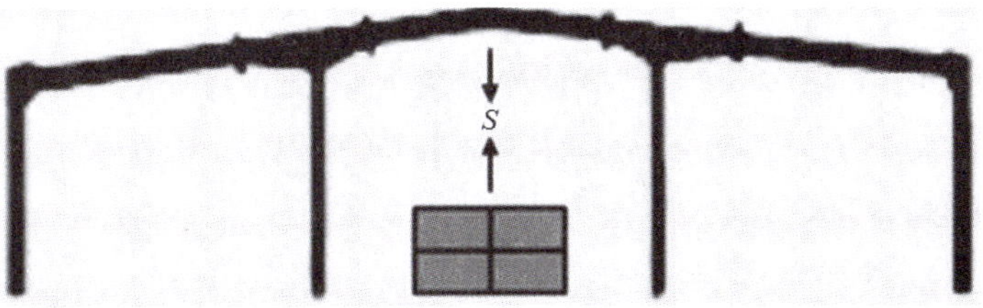

平房仓库 $S \geqslant 0.3$m
多层仓库 $S \geqslant 0.5$m
（a）顶距

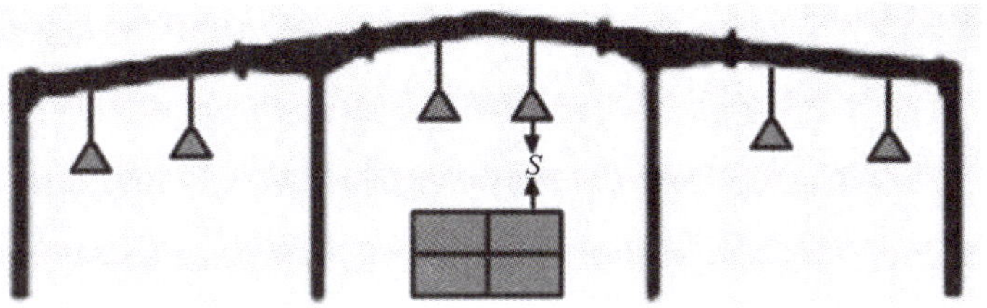

$S \geqslant 0.5$m
（b）灯距

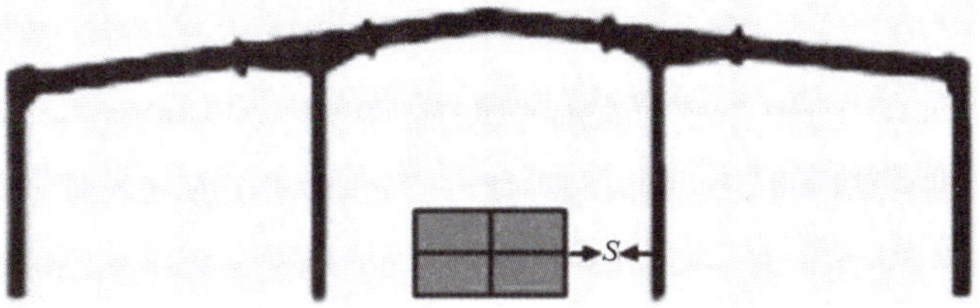

$S \geqslant 0.2 \sim 0.3$m
（c）柱距

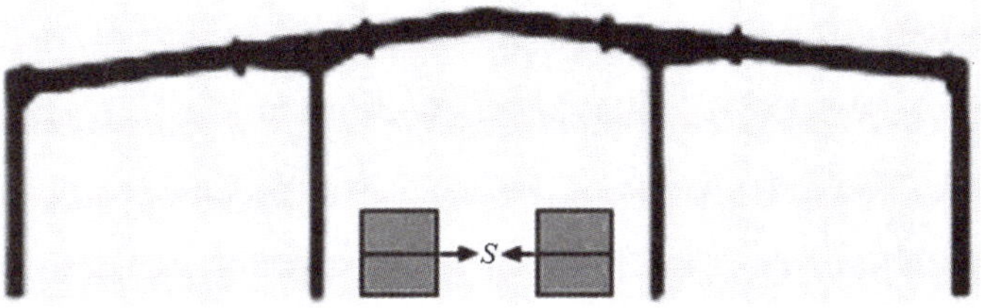

$S \geqslant 0.5$m
（d）货距

图 3-4-1 “五距”图示

（2）货垛可堆层数、占地面积的确定。

占地面积 = 总件数 / 可堆层数 × 每件商品底面积

不用货架，货垛可堆层数的三种算法如下：

1）地坪不超重可堆层数。

● 以一件商品来计算：

不超重可堆高层数 = 库房地坪每平方米核定载重量 / 商品单位面积重量（毛重 / 底面积）

- 以整垛商品来计算：

不超重可堆高层数 = 整垛商品实际占地面积 × 地坪核定载重量 / 每层件数 × 每件重量

2）货垛不超高可堆层数。

不超高可堆层数 = 库房可用高度 / 每件商品的高度

3）最底层商品承载能力不超重可堆高层数。

不超重可堆高层数 = 底层商品允许承载的最大重量 / 单件重量 +1

取以上三者最小值，作为最高堆垛层数。

（3）货垛底层排列。

1）货垛底数计算 = 货垛总件数 / 可堆高层数。

2）货垛底形排列。

（4）货垛的基本形式。

1）重叠式：各层排列方式相同，数量相同，层间无交叉，但稳定性差，易倒塌，因而常采用绳子、绳网等。

2）砖砌式：上下旋转 180°，稳定性好，但要求长宽比 2:3 或 3:4。

3）纵横交错式：旋转 90°，稳定性好，但只能用于正方形托盘、机械化作业的主要垛型。

4）中心留空通风式：需通风防潮的商品堆垛时商品之间留有空隙，空间利用率低。

5）压封式：将垛底排成正方形、长方形或者环形，然后起脊压缝上码，能较大限度节省空间，方便操作。

（5）“五五化”的堆码方法。“五五化”是以五为基本计量单位，码成各种总数为五的倍数的货垛。它适合于按件计量的物资。由于“五五化”堆码只能解决物资堆码中每层、每垛的计算方法，并不解决垛型问题。因此，不同的物资有不同的“五五化”垛型，如外形较大的可五五成方，较高的物资可五五成行，较小的物品可五五成包，带眼的物资可五五成串，定型定尺的可五五抽头堆码等。在确定各种五五堆码时，同样必须符合上述堆码的基本要求。这里需注意不要片面地追求形式上的“五五化”，采用五五堆码也应因物因地制宜。

4. 货物苫垫

货物在堆码时，要根据货物保管的要求和堆放场所的条件、需要，进行垫垛。露天存放的货物在码垛以后，要进行妥善的苫盖，以避免货物受雨、露、霜、雪、潮气的侵蚀和受日光暴晒的损害。

（1）货物铺垫。

1）货物铺垫的作用。垫垛的目的是使货物与地面隔离，避免地面潮气自垛底侵入，并使垛底通风；或者减少货物对地坪的压力，并保持货物的清洁；露天货场堆存的货物，垫垛也能避免风、雨、雪对货物的侵蚀。

2）货物铺垫的材料。货物垫垛的材料一般采用专门制作的水泥墩或石墩、枕木、木板及防潮纸、塑料薄膜等。一般来说库房内的货垛不会被雨侵淋，因此垫垛的衬垫物比货场上的垫垛要求低一些，对日杂货、纺织品等纸箱包装的货物也多用垫板、木板、木方；露天货场多用水泥块、条石、石墩等，地势较高者，也可以选用枕木，或用废旧钢轨等代替木料。

3）货物铺垫的方式。

a．码架、台板式。它是用一个个码架或台板、垫板，根据需要拼成面积大小适宜的货位。码架、台板或垫板是以垫木为脚，码架上面钉木条，台板、垫板上面钉木板构成的，其规格大小不一，垫板多按标准制成，国际标准化组织（ISO）规定有 800mm×1200mm，1200mm×1600mm；我国标准常用的有 1100mm×1800mm，1100mm×2000mm，1200mm×2000mm 等尺寸。楼上仓间使用的码架、台板、垫板高度在 10cm 左右，平房库可以在 30cm 左右。

b．垫木、垫石式。它是用垫木、垫石按货位大小一行行排列好的，其排列方向应与垛位长度方向垂直，以利于通风，也利于货物直接在上面堆码。垫木、垫石一般都是长方体，长和宽都是 20cm 左右。垫木长 20cm 左右，垫石长 30cm 左右。露天货场垛底距地面 30cm ～ 50cm 为宜；库房垛底距地面 20cm 左右即可。这种铺垫方式的优点是拆拼方便。

c．席、油毡、塑料薄膜式。这种形式主要用于地面干燥的库房，货物不要求有较高的通风散潮条件时，用苇席、油毡、塑料薄膜直接铺在地坪的货位上，将货物在上面堆码。若地面湿度大，可在苇席中间夹一层油毡。有些楼上仓间也可以不垫垛。现代化立体仓库、高层多货格储存商品且配有空调时，则更无垫垛的必要。

4）垫垛的要求。

a．货物铺垫后，必须保证货物不受地面水浸、不受潮，必要时要留有一定的间距，以保证垛底通气。

b．露天货场地坪一定要经过平整夯实，以提高其负重载荷能力；避免地面因载荷变化而下沉，造成堆垛变形和倒垛的危险。

c．铺垫物要根据垛型铺平摆正，并且其负荷不得超过铺垫材料本身和地坪的负重限制。必要时可增加垫物铺放密度或增加地坪的接触面积。

d．为减低消耗，提高仓储的经济效益，除对铺垫材料要进行合理选择外，还应妥善保管，注意合理使用，争取多次重复利用。

（2）货物苫盖。露天货场存放的货物，除了垫垛，一般都应苫盖，防止货物直接受风、雨、露、霜、雪及阳光的侵蚀。需要苫盖的货物，在堆垛时应根据货物的特性、堆存期的长短、存放货场的条件，注意选择苫盖材料和堆码的垛型。

1）苫盖的材料。苫盖物应根据货物的不同特性和要求，以及堆垛形状和堆存期来选择，而且要经济耐用、来源充足，并符合防火安全的要求。露天仓储常用的苫盖物有苇席、油毡纸、苫布、油布、塑料布和铁皮等。应注意苇席、油毡纸等易燃的苫盖物，不能用于苫盖危险品和化工材料。苫布的价格较高，只适用短期存放或临时使用。一般仓库对需长期苫盖的货垛，可用两层席子中间夹一层油毡纸，按照适当规格预制成苫瓦，不但使用方便，拆垛后还可以再次利用。

2）货物苫盖的方式。

a．屋脊式。无论是用苫布或苇席苫盖，均要将货垛起脊，垛肩有一定斜度，以便泻落雨雪。垛位的走向以南北为宜，便于充分采光，保持垛位干燥。

b．鱼鳞式。它是将苫盖物由下部向内卷起，将苫盖物自货垛的底部逐渐向上围盖，每行苫盖物相互压茬缝在一起，从外形看，似鱼鳞状。

c．隔离式。它是用竹竿、旧苇席在货垛四周和垛顶打好撑架，然后进行苫盖，能起到防潮隔热的作用。

3）对货物苫盖的要求。无论使用何种苫盖物或采用何种苫盖方式，为了达到苫盖货物的目的，必须保证苫盖斜面平整，侧面应不露垫木、垫石，以防止雨水顺接合处渗入垛内；同时苫盖物亦不应拖到地面，影响垛底通风。苫盖后，为保证与货垛相对位置固定，要用绳或铁丝捆扎，扣在地坪上打杆拉紧。

阅读材料 1，回答下列问题。

1．下列对堆码要求的叙述正确的是（　　）。

A．库房内堆码场地要坚固但可不平坦，垛底要垫高

B．货棚内堆码场地标高高于棚外地面，并有良好的排水设施

C．在正式堆码前要达到规格数量查清、编码、包装、集装单元化的要求

D．堆码操作的要求是安全、合理、方便、整齐、节约

2．下列对货垛安排的叙述正确的是（　　）。

A．货垛有“五距”的规范要求

B．货垛可堆层数要依据地坪的技术承载量来计算

C．采用货架堆放层数一般高于就地堆码层数

D．货垛底数与货垛总件数正比，与可堆高层数成反比

E．货垛的基本形式有重叠式、纵横交错式、压封式和中心留空通风式四种形式

3．苫盖的方法有（　　）。

A．垛型苫盖法　　B．隔离苫盖法　　C．鱼鳞苫盖法

D．活动棚架苫盖法　　E．码架垫木法

材料 2　就地堆码规划设计

今收到供货商发来的入库通知单，计划到货日期为明天上午 10 点。根据下列信息，你作为仓库管理员请计算出至少需要多大面积的储位。如果目标存储区域宽度限制为 5.0m，计算出计划堆成的货垛的垛长、垛宽、及垛高。

（一）商品信息

入库货物信息见表 3-4-1。

表 3-4-1　入库单

序号	商品名称	包装材质	包装箱尺寸	重量 /kg	入库数 / 箱
1	五金工具	杨木	500mm×200mm×300mm	45	3600

（二）参数及要求

库房参数见表 3-4-2。

表 3-4-2　库房参数

库区面积 /m^2	2000
仓库使用面积 /m^2	20×20
仓库的单位面积技术定额 /（t/m^2）	2
包装标示限高层数	5
库房可用高度 /m	4.6

注：垛型要求为重叠堆码的平台垛；储位面积计算不考虑墙距、柱距、垛距、灯距。

操作步骤如下：

第一、熟悉就地堆码知识。

要求：（1）讨论就地堆码的方法与方式。

（2）讨论就地堆码存储与货架堆码存储的区别。

第二、熟悉工作任务单。

要求：讨论任务并制订工作计划。

第二、确定就地堆码方案。

要求：（1）完成可堆高层数计算。

（2）完成货垛占地面积。

（3）绘制就地堆码图。

（4）完成就地堆码存储区规划方案。

第四、汇报交流。

具体操作步骤：

已知条件：$S_{使}=400m^2$，仓库的单位面积技术定额 $P_{地}=2t/m^2=2000kg/m^2$；包装标示限高层数为 5 层，库房可用高度 $H_{库}=4.6m$。

分析：关键是求出每件商品最多堆码的层数，根据层数就可以求得堆码的面积，计算过程：

（1）按照仓库的单位面积技术定额计算堆码层数 n_1：

每件商品重量 × 堆码层数 n_1/ 每件商品包装箱底面积≤ $P_{地}$，所以，$n_1=0.5\times0.2\times2000/45\leq4.4$，取整数 $n_1=4$。

（2）按照库房可用高度计算堆码层数 n_2：

n_2= 库房高度 / 每件商品的包装箱高度，带入数据得到 $n_2=4.6/0.3=15.3$，取整数得 15 层。

（3）包装标示限高层数 $n_3=5$。

（4）综合以上三个因素，求得最高堆码高度为 min{4,15,5}=4，所以该商品堆码的层数为 4 层，每层堆码的数量为 3600/4=900 个。

该商品的堆码面积为 900×0.5×0.2=90m^2。

如果目标存储区域宽度限制为 5.0 米，则长度为 90/5=18m，所以垛宽 5/0.5=10m，垛长 18/0.2=90m，即跺宽 10 箱，垛长 90 箱，跺高 4 箱。

阅读材料 2，完成以下任务。

1. 5 月 24 日入库商品舒洁迷你纸巾 2400 箱（400mm×250mm×320mm），放到某仓库，有效高度为 4.8m，有 10000m^2 可供存放使用，地面每平方米承受最大重量 2000kg，每箱重 48kg，最高码放 5 层，假定仓库储物空间只有 4m 宽。

请回答下列问题：

（1）货物占地面积大小为 ________m^2，舒洁迷你纸巾的底面积为 ________m^2。

（2）库房不超高可以堆码层数为 ________。

（3）地面不超载可以堆码层数为 ________，库房地面单位面积的技术定额为 ________。

（4）货物堆码限高层数为 ________，货物的堆存定额为 ________。

（5）该仓库的仓容定额为 ________，仓容为 ________ 吨。

2. 收到供货商发来入库通知单，计划到货日期为明天上午 10 点，内容如下。

品名：维达肉机　　包装规格：600mm×550mm×450mm

单体毛重：16kg　　净重 15kg　　包装的承压能力：85kg

包装标示：请勿倒置摆放

平房仓库内长 42m，宽 40m，高 4.5m，沿长方向主通道宽不少于 2m，消防通道不少于 1.4m，仓库内固定的照明灯距房顶 0.4m，灯距取 0.5m，柱子长宽均为 0.4m，每垛占地面积不大于 100m^2，计算出该仓库最多可以存放几箱？（货物堆垛需要考虑“五距”，货垛均为方垛）图 3-4-2 中货垛仅作为标识，与题目无关。

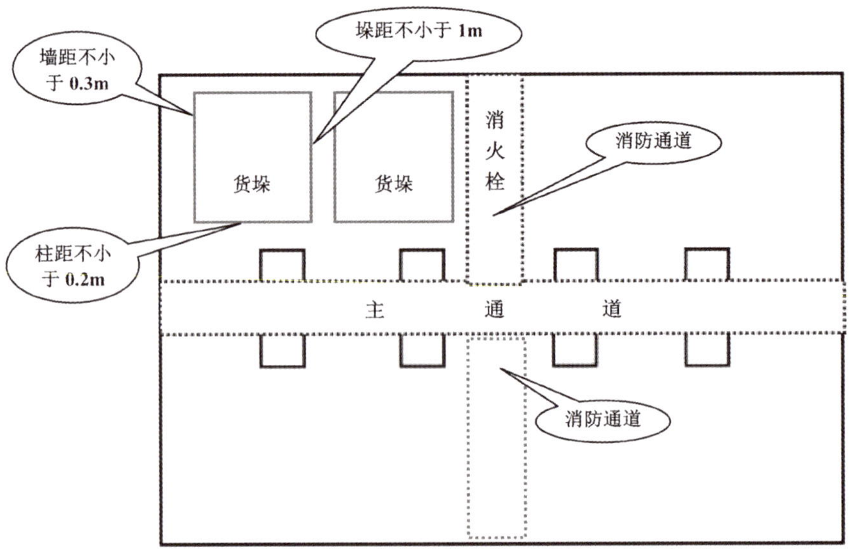

图 3-4-2　货垛示意

计算完毕后请核对答案。

就地堆码答案

任务评价

学完本任务后结合自己学习情况，依指标进行评价，见表 3-4-3。

表 3-4-3　就地堆码规划评价指标

考核项目	评分标准	总分值	得分值
知识掌握	1. 垛距 2. 单位面积技术定额和单位面积的堆存定额 3. 仓容	30	
能力提升	1. 堆码层数计算 2. 堆码面积计算 3. 垛型长度计算	40	
职业素养	1. 责任心 2. 沟通能力 3. 协作能力 4. 计划能力	30	
签字		总分（100 分）	

任务反思

结合整个任务的学习理解，请反思以下内容，并谈谈你的理解。

（1）理解就地堆码设计时要考虑的影响因素及其含义。

（2）对转驳的整箱货物一般采取就地堆码的方式。

（3）要根据题意考虑就地堆码中的五距。

（4）要理解单位面积技术定额和单位面积的堆存定额、仓容定额的区别与联系。

相关学习资源

1. 教材

[1]　滕宝红. 图说工厂仓储管理 [M]. 北京：人民邮电出版社，2011.

[2]　马耀文. 仓储与配送管理仿真实训教程 [M]. 北京：中国物资出版社，2012.

[3]　吴清一. 中国托盘手册 [M]. 北京：中国物资出版社，2010.

2. 论文

[1]　谢福斌. 一种改进的 ABC 分类管理法 [J]. 商业经济，2012（6）：32，86.

[2] 吴晓晖，陈延寿，张伟丰．基于层次分析法的库存 ABC 分类研究 [J]．湖北汽车工业学院学报，2010（4）：59-62．
[3] 张学惠，唐树伶．存货 ABC 分类管理的 Excel 运用 [J]．财会通讯，2009（11）：122-123．
[4] 王波涛．怎样使塑料托盘物尽其用 [J]．物流技术（装备版），2012（8）：38-39．
[5] 马爽．中国托盘行业亟待规范发展 [J]．物流技术与应用，2012（1）：28-37．
[6] 张启徽．基于库存周转率的存储货位优化研究 [J]．科技信息，2011（14）：513-514．

3. 国内电子资源

[1] http://wiki.mbalib.com/wiki/ABC%E5%88%86%E7%B1%BB%E6%B3%95.
[2] http://www.tudou.com/programs/view/kicHhLhmDAo.
[3] http://wenku.baidu.com/view/27a2b56e7e21af45b307a8e9.html.
[4] http://www.logclub.com/forum.php?mod=viewthread&tid=44657&page=1.
[5] http://bbs.iufida.com/thread-5375-1-1.html.

项目四　出库方案设计

知识目标

- 了解订单有效性。
- 掌握归一法的含义。
- 理解拣选单和拣选计划的区别。
- 掌握路线规划方法。
- 理解配载配装方法。

能力目标

- 会进行客户优先权分析。
- 会进行订单有效性分析。
- 会进行制订拣选计划。
- 会进行路线优化和配载配装。

素养目标

- 能主动有效地完成工作。
- 能与其他成员友好协作。
- 能独立自主地解决现场出现的基本问题。

项目情境

2021 年“双十一”期间，黑猫投诉平台货运物流行业有效投诉量近 3 万单，环比上一个周期增幅高达 52%。其中，圆通快递、中国邮政、韵达速递、申通快递、京东物流、顺丰有效投诉量超两千。投诉量增幅最高的是货拉拉，达到 131.9%。另外圆通速递、中国邮政、中通快递的投诉量增幅均超 50%。主要投诉原因是快递长时间不更新物流，疑似丢件或者未经允许放在菜鸟驿站等问题。

在货运物流相关投诉中，消费者投诉最多的热词是“延误”，除此以外，“丢失”“售后服务”等也成为消费者投诉的核心问题。由此可见，在网购物品进行配送时，消费者最关心的还是时效和售后。（https://finance.sina.com.cn/china/2021-11-26/doc-ikyamrmy5179242.shtml）

素养教育

- 态度就是竞争力。

态度就是竞争力

扫码阅读材料，回答问题。

- 谈谈你对态度就是竞争力的看法。

➢ 培养员工的良好工作态度，公司如何做？自己如何做？

任务 1　客户优先权分析

根据客户的信息资料，对客户进行优先等级划分，目的是为核心客户优先提供服务，对等级高的客户优先满足服务需求。

工作内容

➢ 识读客户数据信息。

➢ 用 Excel 进行计算。

➢ 就结果给出分析。

客户优先权分析

任务分析

客户优先权的算法是选择重要的客户数据信息，使用 Excel 工具采取归一化赋值法来进行计算，根据得分的高低排序即可，得分高的优先等级顺序就高，反之等级顺序就低。

学习材料

材料 1　归一化赋值法

归一是一种数学处理方法，是为了进行比较数据、结果。归一的办法，主要是把不同的数据，按照某个标准进行处理，使得去掉单位、量纲等影响，直接反映问题本质。例如买 3 个篮球共 150 元，求 5 个篮球的价格。先求单价 150/3=50 元 / 个，50×5=250，即先把它单一的价格求出来，再求一定的量的价格（如 5 个篮球的价格）。

归一化赋值法和归一法有些不同，这种方法主要是针对定性的变量，无法直接使用数据进行编辑计算时而采取的方法。从字面意思就是将字符型数据给予赋定量的数值，对同一个变量不同的数值加起来为“1”。举例说明：有五家客户，忠诚度信息有一般和高两个定性的字符型值，采取归一化赋值就是根据这两个值得权重高的赋值高，反之赋值低，但赋值之和为 1，见表 4-1-1。

表 4-1-1　归一化法赋值举例（1）

指标	A 客户	B 客户	C 客户	D 客户	E 客户
忠诚度	一般	一般	高	高	一般

针对此例，“高”的权重大于“一般”的权重，如果“高”=0.9，则“一般”=0.1；

如果“高”=0.8，则“一般”=0.2。赋值后将不同的字符用数值替换即可，见表 4-1-2。

表 4-1-2 归一化法赋值举例（2）

指标	A 客户	B 客户	C 客户	D 客户	E 客户
忠诚度	0.2	0.2	0.8	0.8	0.2

以上是一种赋值的方法，那么是否有别的赋值方法呢？比如赋值 10 以内的数值是否可以，答案是肯定的。比如上述例子，可以这样赋值：“高”=9，“一般”=3。只要是 10 以内的数即可，唯一需要注意的是“高”的赋值要大于“一般”的赋值，见表 4-1-3。

表 4-1-3 归一化法赋值举例（3）

指标	A 客户	B 客户	C 客户	D 客户	E 客户
忠诚度	3	3	9	9	3

接下来，需要采取归一法赋值处理，做法是求不同值的平均值，见表 4-1-4。

表 4-1-4 归一化法赋值举例（4）

指标	A 客户	B 客户	C 客户	D 客户	E 客户
忠诚度	1/4	1/4	3/4	3/4	1/4

阅读材料 1，回答以下问题。

1. 客户信息数值如表 4-1-5 所列，（　　）。
   A. 对于忠诚度，如果 A 客户的数值赋值 0.8，则 B 客户的数值赋值 0.9，C 客户的数值赋值 0.8
   B. 针对满意度指标，“较高”赋值应该大于“高”的赋值
   C. 针对客户类型指标，C 客户的赋值应该大于 A、B 客户的赋值
   D. 如果采取百分制赋值，针对不同指标赋值后可以求出每个客户的对应均值再计算
   E. 不同指标赋值过程中需要注意的是，权重高的赋值不应该大

表 4-1-5 客户信息

指标	A 客户	B 客户	C 客户
忠诚度	一般	一般	高
满意度	较高	高	高
客户类型	普通型	普通型	重点型

材料 2

某客户资料见表 4-1-6，完成客户优先权分析。

表 4-1-6　客户资料

<table>
<tr><th>客户名称</th><th colspan="8">客户信息</th><th>订货金额 / 万元</th></tr>
<tr><td rowspan="3">A</td><td>公司性质</td><td>合资</td><td>行业</td><td>商业</td><td>注册资金</td><td>100 万</td><td>经营范围</td><td>食品、办公用品</td><td rowspan="3">9000</td></tr>
<tr><td>信用额度</td><td>16 万元</td><td>忠诚度</td><td>一般</td><td>满意度</td><td>较高</td><td>应收账款</td><td>14.8 万元</td></tr>
<tr><td>客户类型</td><td colspan="3">普通型</td><td>客户级别</td><td colspan="3">B</td></tr>
<tr><td rowspan="3">B</td><td>公司性质</td><td>民营</td><td>行业</td><td>零售</td><td>注册资金</td><td>200 万</td><td>经营范围</td><td>日用品、食品</td><td rowspan="3">26200</td></tr>
<tr><td>信用额度</td><td>110 万元</td><td>忠诚度</td><td>一般</td><td>满意度</td><td>高</td><td>应收账款</td><td>99.8 万元</td></tr>
<tr><td>客户类型</td><td colspan="3">普通型</td><td>客户级别</td><td colspan="3">B</td></tr>
<tr><td rowspan="3">C</td><td>公司性质</td><td>民营</td><td>行业</td><td>零售</td><td>注册资金</td><td>2000 万</td><td>经营范围</td><td>食品、日用百货</td><td rowspan="3">11520</td></tr>
<tr><td>信用额度</td><td>180 万元</td><td>忠诚度</td><td>高</td><td>满意度</td><td>高</td><td>应收账款</td><td>172.5 万元</td></tr>
<tr><td>客户类型</td><td colspan="3">重点型</td><td>客户级别</td><td colspan="3">A</td></tr>
<tr><td rowspan="3">D</td><td>公司性质</td><td>中外合资</td><td>行业</td><td>商业</td><td>注册资金</td><td>1200 万</td><td>经营范围</td><td>日用品、食品</td><td rowspan="3">14860</td></tr>
<tr><td>信用额度</td><td>200 万元</td><td>忠诚度</td><td>高</td><td>满意度</td><td>高</td><td>应收账款</td><td>199.5 万元</td></tr>
<tr><td>客户类型</td><td colspan="3">母公司</td><td>客户级别</td><td colspan="3">A</td></tr>
<tr><td rowspan="3">E</td><td>公司性质</td><td>中外合资</td><td>行业</td><td>零售</td><td>注册资金</td><td>3600 万</td><td>经营范围</td><td>食品、日用品</td><td rowspan="3">11760</td></tr>
<tr><td>信用额度</td><td>150 万元</td><td>忠诚度</td><td>一般</td><td>满意度</td><td>高</td><td>应收账款</td><td>125 万元</td></tr>
<tr><td>客户类型</td><td colspan="3">普通型</td><td>客户级别</td><td colspan="3">B</td></tr>
</table>

操作步骤如下：

第一、熟悉客户信息。

要求：(1) 划分工作小组，每组 3 人。

(2) 讨论客户资料，提炼主要信息。

第二、明确任务单。

要求：(1) 教师发放任务单。

(2) 讨论任务并制订分工计划。

第三、判断客户等级。

要求：(1) 完成数据的信息化，利用 Excel 分析。

(2) 根据客户资料进行定性（赋予权重）、定量分析。

(3) 完成订单有效性判定方案。

注意：定性的指标赋值时保证同一指标各数值之和为 1，或者最后归一化处理。

第四、研讨交流，老师点评总结。

具体实施步骤：

(1) 首先将部分数据复制到 Excel 里面，见表 4-1-7。

表 4-1-7　客户优先权原始数据

指标	A 客户	B 客户	C 客户	D 客户	E 客户
忠诚度	一般	一般	高	高	一般
满意度	较高	高	高	高	高

续表

指标	A 客户	B 客户	C 客户	D 客户	E 客户
客户类型	普通型	普通型	重点型	母公司	普通型
客户级别	B	B	A	A	B

（2）对于字符型数值，我们采取归一法对指标进行赋值，然后累计数值，根据数值大小排序即可。指标赋值表见表 4-1-8。

表 4-1-8 指标赋值表

指标	A 客户	B 客户	C 客户	D 客户	E 客户
忠诚度	0.3	0.3	0.7	0.7	0.3
满意度	0.4	0.6	0.6	0.6	0.6
客户类型	0.3	0.3	0.3	0.5	0.2
客户级别	0.3	0.3	0.7	0.7	0.3
累计数值	1.3	1.5	2.3	2.5	1.4
优先权等级	5	3	2	1	4

所以优先权等级从高到低依次是 D 客户、C 客户、B 客户、E 客户、A 客户。

阅读材料 2，完成以下任务。

根据提供的信息对客户进行优先等级排序。当累计应收账款超过信用额度时，为无效订货。原始数据见表 4-1-9。

表 4-1-9 原始数据

客户名称	客户信息								订货金额 / 万元
	公司性质	合资	行业	商业	注册资金	100 万	经营范围	食品、办公用品	
A	信用额度	16 万元	忠诚度	一般	满意度	较高	应收账款	14.8 万元	9000
	客户类型	普通型			客户级别	B			
	公司性质	民营	行业	零售	注册资金	200 万	经营范围	日用品、食品	
B	信用额度	110 万元	忠诚度	高	满意度	高	应收账款	99.8 万元	26200
	客户类型	普通型			客户级别	B			
	公司性质	民营	行业	零售	注册资金	2000 万	经营范围	食品、日用百货	
C	信用额度	180 万元	忠诚度	高	满意度	高	应收账款	172.5 万元	11520
	客户类型	重点型			客户级别	A			
	公司性质	中外合资	行业	商业	注册资金	1200 万	经营范围	日用品、食品	
D	信用额度	200 万元	忠诚度	高	满意度	高	应收账款	199.5 万元	14860
	客户类型	母公司			客户级别	A			
	公司性质	中外合资	行业	零售	注册资金	3600 万	经营范围	食品、日用品	
E	信用额度	150 万元	忠诚度	一般	满意度	较高	应收账款	125 万元	11760
	客户类型	普通型			客户级别	A			

计算完毕后请扫码核对答案。

客户优先权分析答案

任务评价

学完本任务后结合自己学习情况，依指标进行评价，见表 4-1-10。

表 4-1-10　客户优先权分析评价指标

考核项目	评分标准	总分值	得分值
知识掌握	1. 归一化赋值的含义 2. 客户优先权的含义	30	
能力提升	1. 会进行归一化赋值 2. 会进行客户优先权分析	40	
职业素养	1. 责任心 2. 沟通能力 3. 协作能力 4. 计划能力	30	
签字		总分（100 分）	

任务反思

（1）客户优先权分析的目的是将有限资源优先满足给能为自己带来最大价值的重要客户，为了区分出等级，赋值时可以将取值差距拉大。

（2）归一法是基于各指标权重相同的一种最简单的数据处理方法。其他方法有加权平均法，即各指标权重不同；还可以给各指标赋值，如 1 ～ 10 或 1 ～ 100 中不同的值，最后按照加权平均值处理即可。

任务 2　订单有效性分析

作为仓库主管，你拿到几家公司的订单，根据数据请完成订单的有效性分析。

工作内容

- 识读表格数据信息。
- 理解订单有效性计算过程。
- 无效订单给出原因解析。

任务分析

订单有效性分析是物流出库方案设计过程中重要的一步，结果直接影响着客户关系。

学习材料

材料 1　订单有效性分析

企业采购部门向原材料、燃料、零部件、办公用品等的供应者发出的订货单，也就是订购货物的合同或者单据。

一般订单里包括的信息有供应商信息，如名称、地址、电话、传真等；订单编号；订货日期；产品明细，包括产品名称、单价、数量，货款合计；货款结算总价；需求方信息，包括单位名称、联系人姓名、电话和交货地址等。订货单见表 4-2-1。

表 4-2-1　订货单

订单编号				订货日期	年　月　日	
供应方		电话		货款结算（单位：人民币 / 元）		
地　址				货款	总价	运费
邮　件		传真		694.00	794.00	100.00

产品明细：

序号	产品名称	单位	单价 / 元	数量	货款合计	备注
1	HP816		35	5	175.00	
2	817		60	2	120.00	
3	901BK		18	5	90.00	
4	901C		60	2	120.00	
5	HP45		18	5	90.00	
6	M40		33	3	99.00	

需方信息：

需　方				联络人	
地　址				电　话	
收货人		电 话		手　机	
收货地址					

备注说明：

备　注	1. 需方声明已确认所订的产品及数量、出具的票据类型；以上价格未含税。 2. 对公汇款账号： 开户名称： 开户银行： 账号：

另外，有的订单还起到部分合同的作用，此类型订单不但包括以上基本的信息，而且要包括合同编号、付款方式、交货日期、交货地点、票据要求、签订日期、双方代理人信息、其他要求等。北京 ×× 公司采购订单见表 4-2-2。

表 4-2-2 北京 ×× 公司采购订单

公司：北京 ×× 公司					联系人：		电话：		传真：	
根据我公司生产需要，现向贵公司订购产品如下：							合同编号：			
序号	代码	名称	规格	单位	数量	含税单价	含税金额	税率	发货日期	交货地点
1		P826			5	35.00	175.00	17%	2012-7-5	实训室 106
2		827			4	50.00	200.00	17%	2012-7-5	实训室 106
3		901CK			3	10.00	30.00	17%	2012-7-5	实训室 106
4		901B			2	60.00	120.00	17%	2012-7-5	实训室 106
5		AHP45			1	90.00	90.00	17%	2012-7-5	实训室 106
6		KV22			3	80.00	240.00	17%	2012-7-5	实训室 106
			总计		18		855.00			
合计金额（大写）			人民币 ￥捌佰伍拾伍元整							
质量要求	按合同要求						付款方式	验收合格入库，票到 30 天付款		
票据要求	贵公司要保证所提供发票的合法性，因贵公司所提供的发票不合法所引起的法律责任及损失，由贵公司全部承担。									
备注：										

要求：1. 通过邮寄、托运发货时请标明发货单位、收件人，否则因标识不清而造成的货物丢失，我方概不负责。

2. 如贵公司确认，请在 24 小时内签字盖章后回传：____________，此订单双方签字盖章生效，与正式合同具有同等法律效力。

3. 自发货之日起请在 ______ 个月内开票，否则不予结算，造成损失由贵公司承担。

供方代理人： 需方代理人：

联系电话： 联系电话：

签订日期： 年 月 日 签订日期： 年 月 日

根据上面的订单内容（如订单上商品的种类、商品的价格、订购日期、送货日期、金额书写、金额总值、签名等），我们可以判断订单是否有效。如果订单基本信息出现错误，则需要对方修改，此次订单无法完成交易。

阅读材料 1，判断以下问题是否正确，正确的打钩（√），错误的打叉（×）。

1. 订单一般都具有合同性质。（ ）
2. 订单是否有效主要考虑信用额度。（ ）
3. 无效订单可以是日期或者批次、价格等信息有误造成的。（ ）
4. 有效订单必须要无误地履行订单数量，不得延误。（ ）

材料 2 订单有效性分析举例

依据表 4-1-9 的信息，判断几个客户的订单有效性。假定超信用额度为无效订单。

操作步骤如下：

第一、熟悉订单有效性和订单信息。

订单有效性讲解

要求：（1）划分工作小组，每组 3 人。

（2）组内熟悉订单有效性和订单信息。

第二、熟悉工作任务。

要求：（1）教师发放任务单。

（2）组内讨论订单有效性的内容。

（3）讨论制订分工计划。

第三、判定订单有效性。

要求：（1）完成数据的信息化，利用 Excel 分析。

（2）根据有效性原则判定。

（3）完成订单有效性判定方案。

第四、研讨交流，老师点评总结。

具体实施步骤：

（1）首先将数据复制到 Excel 里面，见表 4-2-3。

表 4-2-3　客户优先权原始数据

指标	A 客户	B 客户	C 客户	D 客户	E 客户
信用额度 / 万元	16	110	180	200	150
应收账款 / 万元	14.8	99.8	172.5	199.5	125
订货金额 / 万元	0.900	2.620	1.152	1.486	1.176

（2）累计每个客户的应收账款和订货金额，求出累计金额和信用额度的百分比值，见表 4-2-4。

表 4-2-4　计算累计金额占信用额度百分比

指标	A 客户	B 客户	C 客户	D 客户	E 客户
信用额度 / 万元	16	110	180	200	150
应收账款 / 万元	14.8	99.8	172.5	199.5	125
订货金额 / 万元	0.900	2.620	1.152	1.486	1.176
累计金额 / 万元	15.700	102.420	173.652	200.986	126.176
累计金额 / 信用额度	98.13%	93.11%	96.47%	100.49%	84.12%

从比值可以看到，D 客户的累计金额与信用额的比值已经超过了 100%，所以可以判断该客户的订单为无效订单。

阅读材料 2，完成以下任务。

根据下列信息判断订单的有效性。累计应收账款与信用额的比值超过 100% 或者订单信息有误，可认为该订单为无效订单。对于伙伴型的客户，其信用额度可上浮

1%。公司在 2018 年 11 月开展促销活动，单日订单金额在 1000 ～ 1499 元的九折优惠，单日订单金额在 1500 ～ 1999 的八五折优惠，单日订单金额在 2000 元以上的八折优惠。采购订单数据见表 4-2-5。

表 4-2-5　采购订单数据

A 公司采购订单

订单编号：D20181013××××　　订货时间：2018.11.2

序号	商品名称	单位	单价 / 元	订购数量	金额 / 元	备注
1	可口发糕	箱	100	5	500	
2	婴儿尿不湿	箱	100	6	600	
3	大嫂什锦果味罐头	箱	100	4	400	
4	强人乳酸菌饮品草莓味 180mL	箱	50	2	100	
5	QQ 星营养果汁酸奶饮品草莓味 200mL	箱	50	2	100	
6	普利思饮用纯净水 550mL	箱	50	1	50	
7	可口可乐 300mL	箱	50	1	50	
8	雪碧 300mL	箱	50	1	50	
9	冰糖雪梨 500mL	箱	50	1	50	
	合计			23	1900	

B 公司采购订单

订单编号：D20181013××××　　订货时间：2018.11.2

序号	商品名称	单位	单价 / 元	订购数量	金额 / 元	备注
1	可口发糕	箱	100	4	400	
2	梦洋奶粉	箱	100	6	600	
3	兰陵王酒	箱	100	5	500	
4	QQ 星营养果汁酸奶饮品草莓味 200mL	箱	50	2	100	
5	普利思饮用纯净水 550mL	箱	50	1	50	
6	可口可乐 300mL	箱	50	1	50	
7	雪碧 330mL	箱	50	1	50	
	合计			20	1750	

C 公司采购订单

订单编号：D20181013××××　　订货时间：2018.11.2

序号	商品名称	单位	单价 / 元	订购数量	金额 / 元	备注
1	可口发糕	箱	100	5	500	
2	婴儿尿不湿	箱	100	1	100	
3	大嫂什锦果味罐头	箱	100	6	600	
4	雪碧 300mL	箱	50	1	50	

续表

序号	商品名称	单位	单价 / 元	订购数量	金额 / 元	备注
5	冰糖雪梨 500mL	箱	50	1	50	
6	康师傅饮用纯净水 550mL	箱	50	1	50	
7	可口可乐 500mL	箱	50	1	50	
8	强人乳酸菌饮品草莓味 180mL	箱	50	1	50	
9	QQ 星营养果汁酸奶饮品草莓味 200mL	箱	50	2	100	
	合计			19	1550	

D 公司采购订单

订单编号：D20181013××××　　订货时间：2018.11.2

序号	商品名称	单位	单价 / 元	订购数量	金额 / 元	备注
1	可口发糕	箱	100	5	500	
2	梦洋奶粉	箱	100	10	1000	
3	兰陵王酒	箱	100	8	800	
4	可口可乐 500mL	箱	50	2	100	
5	强人乳酸菌饮品草莓味 180mL	箱	50	2	100	
6	QQ 星营养果汁酸奶饮品草莓味 200mL	箱	50	2	100	
7	雪碧 300mL	箱	50	1	50	
8	冰糖雪梨 500mL	箱	50	1	50	
9	康师傅饮用纯净水 550mL	箱	50	2	100	
	合计			33	2800	

E 公司采购订单

订单编号：D20181013××××　　订货时间：2018.11.2

序号	商品名称	单位	单价 / 元	订购数量	金额 / 元	备注
1	可口发糕	箱	100	6	600	
2	婴儿尿不湿	箱	100	3	300	
3	梦洋奶粉	箱	100	3	300	
4	孔庙祈福橡皮擦	箱	50	2	100	
5	舒肤佳纯白清香型香皂 125 克	箱	50	2	100	
6	铅笔	箱	50	2	100	
7	舒肤佳活力运动型香皂 125 克	箱	50	2	100	
8	晨光露丝猫直尺	箱	50	2	100	
9	QQ 星营养果汁酸奶饮品草莓味 200mL	箱	50	1	50	
10	普利思饮用纯净水 550mL	箱	50	1	50	
11	可口可乐 300mL	箱	50	1	50	
	合计			25	1850	

续表

F 公司采购订单						
订单编号：D20181013××××				订货时间：2018.11.2		
序号	商品名称	单位	单价 / 元	订购数量	金额 / 元	备注
1	可口发糕	箱	100	6	600	
2	梦洋奶粉	箱	100	3	300	
3	孔庙祈福橡皮擦	箱	50	1	50	
4	舒肤佳纯白清香型香皂 125 克	箱	50	2	50	
5	铅笔	盒	50	1	50	
6	舒肤佳活力运动型香皂 125 克	箱	50	1	50	
7	晨光露丝猫直尺	箱	50	2	100	
8	QQ 星营养果汁酸奶饮品草莓味 200mL	箱	50	1	50	
9	普利思饮用纯净水 550mL	箱	50	1	50	
10	可口可乐 300mL	箱	50	1	50	
	合计			19	1350	

客户档案资料见表 4-2-6。

表 4-2-6　客户档案资料

客户档案（A 公司）							
客户编号	200302××××						
公司名称	A 公司				助记码	MF	
公司性质	民营	所属行业	零售	注册资金	300 万	经营范围	日用品、食品
信用额度	9 万元	忠诚度	一般	满意度	高	应收账款	8.85 万元
客户类型	普通			客户级别	B		
客户档案（B 公司）							
客户编号	200816××××						
公司名称	B 公司				助记码	MY	
公司性质	中外合资	所属行业	零售业	注册资金	3600 万	经营范围	食品、日用品
信用额度	10 万元	忠诚度	高	满意度	高	应收账款	9.95 万元
客户类型	伙伴型			客户级别	A		
客户档案（C 公司）							
客户编号				200403××××			
公司名称		C 公司		助记码		ML	
公司性质	民营	所属行业	零售业	注册资金	1200 万	经营范围	食品、办公用品
信用额度	150 万元	忠诚度	高	满意度	较高	应收账款	142 万元
客户类型		重点型		客户级别	A		

续表

客户档案（D 公司）							
客户编号	200304××××						
公司名称	D 公司				助记码	ML	
公司性质	中外合资	所属行业	商业	注册资金	100 万	经营范围	食品、办公用品
信用额度	5 万元	忠诚度	一般	满意度	较高	应收账款	4.5 万元
客户类型	普通型			客户级别	B		
备注：公司于每年 11 月 1 日—5 日盘点，盘点期间不收、发货物							
客户档案（E 公司）							
客户编号	200302××××						
公司名称	E 公司				助记码	MJ	
公司性质	中外合资	所属行业	商业	注册资金	1200 万	经营范围	日用品、食品
信用额度	200 万元	忠诚度	高	满意度	高	应收账款	199.8 万元
客户类型	子公司			客户级别	A		
客户档案（F 公司）							
客户编号	200908××××						
公司名称	F 公司				助记码	TC	
公司性质	国有	所属行业	商业	注册资金	400 万	经营范围	服装、食品
信用额度	15 万元	忠诚度	一般	满意度	一般	应收账款	13 万元
客户类型	普通型			客户级别	B		
客户档案（G 公司）							
客户编号	200901××××						
公司名称	G 公司				助记码	MLL	
公司性质	民营	所属行业	零售	注册资金	400 万	经营范围	食品、日用百货
信用额度	160 万元	忠诚度	较高	满意度	高	应收账款	152.5 万元
客户类型	重点型			客户级别	B		
客户档案（H 公司）							
客户编号	201240××××						
公司名称	H 公司				助记码	MCH	
公司性质	外资	所属行业	商业	注册资金	600 万	经营范围	食品、日用百货
信用额度	15 万元	忠诚度	一般	满意度	一般	应收账款	9.5 万元
客户类型	普通型			客户级别	B		

续表

客户档案（I 公司）							
客户编号	200908××××						
公司名称	I 公司				助记码	MX	
公司性质	国有	所属行业	商业	注册资金	400 万	经营范围	服装、食品
信用额度	15 万元	忠诚度	一般	满意度	一般	应收账款	13 万元
客户类型	普通型			客户级别	B		
客户档案（J 公司）							
客户编号	21005××××						
公司名称	J 公司				助记码	ML	
公司性质	民营	所属行业	零售	注册资金	200 万	经营范围	日用品、食品
信用额度	10 万元	忠诚度	一般	满意度	较高	应收账款	9.9 万元
客户类型	普通型			客户级别	C		

计算完毕后请扫码核对答案。

订单有效性分析答案

任务评价

学完本任务后结合自己学习情况，依指标进行评价，见表 4-2-7。

表 4-2-7 订单有效性分析

考核项目	评分标准	总分值	得分值
知识掌握	1. 订单含义 2. 有效订单含义 3. 无效订单的原因	30	
能力提升	1. 会进行有效订单的计算 2. 会解释无效订单的原因	40	
职业素养	1. 责任心 2. 沟通能力 3. 协作能力 4. 计划能力	30	
签字		总分（100 分）	

任务反思

（1）比赛中订单有效性根据累计金额与信用额度的比值来判断，有时候材料里会给出其他无效条件，比如订单数据有误，某客户处于盘点期不进行其他业务等。

（2）理解订单有效性含义，通过头脑风暴的方法分析可能存在的原因。

任务 3　库存分配及拣选

作为主管，你需要对一批待出库的订单进行处理，以更经济、快速地提升客户的体验。

工作内容

- 制订库存分配计划表。
- 制订拣选单。
- 制订拣选计划。

任务分析

依据出库分配计划对订单进行拣选设计需要考虑订单数量、客户优先权、拣选路线、拣选方式等。拣选方式有摘果式和播种式两种，各有千秋。

学习材料

材料 1　制订库存分配计划

根据下列信息，完成库存分配计划表。当累计收款超过信用额度的 15% 时，认为该订单是无效订单。

（一）客户资料

客户信息见表 4-3-1。

表 4-3-1　客户信息表

客户名称	客户信息								订货金额 / 元
A 客户	公司性质	合资	行业	商业	注册资金	100 万	经营范围	食品、办公用品	9000
	信用额度	16 万元	忠诚度	一般	满意度	较高	应收账款	14.8 万元	
	客户类型	普通型			客户级别	B			
B 客户	公司性质	民营	行业	零售	注册资金	200 万	经营范围	日用品、食品	26200
	信用额度	110 万元	忠诚度	高	满意度	高	应收账款	99.8 万元	
	客户类型	普通型			客户级别	B			
C 客户	公司性质	民营	行业	零售	注册资金	2000 万	经营范围	食品、日用百货	11520
	信用额度	180 万元	忠诚度	高	满意度	高	应收账款	172.5 万元	
	客户类型	重点型			客户级别	A			

续表

客户名称	客户信息								订货金额 / 元
D 客户	公司性质	中外合资	行业	商业	注册资金	1200 万	经营范围	日用品、食品	14860
	信用额度	200 万元	忠诚度	高	满意度	高	应收账款	199.5 万元	
	客户类型	母公司			客户级别	A			
E 客户	公司性质	中外合资	行业	零售	注册资金	3600 万	经营范围	食品、日用品	11760
	信用额度	100 万元	忠诚度	一般	满意度	较高	应收账款	125 万元	
	客户类型	普通型			客户级别	A			

（二）出库单据与库存信息

出库信息和库存见表 4-3-2。

表 4-3-2 出库信息和库存

A 客户采购订单

序号	商品名称	单位	单价 / 元	订购数量	金额 / 元
1	好娃娃薯片	箱	80	20	1600
2	蜂圣牌蜂皇浆冻干粉片	箱	260	6	1560
3	大王牌大豆酶解蛋白粉	箱	420	9	3780
4	利鑫达板栗	箱	240	4	960
5	休闲黑瓜子	箱	110	10	1100
	合计			49	9000

B 客户采购订单

序号	商品名称	单位	单价 / 元	订购数量	金额 / 元
1	蜂圣牌蜂皇浆冻干粉片	箱	260	20	5200
2	大王牌大豆酶解蛋白粉	箱	420	50	21000
	合计			70	26200

C 客户采购订单

序号	商品名称	单位	单价 / 元	订购数量	金额 / 元
1	大王牌大豆酶解蛋白粉	箱	420	12	5040
2	康师傅方便面	箱	160	14	2240
3	利鑫达板栗	箱	240	9	2160
4	蜂圣牌蜂皇浆冻干粉片	箱	260	8	2080
	合计			43	11520

续表

D 客户采购订单					
序号	商品名称	单位	单价 / 元	订购数量	金额 / 元
1	诚诚油炸花生仁	箱	180	24	4320
2	利鑫达板栗	箱	240	10	2400
3	大王牌大豆酶解蛋白粉	箱	420	8	3360
4	吉欧蒂亚干红葡萄酒	箱	300	9	2700
5	蜂圣牌蜂皇浆冻干粉片	箱	260	8	2080
	合计			59	14860

E 客户采购订单					
序号	商品名称	单位	单价 / 元	订购数量	金额 / 元
1	利鑫达板栗	箱	240	7	1680
2	蜂圣牌蜂皇浆冻干粉片	箱	260	11	2860
3	休闲黑瓜子	箱	110	6	660
4	金多多婴儿营养米粉	箱	400	8	3200
5	大王牌大豆酶解蛋白粉	箱	420	8	3360
	合计			40	11760

商品信息见表 4-3-3。

表 4-3-3　商品信息

序号	商品名称	包装规格（长 × 宽 × 高）/（mm×mm×mm）	单价 /（元 / 箱）	重量 /kg	库存数量 / 箱
1	休闲黑瓜子	595×395×375	110	21	15
2	康师傅方便面	595×325×330	160	3	18
3	大王牌大豆酶解蛋白粉	495×395×320	420	35	36
4	蜂圣牌蜂皇浆冻干粉片	395×295×275	260	16	30
5	诚诚油炸花生仁	395×245×265	180	30	28
6	利鑫达板栗	330×235×240	240	35	60
7	金多多婴儿营养米粉	295×245×240	400	18	32
8	吉欧蒂亚干红葡萄酒	460×260×230	300	16	18
9	好娃娃薯片	455×245×200	80	2	50

操作步骤如下：

第一、熟悉客户资料、出库信息表和库存信息。

要求：（1）学生分组，3 人一组。

（2）熟悉客户资料、出库信息表和库存信息。

库存分配计划讲解

第二、熟悉工作任务单。

要求：（1）教师下发任务单。

（2）组内讨论任务并制订工作计划。

第三、制定库存分配计划表。

要求：（1）完成客户优先权等级。

（2）完成订单有效性。

（3）制订库存分配计划表。

第四、老师点评总结。

具体实施步骤：

（1）订单有效性分析结果见表 4-3-4。

表 4-3-4 订单有效性分析结果

指标	A 客户	B 客户	C 客户	D 客户	E 客户
信用额度	6	10	180	200	100
应收账款	4.8	9.8	152.5	199.5	125
订货金额	0.900	2.620	1.152	1.486	1.176
欠款	5.700	12.420	153.652	200.986	126.176
欠款 / 信用额度	95.00%	124.20%	85.36%	100.49%	126.18%
		无效			无效

根据欠款 / 信用额度比值，B 客户和 E 客户均超过 15%，两家超市的订单按无效订单处理。

（2）客户优先权分析。对其他指标赋值，优先权分析结果见表 4-3-5。

表 4-3-5 优先权分析结果

指标	A 客户	B 客户	C 客户	D 客户	E 客户
忠诚度	0.3	0.3	0.7	0.7	0.3
满意度	0.4	0.6	0.6	0.6	0.6
客户类型	0.2	0.2	0.3	0.5	0.2
客户级别	0.3	0.3	0.7	0.7	0.3
总和	1.2	1.4	2.3	2.5	1.4
排序	4	3	2	1	3

此时 A 客户分值最小。如果将 B 客户和 E 客户排除后的库存量够用，则不需要考虑 A 客户的优先等级值。

（3）制订库存分配计划表，见表 4-3-6。

表 4-3-6　库存分配计划表

商品名称	库存	A 客户	C 客户	D 客户	订单总数	余下库存
休闲黑瓜子	15	10	0	0	10	5
康师傅方便面	18	0	14	0	14	4
蛋白粉	36	9	12	8	29	7
干粉片	30	6	8	8	22	8
花生仁	28	0	0	24	24	4
利鑫达板栗	60	4	9	10	23	37
营养米粉	32	0	0	0	0	32
红葡萄酒	18	0	0	9	9	9
好娃娃薯片	50	20	0	0	20	30

工作任务

根据下列信息，制定库存分配计划表。

客户采购订单数据见表 4-3-6，客户档案资料见 4-2-6，库存信息见表 4-3-7。

表 4-3-7　库存信息

序号	商品名称	单位	库存
1	可口发糕	箱	14
2	梦洋奶粉	箱	22
3	兰陵王酒	箱	32
4	婴儿尿不湿	箱	10
5	大嫂什锦果味罐头	箱	18

计算完毕后请核对答案。

库存分配计划答案

任务反思

（1）库存分配计划是按照有效订单和客户优先等级由高到低的顺序依次分配的，库存不足可以进行延期补货处理。

（2）分析客户优先权和订单有效性是首要工作，然后才可以完成库存分配计划。

（3）库存分配计划里包含散货和整箱货的分配。比赛中拣选单里只有整箱货的拣选。

材料 2　拣选作业方案设计

任务学习前，请先扫码学习。

拣选理论（上）　　拣选理论（下）

根据提供的信息对客户进行优先等级排序，进行拣选作业方案设计。假定安全库存量为 5 ～ 20。

（一）库存及有效订单信息

库存及有效订单信息见表 4-3-8。

表 4-3-8　库存及有效订单信息

已有库存	商品名称	A 客户	C 客户	E 客户
10	休闲黑瓜子	0	2	6
18	康师傅方便面	0	14	2
36	蛋白粉	9	12	8
30	干粉片	6	8	11
24	花生仁	7	0	5
60	利鑫达板栗	4	9	7
32	营养米粉	5	0	8
18	红葡萄酒	5	0	11
50	好娃娃薯片	20	12	12

（二）货物储位图

1. 货架布局图

货架布局如图 4-3-1 所示。

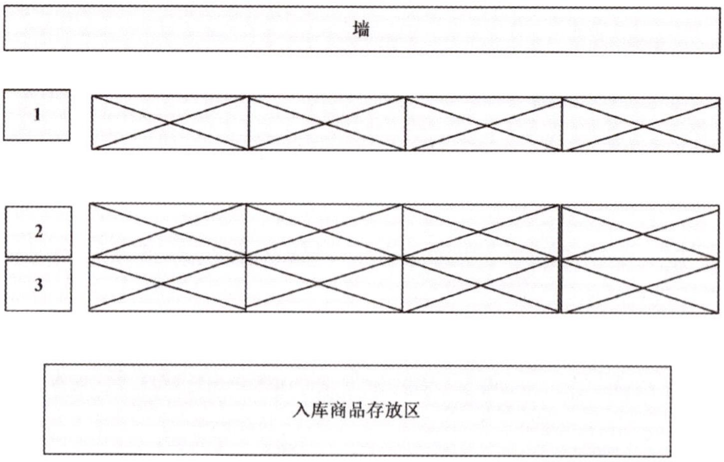

图 4-3-1　货架布局图

2. 存储图

货架存储如图 4-3-2 所示，其中商品名称后面的数据表示数量，阴影为入库的货物。

01010401 华龙拉面 10	01010402 休闲黑瓜子 10	01010403 干果 20	01010404 旺旺仙贝 11
01010301 泡面搭档 30	01010302 肉脯 11	01010303 双汇 Q 趣 40	01010304 洽洽瓜子 12
01010201 大豆油 5	01010202 康师傅方便面 8	01010203 干粉片 30	01010204 好娃娃薯片 30
01010101 蛋黄派 27	01010102 蛋黄派 27	01010103 可口可乐 34	01010104 可口可乐 32

（a）第 1 货架货物存储示意图

01020401 小王子麦烧 22	01020402 小王子麦烧 11	01020403 太太乐鸡精 24	01020404 太太乐鸡精 10
01020301 利鑫达板栗 50	01020302 旺仔小馒头 15	01020303 碎果冰 19	01020304 康师傅每日 C 25
01020201 营养快线 12	01020202 大豆油 18	01020203 麻油 25	01020204 旺仔牛奶 20
01020101 红葡萄酒 18	01020102 色拉油 12	01020103 蛋白粉 20	01020104 蛋白粉 16

（b）第 2 货架货物存储示意图

01030401 可吸果冻 21	01030402 可吸果冻 22	01030403 苏打饼干 12	01030404 苏打饼干 3
01030301 干脆面 32	01030302 苏打水 15	01030303 利鑫达板栗 10	01030304 榴莲糖 19
01030201 好娃娃薯片 20	01030202 营养米粉 12	01030203 营养米粉 20	01030204 康师傅方便面 10
01030101 花生仁 24	01030102 米酒 20	01030103 红牛 20	01030104 巧克力 12

（c）第 3 货架货物存储示意图

图 4-3-2 货架存储图

（三）补货单

补货单格式见表 4-3-9。

表 4-3-9　补货单

补货日期：					本单编号：		
项次	存放储位	品名	货品编号	货源储位	单位	请求数量	实发数量

操作步骤

1. 选择拣选方式

拣选方式有摘果式和播种式两种。

（1）摘果式。如果选用摘果式拣选方法则拣选单应按照订单所定的商品及数量分批次制定拣选单，在表格中应写出是哪个客户、具体时间、商品序号、商品名称、商品所在货位号以及拣选的数量。在最后要注明经手人。摘果式拣选单具体格式见表 4-3-10（以 E 客户为例，其他客户摘果式拣选类似）。

表 4-3-10　摘果式拣选

客户名称	E 客户	拣货时间　2019 年 5 月 8 日上午	
序号	商品名称	货位号	拣货数量
1	休闲黑瓜子	01010402	6
2	康师傅方便面	01010202	2
3	蛋白粉	01020103	8
4	干粉片	01010203	11
5	花生仁	01030101	5
6	利鑫达板栗	01030303	7
7	营养米粉	01030202	8
8	红葡萄酒	01020101	11
9	好娃娃薯片	01010204	12
经手人	×××		

注：根据 FIFO 原则，其中蛋白粉必须从 01020103 拣选。

（2）播种式。播种式拣选是按照商品来设计拣选单的。在对表 4-3-8 进行分析后可知，每种商品都至少有 2 个客户需要，所以可以设计出一个播种式拣选单。

播种式可以按时间来决定拣选批次。如果没有时间差异，则直接汇总每件商品的数量。在表格中应写出拣货的具体时间、商品序号、商品名称、商品所在货位号以及拣选的数量，最后要注明经手人。拣选单具体格式见表 4-3-11。

表 4-3-11 播种式拣选

拣货时间：2019 年 5 月 8 日上午				客户（月台）		
序号	商品名称	货位号	拣货数量	A 客户	C 客户	E 客户
1	休闲黑瓜子	01010402	8	0	2	6
2	康师傅方便面	01010202，01030204	16（6,10）	0	14	2
3	蛋白粉	01020103，0102014	29（20,9）	9	12	8
4	干粉片	01010203	25	6	8	11
5	花生仁	01030101	12	7	0	5
6	利鑫达板栗	01020301	20	4	9	7
7	营养米粉	01030203	13	5	0	8
8	红葡萄酒	01020101	16	5	0	11
9	好娃娃薯片	01010204，01030201	44（30,14）	20	12	12
经手人	×××					

2. 制订拣选作业计划

为了少走路程，选择 U 型路线。拣选作业计划中应写出具体时间、商品序号、商品名称、商品所在货位号以及拣选的数量。最后要注明经手人。具体格式见表 4-3-12（按照播种式设计）。

表 4-3-12 拣选作业计划

拣货时间：2019 年 5 月 8 日上午				
序号	商品名称	货位号	拣货数量	备注
1	花生仁	01030101	12	余 12 归位
2	好娃娃薯片	01030201	14	余 6 归位
3	营养米粉	01030203	13	余 7 归位
4	康师傅方便面	01030204	10	整托下
5	蛋白粉	0102014	9	余 7 归位
6	蛋白粉	01020103	20	整托下
7	红葡萄酒	01020101	16	余 2 归位
8	利鑫达板栗	01020301	20	余 30 归位
9	康师傅方便面	01010202	6	余 2 归位
10	休闲黑瓜子	01010402	8	余 2 归位
11	干粉片	01010203	25	余 5 归位
12	好娃娃薯片	01010204	30	整托下
经手人	×××			

工作任务

根据下列信息资料，按照减少拣选次数、优化拣选路径、缩短拣选时间、注重效率的思路制订拣选作业计划，并说明理由。

（一）货位存储图

货位存储如图 4-3-3 所示，商品名称后面的数据表示数量，阴影为入库的货物。

01010401 华龙拉面	01010402 乐事薯片 10	01010403 干果	01010404 旺旺仙贝 11
01010301 泡面搭档 30	01010302 肉脯	01010303 双汇 Q 趣 40	01010304 洽洽瓜子
01010201 大豆油 5	01010202 巧克力 27	01010203 百事可乐 34	01010204 娃哈哈纯净水 16
01010101 蛋黄派 47	01010102 蛋黄派 27	01010103 可口可乐 34	01010104 可口可乐 32

（a）第 1 货架货物存储示意图

01020401 小王子麦烧	01020402 小王子麦烧	01020403 太太乐鸡精	01020404 太太乐鸡精
01020301 旺仔小馒头 26	01020302 旺仔小馒头 4	01020303 碎果冰 19	01020304 康师傅每日 C 25
01020201 大豆油 18	01020202 橄榄油 18	01020203 麻油	01020204 旺仔矿泉水 20
01020101 营养快线	01020102 色拉油	01020103 旺仔牛奶 19	01020104 旺仔牛奶 30

（b）第 2 货架货物存储示意图

01030401 可吸果冻	01030402 可吸果冻	01030403 苏打饼干	01030404 苏打饼干
01030301 干脆面	01030302 苏打水	01030303 榴莲糖	01030304 榴莲糖
01030201 农夫果园	01030202 康师傅冰红茶（大）20	01030203 优乐美奶茶 12	01030204 巧克力 20
01030101 老山蜂蜜 35	01030102 米酒	01030103 红牛	01030104 可口可乐 12

（c）第 3 货架货物存储示意图

图 4-3-3　货架存储图

（二）货架布局图

货架布局如图 4-3-2 所示。

（三）出库单信息

出库单见表 4-3-13。

表 4-3-13　出库单

序号	商品名称	华丰店	果美店	苏苏店	旺旺店
1	可口可乐	20	12	18	22
2	巧克力	15	9	0	13
3	蛋黄派	16	15	20	16
4	老山蜂蜜	9	10	6	0
5	旺仔小馒头	6	0	0	0
6	优乐美奶茶	3	0	0	0
7	旺仔牛奶	8	13	12	12
8	大豆油	0	7	8	6
9	乐事薯片	0	0	0	3
10	旺旺仙贝	0	0	0	0
11	双汇 Q 趣	0	0	0	4
12	康师傅每日 C	0	5	0	0
13	泡面搭档	6	0	7	5
14	康师傅冰红茶（大）	0	0	4	0
15	碎果冰	0	0	8	0
16	娃哈哈纯净水	0	0	0	6

计算完毕后请核对答案。

拣选答案

任务评价

学完本任务后结合自己学习情况，依指标进行评价，见表 4-3-14。

表 4-3-14 评价表

考核项目	评分标准	总分值	得分值
知识掌握	1. 库存分配计划表的含义 2. 拣选单与拣选作业计划的区别 3. 摘果式和播种式的区别	30	
能力提升	1. 会进行库存分配计划表制定 2. 会进行拣选单设计 3. 会进行拣选作业计划设计	40	
职业素养	1. 责任心 2. 沟通能力 3. 协作能力 4. 计划能力	30	
签字		总分（100 分）	

任务反思

（1）在比赛或考试中，拣选方式有以下考虑因素：摘果式拣选单依据每个客户进行设计，播种式拣选单依据商品进行设计。一般选择既有摘果式又有播种式的混合拣选方法，首先考虑商品，然后可以按照客户进行摘果式拣选。

（2）拣选计划设计首先要遵循物流的基本原则：FIFO 原则、释放货位原则、保质期短的商品优先出库原则。

（3）如果客户或者考试比赛中有明确要求，需要按照要求执行拣选计划。比如批次不同的商品按照要求可能优先出最后入库的商品，虽然按照物流的原则应该先出某一批次的同一商品，但此时应先考虑客户或比赛要求。

（4）要求小组总结出拣选的不同方式、特点及应用场所，并能设计出具体的题目。

（5）随着技术的进步，拣选设备越来越先进，货到人和多货位同时拣选技术越来常见。选择拣选方法的基本原则是 FIFO（同一批次的商品遵从先进先出的原则）、订单合并（对于不同货位的同一批次的同类型货物按照播种式进行一次拣选，然后播种到各客户）、LIFO（指生产日期较长时间的商品优先拣选）、释放货位（将不同货位同类型货物数量较少的优先拣选出库）等。

示例：如图 4-3-4 所示为货到人立体货架存储图，每货位库存 10 单位。1 ～ 2 列、3 ～ 4 列间各有一台高速垂直工作的收集车，接收每层台车从各层货位取到的货物，多余的货物会通过轨道由收集车送回对应的货位。根据出库单设定拣选单和拣选计划。

出库订单见表 4-3-15。

商品名称	葵花阳光米	娃哈哈有机水	娃哈哈有机奶	康佳蛋白粉
货位号	J01-01-07-01	J01-01-07-02	J01-01-07-03	J01-01-07-04
库存数量	10	10	10	10
剩余保质期（天）	52	48	52	60
商品名称	康佳蛋白粉	康师傅咖啡（大）	娃哈哈有机奶	怡然话梅糖
货位号	J01-01-06-01	J01-01-06-02	J01-01-06-03	J01-01-06-04
库存数量	10	10	10	10
剩余保质期（天）	120	50	52	50
商品名称	婴儿纸尿裤	葵花阳光米	开心饼干	婴儿睡裤
货位号	J01-01-05-01	J01-01-05-02	J01-01-05-03	J01-01-05-04
库存数量	10	10	10	10
剩余保质期（天）	100	120	40	50
商品名称	康师傅咖啡（大）	娃哈哈有机水	娃哈哈有机奶	康佳蛋白粉
货位号	J01-01-04-01	J01-01-04-02	J01-01-04-03	J01-01-04-04
库存数量	10	10	10	10
剩余保质期（天）	70	48	100	60
商品名称	农夫金酒	顺心奶嘴	葵花阳光米	开心饼干
货位号	J01-01-03-01	J01-01-03-02	J01-01-03-03	J01-01-03-04
库存数量	10	10	10	10
剩余保质期（天）	190	100	68	5
商品名称	开心饼干	娃哈哈有机水	怡然话梅糖	婴儿纸尿裤
货位号	J01-01-02-01	J01-01-02-02	J01-01-02-03	J01-01-02-04
库存数量	10	10	10	10
剩余保质期（天）	55	48	40	130
商品名称	婴儿纸尿裤	康师傅咖啡（大）	娃哈哈有机水	开心饼干
货位号	J01-01-01-01	J01-01-01-02	J01-01-01-03	J01-01-01-04
库存数量	10	10	10	10
剩余保质期（天）	90	40	90	5

图 4-3-4　货到人立体货架存储图

表 4-3-15　出库订单

商品名称	A 超市	B 超市	C 超市	总数
葵花阳光米	7	3	5	15
娃哈哈有机水	2	2	2	6
娃哈哈有机奶	3	3	4	10

续表

商品名称	A 超市	B 超市	C 超市	总数
康佳蛋白粉	4			4
农夫金酒		3		3
康师傅咖啡（大）	12	25	18	55
婴儿纸尿裤	3	6		9
开心饼干			12	12
美心蜂蜜		7		7
怡然话梅糖	3	6	5	14
顺心奶嘴	8			8
婴儿纸尿裤		5		5

分析出库订单后可以知道，粗体部分的货物仅一家超市需要，可以摘果式拣选，其他货物是播种式拣选。同时考虑上述的拣选原则，制定的播种拣选单和摘果式拣选单见表 4-3-16 和表 4-3-17。

表 4-3-16　播种式拣选单

商品名称	A 超市	B 超市	C 超市	总数	货位	备注
葵花阳光米	7	3	5	15	J01-01-07-01（10）、J01-01-03-03（5）	
娃哈哈有机水	2	2	2	6	J01-01-02-02（6）	
娃哈哈有机奶	3	3	4	10	J01-01-06-03（10）	
康师傅咖啡（大）	12	25	18	55	J01-01-01-02（10）、J01-01-01-06（10）、J01-01-06-02（10）、J01-01-04-01（10）、J01-01-04-06（10）	缺 5 延期补货
婴儿纸尿裤	3	6		9	J01-01-01-01（9）	
怡然话梅糖	3	6	5	14	J01-01-02-03（10）、J01-01-06-04（4）	

表 4-3-17　摘果式拣选单

商品名称	A 超市	B 超市	C 超市	总数	货位	备注
康佳蛋白粉	4			4	J01-01-03-06（4）	
农夫金酒		3		3	J01-01-03-01（3）	
开心饼干			12	12	J01-01-05-03（10）	缺 2 延期补货
美心蜂蜜		7		7	J01-01-06-05（7）	
顺心奶嘴	8			8	J01-01-03-02（8）	
婴儿纸尿裤		5		5	J01-01-01-01（5）	

任务 4　路线优化设计

节约里程法是配送路线优化设计中常用的方法，使用该方法可以较好地减少车辆行走距离，最大程度地提升货物配送速度和客户服务水平。

工作内容

- 会进行路线优化设计。
- 会计算节约里程。
- 会计算节约成本。

任务分析

按照节约里程法的计算过程，在 Excel 表里计算最短距离、节约历程、降序、绘制配送路线后，就可以计算节约里程和最短节约成本。

学习材料

材料 1　节约里程法的原理

选择送货路线的方法有多种，可根据客户所需货物、配送中心站点及交通路线的不同而选用不同的方法。选择单一配送中心的送货路线可采用节约里程法，而选择多个配送中心的送货路线可运用运筹学中的线性规划方法，如最短路径法、表上作业法、图上作业法等。

节约里程法的基本原理是两边之和大于第三边，如图 4-4-1 和图 4-4-2 所示。

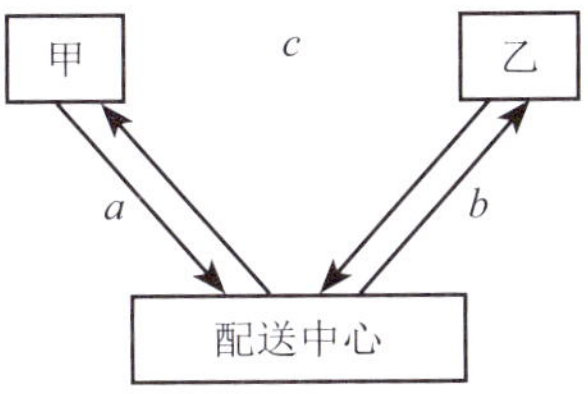

图 4-4-1　配送路线 1

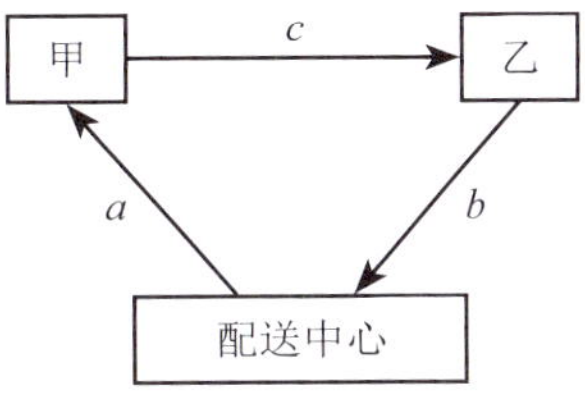

图 4-4-2　配送路线 2

由图 4-4-1 可得配送距离 $L=2a+2b$，图 4-4-2 可得配送距离为 $S=a+b+c$。两种配送方式的距离差值为 $\Delta=L-S=a+b-c$。由三角形的性质可知 Δ 值大于零，Δ 的含义是采用第一种配送方式行走的距离与第二种配送方式车辆行走的距离之差，也表示节约了 Δ 值的距离。如果各线路的单位运输费用相同，那么配送距离短的路线节约的成本最优。

如果给数个客户进行配送时，应首先计算包括配送中心在内的相互之间的最短距离，然后计算各客户之间的可节约的运行距离，按照节约运行距离的大小顺序连接各配送地并设计出配送路线。

示例如图 4-4-3 所示：P 为配送中心点，假设 PA=5，PB=6，AB=7（单位：km），注意 PA、PB、AB 为两点间的最短距离。则 P-A-B 这个路线节约的历程数为 Δ=5+6−7=4。

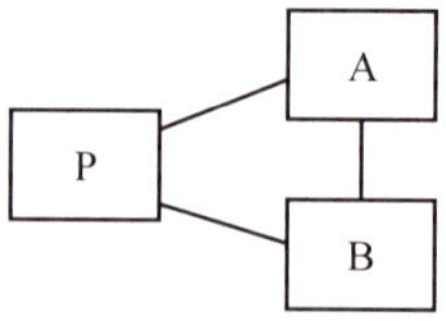

图 4-4-3　示例

阅读材料 1，回答以下问题。

（1）如图 4-4-3 所示，如果 PA=9，PB=7，AB=10，则 P-A-B 路线节约里程为 ______________。

（2）如果 AB 公路维修无法通行，则 P-A-B 路线配送里程为 ______________。

（3）如果车辆行驶平均速度为 50km/h，则 P-A-B 路线可节约时间 ______________；如果每小时的成本为 200 元，则 P-A-B 路线可节约成本 ________________________。

扫码看答案。

节约里程法原理答案

材料 2　节约里程法的计算

设配送中心向 7 个客户配送货物，其配送路线网络、配送中心与客户的距离以及客户之间的距离如图 4-4-4 所示，图中括号内的数字表示客户的需求量（单位：t），线路上的数字表示两结点之间的距离（单位：km），现配送中心有 2 台 4t 卡车和 2 台 6t 卡车两种车辆可供使用。试用节约里程法制订最优的配送方案。

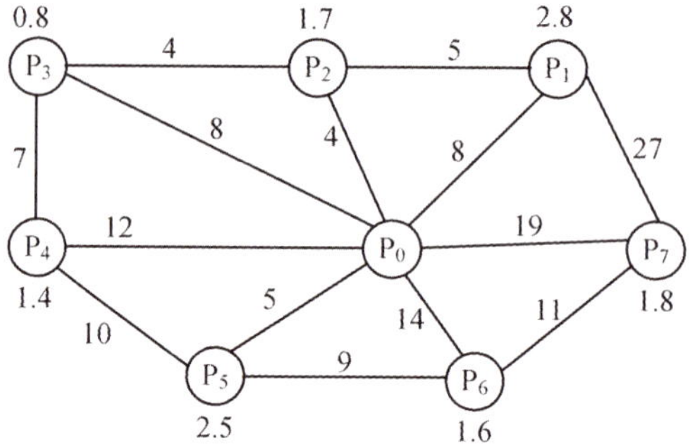

图 4-4-4　节约里程法示例

先看视频学习。

配送路线优化讲解（上）　　配送路线优化讲解（下）

操作步骤如下：

第一、熟悉相关信息。

要求：（1）学生分组，3 人一组。

（2）熟悉节约里程法。

第二、分析工作任务。

要求：（1）教师下发任务单。

（2）讨论任务并制订工作计划。

第三、绘制里程表和节约里程表。

第四、老师点评总结。

具体实施步骤：

（1）计算各个点之间的相互最短距离。节约里程法计算步骤一见表 4-4-1。

表 4-4-1　节约里程法计算步骤一

P_0							
8	P_1						
4	5	P_2					
8	9	4	P_3				
12	16	11	7	P_4			
5	13	9	13	10	P_5		
14	22	18	22	19	9	P_6	
19	27	23	27	30	20	11	P_7

（2）计算各个点之间的相互节约行程。

节约里程法计算步骤二见表 4-4-2。

表 4-4-2　节约里程法计算步骤二

P_0							
8	P_1						
4	5（7）	P_2					
8	9（7）	4（8）	P_3				
12	16（4）	11（5）	7（13）	P_4			
5	13（0）	9（0）	13（0）	10（7）	P_5		
14	22（0）	18（0）	22（0）	19（7）	9（10）	P_6	
19	27（0）	23（0）	27（0）	30（1）	20（4）	11（22）	P_7

（3）对节约行程进行由大到小的排序。节约里程法计算步骤三见表 4-4-3。

表 4-4-3　节约里程法计算步骤三

序号	路线	节约里程 /km	序号	路线	节约里程 /km
1	P_6P_7	22	7	P_4P_5	7
2	P_3P_4	13	8	P_1P_2	7

续表

序号	路线	节约里程 /km	序号	路线	节约里程 /km
3	P_5P_6	10	9	P_2P_4	5
4	P_2P_3	8	10	P_1P_4	4
5	P_1P_3	7	11	P_5P_7	4
6	P_4P_6	7	12	P_4P_7	1

（4）配送路线选择。依据车辆的载重量（4t 和 6t），计算需求量，可以得到 P_0-P_2-P_3-P_4-P_0 的需求总量为 3.9t，派一辆 4t 车。P_0-P_5-P_6-P_7-P_0 的需求总量为 5.9t，派一辆 6t 的车辆。P_0-P_1 的需求总量为 2.8t，派一辆 4t 车辆。配送路线选择结果如图 4-4-5 所示。

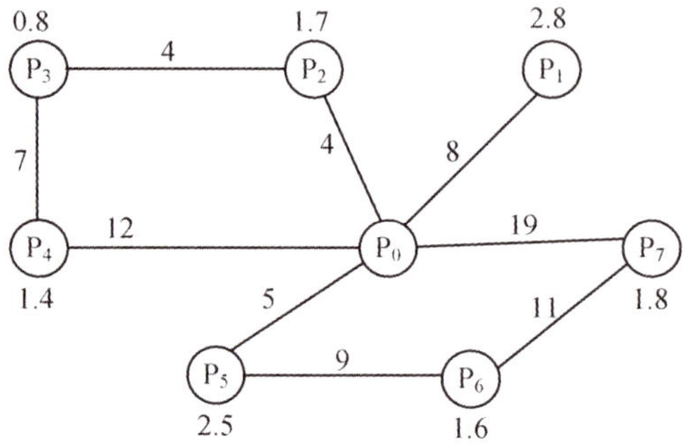

图 4-4-5　配送路线选择结果

阅读材料 1，完成以下任务。

（1）设配送中心向 5 个客户配送货物，其配送路线网络、配送中心与客户的距离以及客户之间的距离如图 4-4-6 所示，图中括号内的数字表示客户的需求量（单位：t），线路上的数字表示两节点之间的距离（单位：km），现配送中心有 3 台 2t 卡车和 2 台 4t 卡车两种车辆可供使用。试用节约里程法制订最优的配送方案。

配送原始图如图 4-4-6 所示。

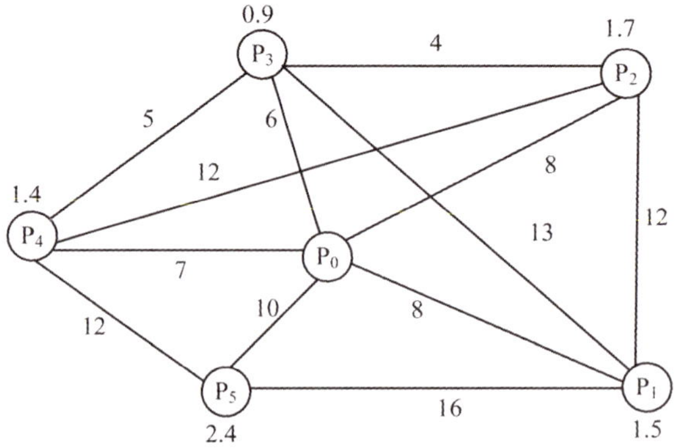

图 4-4-6　配送原始图

里程表见表 4-4-4。

表 4-4-4　里程表

P_0					
8	P_1				
8	12	P_2			
6	13	4	P_3		
7	（B1）	（B2）	5	P_4	
10	16	18	16	12	P_5

请填写：B1=________；B2=________。

车辆成本见表 4-4-5。

表 4-4-5　车辆成本

车型	固定费用 / 元	每公里空载油耗 / 元	每公里满载油耗 / 元
2t	40	0.2	0.8
4t	80	0.4	1.5

（2）某配送中心 P 将于次日向华联（A）、超市发（B）、福德（C）、京客隆（D）、物美（E）、美廉美（F）、程德（G）、威德（H）、凯德（I）9 家公司配送货物，如图 4-4-7 所示。图中连线上的数字表示公路里程（km），靠近各公司括号内的数字表示各公司对货物的需求量（t）。配送中心备有 2t 和 4t 载重量的汽车可供使用，且配送车辆一次逆时针巡回里程不超过 35km。设送到时间均符合用户要求，试用节约里程法制订最优的配送方案。配送中心在向有效客户配送货物过程中每小时平均支出成本为 250 元，假定卡车行驶的平均速度为 40km/h，试比较优化后的方案比往返向各客户分送可节约多少费用？

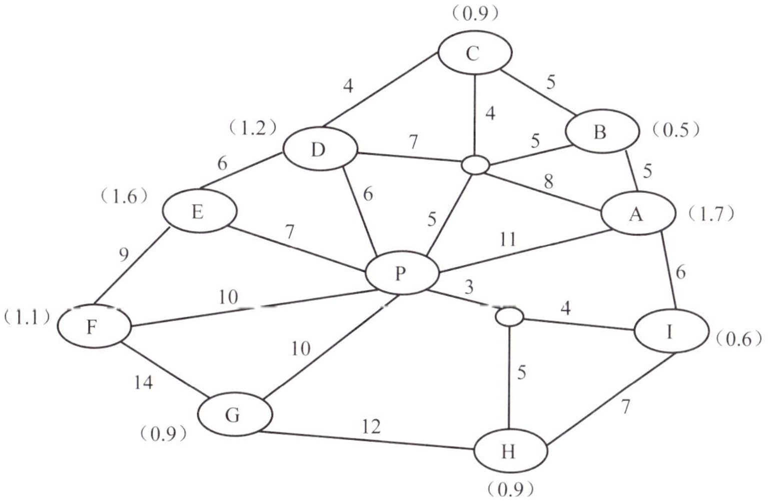

图 4-4-7　配送方案

完成后扫码对照答案。

（1）答案　　（2）答案

任务评价

学完本任务后结合自己学习情况，依指标进行评价，见表 4-4-6。

表 4-4-6　路线优化评价指标

考核项目	评分标准	总分值	得分值
知识掌握	1. 节约里程法的工作原理 2. 配送顺序的意义 3. 配送路线结果的理解	30	
能力提升	1. 会数据处理里程 2. 会节约里程计算 3. 会配送路线选择	40	
职业素养	1. 责任心 2. 沟通能力 3. 协作能力 4. 计划能力	30	
签字		总分（100分）	

任务反思

（1）车辆路线一般是顺时针或逆时针的方向，因为涉及车辆配装的顺序，即先到的客户后装，后到的客户先装。

（2）每辆车优化前后路线节约里程即除配送中心外的其他连接点间的优化距离之和。如图 4-4-5 所示，P_0-P_2-P_3-P_4-P_0 这条路线的优化的距离为 $P_2P_3+P_3P_4=8+13=21$（km）。

任务 5　配装配载设计

作为仓库主管，你需要将拣选到月台上的货物配装配载到车辆上的方案设计出来，已知车辆信息、货物信息、客户信息等。

工作内容

- 了解车辆商品等信息。
- 绘制配装配载图。

任务分析

车辆配装、配载需要确定货物装车顺序，确定各客户货物搭配；容重配装需要选择并列出计算方式，确定合理配装货物数量。

学习材料

材料 1　月台

月台是指装卸货场所修建的装卸货平台，借助月台，搬运叉车能够安全、快速地进出运输车辆进行装卸货作业。

通常月台上会安装月台调节板，调节月台与运输车辆之间连接浮桥的高度，以避免月台高度与来往运输车厢的厢地高度的高度落差或间隙，造成搬运叉车不能进出的现象。

出库时货物一般码放在托盘上，便于提高作业效率，也有的直接按照店铺或者客户要求码放在地面上。码放时要注意月台要按照编号与配送客户对应，并将客户货物放到对应的月台；货物不能倒置或超过限制层数。

扫码学习有关月台的知识。

月台学习

阅读材料 1，回答下列问题。

1．下列描述正确的有（　　）。

A．月台代表客户，常将月台进行编号以对应某个客户

B．月台上常使用升降平台

C．月台上可以码放不同客户的商品

D．月台上货物可以随意摆放

2．下列描述正确的是（　　）。

A．影响月台数量的影响因素有货物吞吐量、季节物流量的多少等

B．月台形式常见有锯齿型和直线型

C．月台的规格和车辆类型、库房大小等有关系

D．月台侧面正对通道处不常安装防撞装置

材料 2　配装配载知识

（一）配送车辆积载的原则

配送车辆一般为中小型货柜车，配送的货物有轻泡货和重货，装车时既要考虑车辆的载重量，又要考虑车辆的容积，尽可能使配送车辆满载，降低成本。

在明确了客户的配送顺序后，接着就是车辆积载的问题，为了提高配送效率、降低配送成本和减少货损货差，车辆积载应遵循如下原则。

（1）装车的顺序：先送后装。
（2）轻重搭配：重不压轻。
（3）大小搭配：大不压小。
（4）货物性质搭配（三一致原则）。
（5）到达同一地点的适合配载的货物应尽可能一次积载。
（6）确定合理的堆码层次与方法。
（7）积载时不允许超过车辆所允许的最大载重量。
（8）积载时车厢内货物重量应分布均匀。
（9）应防止车厢内货物之间碰撞、相互玷污。

（二）车辆配载的手工计算方法

$$\begin{cases} W_A + W_B = W \\ W_A \times R_A + W_B \times R_B = V \end{cases}$$

式中，两种货物的配装重量为 W_A、W_B，质量体积分别为 R_A、R_B，则

$$W_A = \frac{V - W \times R_B}{R_A - R_B}, \quad W_B = \frac{V - W \times R_A}{R_B - R_A}$$

（三）装车堆积方式

装车堆积方式有：
（1）行列式堆码方式。
（2）直立式堆码方式。
堆积应注意的事项：
（1）堆码方式要有规律、整齐。
（2）堆码高度不能太高。
（3）货物在横向不得超出车厢宽度。
（4）重货在下，轻货在上，大小搭配。
（5）先卸车的货物后码放。
扫码学习。

配装配载学习（上）　　配装配载学习（下）

阅读材料 2，回答下列问题。

1．轻货与重货的区别是什么？

2．车辆装载的规则有哪些？

3．车辆实载率的含义及提高的方法有哪些？

材料 3　配装配载方案制作

依据货物信息、配送路线和车辆尺寸信息画出车辆配装配载图。

（一）货物信息

货物信息如表 4-5-1 所列。其中美廉美、京客隆和物美均为客户。

表 4-5-1　货物信息

序号	货品名称	尺寸 /（mm × mm × mm）	月台一	月台二	月台三
			美廉美	京客隆	物美
1	娃哈哈有机奶	360×240×180	2	2	4
2	康师傅咖啡（大）	370×190×220	1	1	2
3	葵花阳光米	353×235×180	3	4	1
4	可乐年糕	353×235×180	4	2	2
5	达利园岩层矿物质营养液	448×276×180	1		3
6	婴儿睡裤	333×249×180		4	4
7	折板箱	600×400×150	2	2	1

（二）配送路线

配送路线如图 4-5-1 所示，P-E-D-C-P，也即京客隆（C）、美廉美（D）、物美（E）。

（三）车辆尺寸信息

车厢内尺寸：长 1.37m、宽 0.90m、高 0.90m。

操作步骤如下：

第一、熟悉相关信息。

要求：（1）学生分组，3 人一组。

（2）熟悉货物、配送路线、车辆等信息。

（3）讨论货物装载方式和原则。

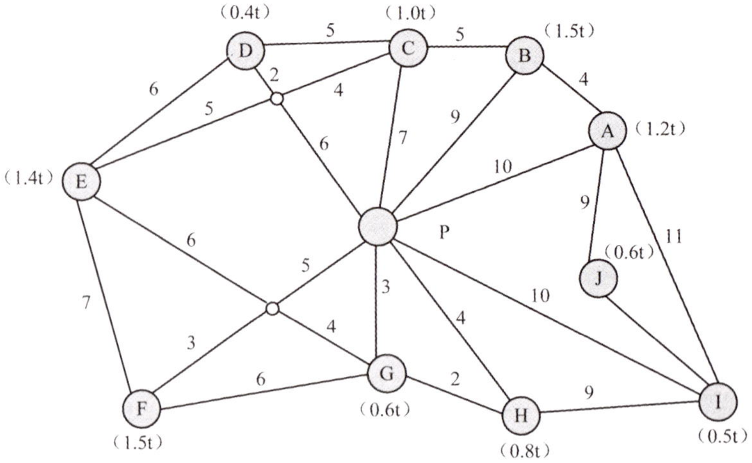

图 4-5-1　配送路线图

第二、分析工作任务。

要求：(1) 教师下发任务单。

(2) 讨论任务并制订工作计划。

第三、计算货物质量和容积。

第四、绘制货物装载图。

第五、老师点评总结。

具体实施步骤：

(1) 计算货物的总质量和总体积。

(2) 比较车辆的总体积和额定载重量是否均超过货物的体积和重量。

(3) 绘制货物配装配载图。货物装载图如图 4-5-2 所示。

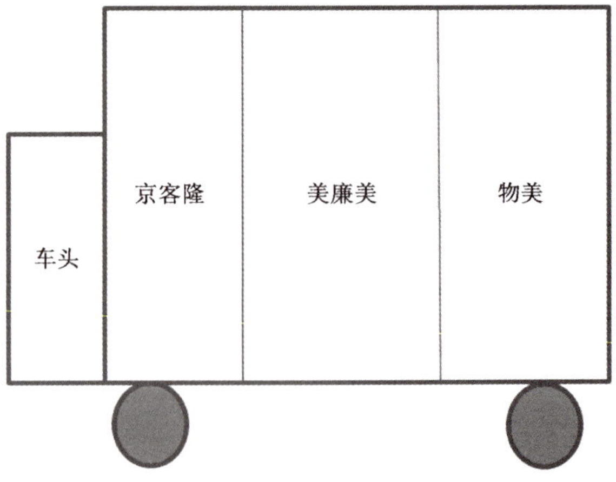

图 4-5-2　货物装载图

配装配载图仅需绘制装载客户的顺序即可。为了保证在比赛中能顺利装载货物，还需要绘制具体的货物积载图，如图 4-5-3 所示。

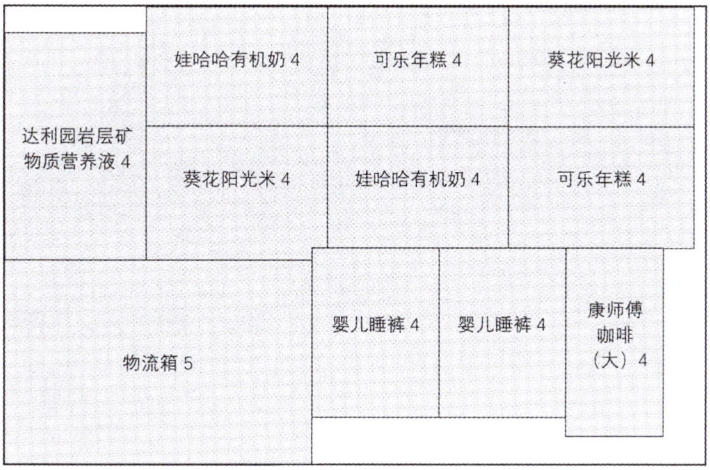

图 4-5-3　货物积载图

阅读材料 3，依据要求完成下列任务。

根据下列信息，完成配装配载方案。

1. 货物信息

货物信息见表 4-5-2。其中热火、骑士和黄蜂均为客户。

表 4-5-2　货物信息

序号	商品名称	尺寸 /（mm×mm×mm）	热火	骑士	黄蜂
1	广合腐乳	586×378×180	5		
2	洽洽焦糖瓜子	353×235×180	2	3	2
3	卫龙拉面小丸子	353×235×180	2		
4	顺心奶嘴	448×276×180		9	
5	百利沙拉酱	353×235×180		2	
6	婴儿湿巾	498×333×180			5
7	达利园手撕面包	353×235×180			1
8	物流折板箱	600×400×150	2	1	1

2. 配送路线

配送路线如图 4-5-4 所示，P-E-D-C-P，也即热火（C）、骑士（D）、黄蜂（E）。

3. 车辆尺寸信息

车厢内尺寸：长 1.37m、宽 0.90m、高 0.90m。

答案扫码观看。

配装配载答案

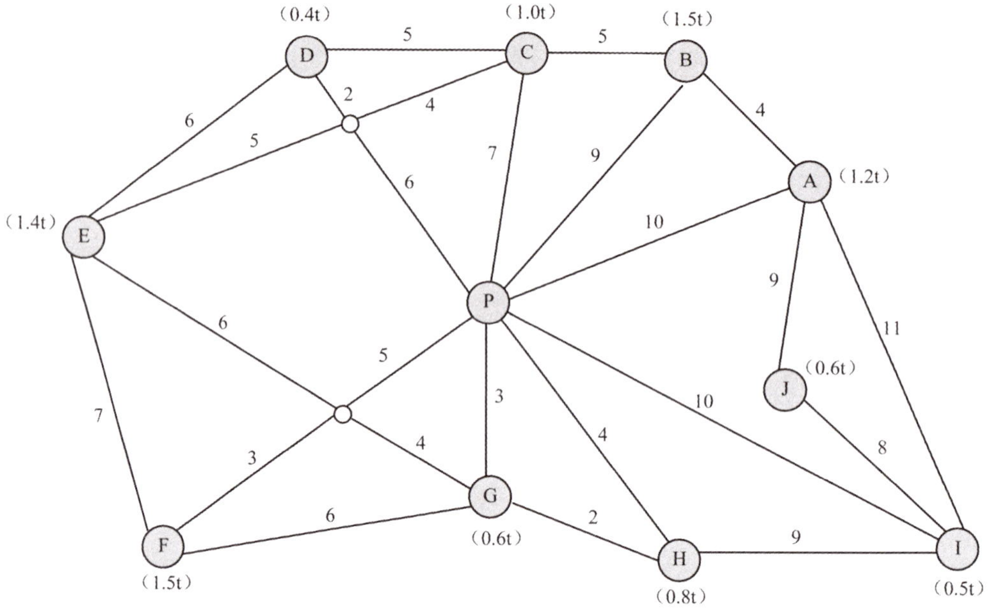

图 4-5-4　配送路线图

任务评价

学完本任务后结合自己学习情况，依指标进行评价，见表 4-5-3 所示。

表 4-5-3　配装配载评价指标

考核项目	评分标准	总分值	得分值
知识掌握	1. 路线优化工作原理 2. 节约里程法的计算过程 3. 配装配载原理	30	
能力提升	1. 会节约里程法计算 2. 会进行配装配载设计	40	
职业素养	1. 责任心 2. 沟通能力 3. 协作能力 4. 计划能力	30	
签字		总分（100 分）	

任务反思

（1）具体的货物积载图考虑车辆尺寸合理码放，高度要留约 50mm 余量。

（2）装载时不需要考虑限层。

相关学习资源

1. 教材

[1] 中国物流行业岗位规范指导丛书编委会. 物流企业仓储作业岗位管理 [M]. 北京：中国海关出版社，2008.

[2] 田源，张文杰. 仓储规划与管理 [M]. 北京：清华大学出版社，2009.

[3] 王晶. 基于协调优化与区域划分的应急物资储备问题研究 [M]. 北京：知识产权出版社，2012.

[4] 王爱霞. 商品堆码与理货技术 [M]. 北京：中国物资出版社，2011.

[5] 叶玲玲. 仓库保管实务与实训 [M]. 北京：北京师范大学出版社，2011.

[6] 郎茂祥. 配送车辆优化调度模型与算法 [M]. 北京：电子工业出版社，2009.

[7] 李军，郭耀煌. 物流配送车辆优化调度理论与方法 [M]. 北京：中国物资出版社，2001.

2. 论文

[1] 周晓光，许晓燕. 基于优先级表的自动化立体仓库出库作业调度研究 [J]. 起重运输机械，2006（4）：56-59.

[2] 朱杰，周丽，郭键. 分类存储人工拣选随机服务系统效率研究 [J]. 管理科学学报，2012（2）：59-71.

[3] 解明果. 基于 EIQ 分析法的拣选策略运用 [J]. 物流科技，2011（2）：74-76.

[4] 吴春涛，谢琴. 物流中心拣选作业能力核算分析 [J]. 郧阳师范高等专科学校学报，2011（3）：64-66.

[5] 车小原，金吕. 拆零拣选系列连载——摘果式和播种式的比较 [J]. 物流技术与应用，2010（8）：112-115.

[6] 张琴，王保升. 瓦楞纸箱堆码性能分析 [J]. 包装工程，2011，32（17）：47-51.

3. 国内电子资源

[1] http://wenku.baidu.com/view/66a901a00029bd64783e2c78.html

[2] http://doc.mbalib.com/view/6496186a338b81fcb77b13b868cf4c38.html

[3] http://wenku.baidu.com/view/3f326c315a8102d276a22f53.html

[4] http://baike.baidu.com/view/1293584.htm

[5] http://wenku.baidu.com/view/92ac4c3343323968011c9258.html

[6] http://baike.baidu.com/view/1380481.htm

[7] http://wenku.baidu.com/view/6e286d1ca8114431b90dd82e.html

[8] http://wenku.baidu.com/view/f5595f282af90242a895e558.html

项目五　储配综合实训

知识目标

- 熟悉仓储设施设备。
- 掌握仓储设备使用特点。
- 掌握储配方案设计要点。

能力目标

- 会操作地牛等仓储设备。
- 会进行储配库方案设计。
- 会依据方案进行设施。

素养目标

- 能主动有效地完成工作。
- 能与其他成员友好协作。

项目情境

全国职业技能大赛智慧物流作业方案设计与实施赛项以物流企业岗位需求为导向，强化业务处理流程；以智慧物流作业方案设计为主线，从布局、采购、运输、仓储、配送、信息化处理等工作流程方面考察选手在业务处理、成本核算及安全隐患处理、业务管理与规划的能力；重点考核选手应对异常情况和突发事件的现场应变能力和整体统筹把控的精益化管理能力。

素养教育

- 不值得定律。

不值得定律

扫码阅读材料，回答下列问题。

- 谈谈你对此的看法。

____

____

- 对你的生活有什么重要意义？

____

____

任务 1　地牛操作实训

地牛和叉车是物流行业使用最普遍的设备，熟练操作这些设备对提升作业效率、降低企业运营成本具有十分重要的意义。因为叉车属于特殊的物流设备，必须持有叉车驾驶证的专业人员才可以操作。本任务重点介绍地牛和半电动叉车(教学用)的使用。

工作内容

- 地牛和叉车的基本机构。
- 地牛和叉车的操作要领。
- 地牛和叉车的安全维护。

任务分析

地牛和半电动叉车的使用中需要注意设备的额定工作载荷、使用方法和维护保养措施，以便保证设备的正常运转。在使用过程中安全性是第一需要考虑的内容。

学习材料

材料 1　地牛

托盘搬运车又称地牛，是用来水平搬运托盘货物的搬运车辆。按驱动方式分，托盘搬运车可分为手动托盘搬运车和全（半）电动托盘搬运车。

一、手动托盘搬运车

手动托盘搬运车是托盘运输工具中最简便、最有效、最常见的装卸搬运工具，广泛应用于仓库、工厂、机场、车站等场合。

（一）手动托盘搬运车的结构

手动托盘搬运车主要是由舵柄、前轮、后轮、液压起升系统、车轮连杆结构及其他零件组成的，如图 5-1-1 所示。

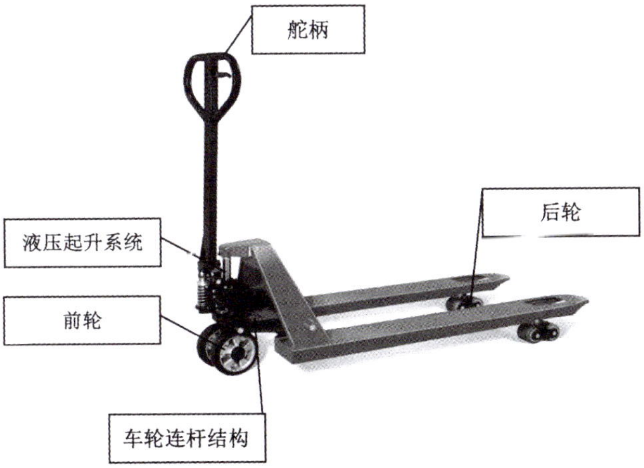

图 5-1-1　手动托盘搬运车的结构

舵柄是操纵架体与机身起升、下降和行走的控制杆。要想使搬运车处于不同的工作状态，需要通过舵柄上的操作手柄进行调节，如图 5-1-2 所示。

图 5-1-2　操作手柄状态

（二）操作方法

把手柄抬起，架体和机身会自动下降到适当的位置，把手柄调至水平位置，架体和车身就会停止下降，此时手动控制。手动控制舵柄推或拉至货物下方或者人工码放货物，在架体上货物堆好后，把手柄压下，手动控制舵柄，上下来回运动，架底和机身上升到适当的位置后停止来回运动，架体和机身就会停止上升，此时把手柄调至水平位置，再拖拉舵柄至卸货位置卸货，卸货时把手柄抬起，待架体下降至合适位置时，把手柄调至水平位置时再卸货。

（三）注意事项

（1）使用前要确保搬运车舵柄、车轮等装置完好无损。

（2）液压车起压的高度一般应小于 200mm，以避免货物在运行过程中摇晃或倾倒。

（3）为避免两侧受力不均，发生安全事故，货叉要插入托盘正中央。

（4）根据所要搬运的托盘大小选用货叉间距合适的搬运车，进入托盘底部要宽松无阻。

（5）用搬运车装车时，要确保货物、车门与车厢内壁保持一定的间隙，距离为 50 ～ 100mm 为宜。

（6）搬运和转弯时要均匀用力，以保持货物平稳，尤其是在潮湿、倾斜等不良路面，推拉时更要小心。

二、全（半）电动托盘搬运车

全（半）电动托盘搬运车的牵引装置为大容量电瓶，可实现电动行走、电动起升。电动托盘搬运车适用于重载及长时间搬运货物的情况，能在商场、超市、仓库等场所作业，尤其适用于食品、纺织、印刷等轻工行业，可大大提高货物搬运效率，减轻劳动强度，如图 5-1-3 所示。

（一）全（半）电动托盘搬运车的结构

电动托盘搬运车主要由提升机构、行走及制动机构、连杆和平衡机构、电器控制系统等构成。

图 5-1-3 全（半）电动托盘搬运车

1. 提升机构

半电动托盘搬运车采用的是手泵提升机构，蓄电池中的电能只供行走使用，有利于节省电能，方便操作，简化结构，其工作原理类似手动托盘搬运车。全电动托盘搬运车的提升机构采用电动控制，由蓄电池电能提供提升动力，通过操控手柄上的提起、放下按钮，自动实现液压油的加压和回油，以带动货叉提起和下降。

2. 行走及制动机构

电动托盘搬运车的行走机构主要包括电动机、减速器等，采用手柄控制实现无级变速，其传动简单，结构紧凑，以便取得最小的转弯半径。制动机构一般采用制动器或者反电流刹车，电动托盘搬运车满速满载时制动距离一般不超过 1m。

3. 连杆和平衡机构

电动托盘搬运车进行提升作业时，油缸柱塞被液压油顶升后，由连杆机构推动货叉，实现平衡提升；车体后的平衡轮机构能在路面少量高低不平时，使车体保持平衡稳定。

4. 电器控制系统

电动托盘搬运车电器控制选用无级调整系统，起步、行走平衡，工作可靠，维护简单。前进、后退、制动全部集中于操纵手柄端部。打开钥匙，旋转两侧碟形开关，就能从零至全速前、后行驶。放松碟形开关，按下端部压板，车辆立即制动，停止行驶。车辆在制动状态时，碟形开关前、后旋转无效。工作结束，停止使用，应将钥匙开关拨向“断开”处，取出钥匙，并及时补充电量。

（二）操作方法

电动托盘搬运车前进、后退、自动操作全部集中于操纵手柄端部，全电动搬运车的货叉提升、放下也都由操纵手柄实现。电动托盘搬运车操作流程如图 5-1-4 所示。

（三）注意事项

（1）使用中应特别注意及时对蓄电池进行充电并正确维护，充电应注意方法，既要使蓄电池充足电，又不能对蓄电池过量充电。

（2）在斜坡上运送货物时，货物必须始终在斜坡下方，即上坡时人在货物前方，下坡时人在货物后方。

（3）车辆在坡道下行时，不要断开驱动电动机的电路，应使车辆运行于制动状态，以利用车辆下行的动能，减少蓄电池的能量消耗。

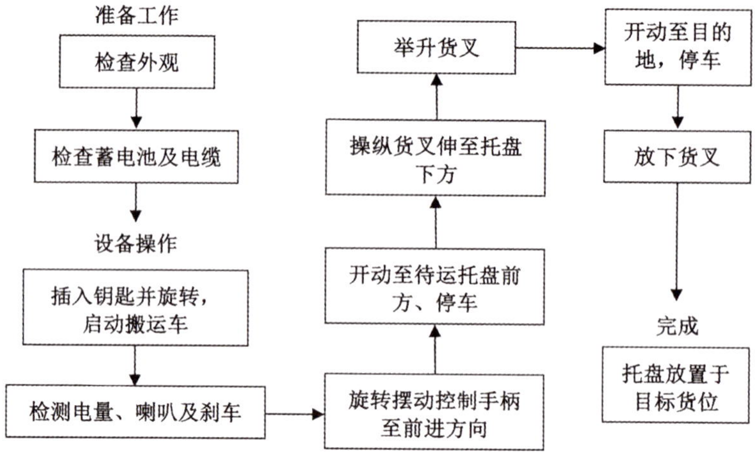

图 5-1-4 电动托盘搬运车操作流程

（4）车辆运行中，切勿将“前进、后退”的方向开关误当做转向开关。

（5）当发现电池电量不足时（可通过电量表、电源亏电指示灯和其他报警装置知道），应尽快对蓄电池进行充电，防止蓄电池过量放电。

阅读材料 1，回答以下问题。

下列描述正确的是（　　）。

A．托盘搬运设备又称地牛，是物流作业现场或者其他现场常用的设备

B．地牛行走过程中操作手柄须保持在水平状态

C．地牛应该至少进入托盘不少于 1/3 的深度才可以起升

D．地牛只能与川字托盘配合作业

E．电动托盘搬运车工作时需要考虑其额定载重量，地牛不需要

F．电动托盘搬运车的使用过程中要时刻注意蓄电池电量，电池电量不足时要及时加入蒸馏水

G．车辆在坡道下行时，可以关闭电源靠自重下行，以减少蓄电池的能量消耗

三、叉车

（一）类型

在仓储作业过程中，叉车是比较常用的装卸设备，有万能装卸机械之称。叉车是指具有各种叉具，能够对货物进行升降和移动以及装卸作业的搬运车辆。它具有灵活、机动性强、转弯半径小、结构紧凑、成本低廉等优点。叉车的类型很多，按照其动力种类可划分为电瓶和内燃机两大类（内燃机的燃料又分为汽油、柴油和天然气三种）；按其基本构造分类，又可分为平衡重式叉车、前移式叉车、侧叉式叉车等。

（二）叉车操作技术规范

（1）驾驶人员需持证上岗。实习司机除持实习证外，一定有正式司机随车带教。

（2）禁止酒后驾驶。行驶中禁止抽烟、饮食和闲聊。

（3）车辆发动前应检查刹车、方向盘、喇叭、照明、液压系统等是否正常，禁止带病出车。

（4）起步时看有无人员和障碍物，而后鸣号起步。行驶中如遇不良情况应减速慢行。厂区时速不得超过 10km，进出厂门、车间、库房门时时速不得超过 5km；车间、库房内时速不得超过 3km。

（5）禁止超载使用。叉工件时起升高度不得超出规定最高高度的 2/3，行走时叉件离地高度不得大于 0.5m。

（6）叉车工作时禁止任何人上下车和扒车、跳车，除司机室外，车辆得其余部位禁止站人。

（7）工作完成后一定将车辆刹稳并摘挡熄火，货叉应放落地面。

（8）随车备 1211 灭火机 1 台。

材料 2　地牛及叉车实训

（一）地牛实训

1. 8 字舞

（1）任务内容。将一排整托货物按照示意路线从 A 点出发，走 8 字形依次穿过间距为 1400mm 的货垛，最后回到 A，并把货物放到指定的区域。用时最少的选手即为胜者。

（2）场地示意图。区域 A 大小为 1300mm×1100mm，外框为 9000mm×3000mm。外框可由线绳等工具设置。地牛实训场地示意图一如图 5-1-5 所示。

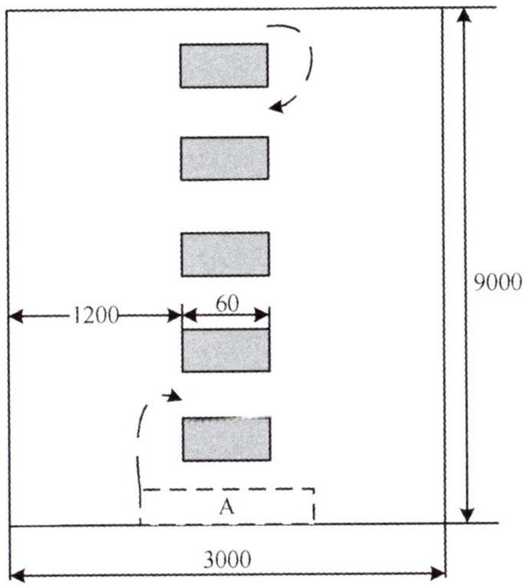

图 5-1-5　地牛实训场地示意图一（单位：mm）

（3）评分方法。地牛实训评价指标一见表 5-1-1。

表 5-1-1　地牛实训评价指标一

序号	评分办法
1	地牛在运作时所叉货箱与地面接触，每次罚 15 秒，若货箱侧翻或跌落，裁判示意停表，由本人将其扶正，比赛继续，罚时 30 秒
2	货箱及地牛任何部位碰到线，每次罚时 15 秒
3	选手在比赛中地牛碰到中间的货物，每次罚时 15 秒
4	地牛操作不规范罚时 10 秒。选手每次地牛中途停止时，未将地牛锁住罚时 10 秒，操作完毕地牛未归位罚时 10 秒
5	托盘货物在 A 处放置在线以内，且前后左右距离均衡，不能用手摆放。线外罚时 20 秒，前后左右距离不均衡各罚时 20 秒
6	现场 5S 管理情况，违规罚时 30 秒
7	所罚时间计入选手比赛用时间，按比赛时间递减排序为比赛成绩

2. 物归其“主”

（1）项目内容。三人一组，每人从 ABC 货架一层各取一排货物放到发货区 D 区域相应的区域处，E 为地牛存放区。货架为三层、四列。货架 B 第一、二、三列为空。工作完毕地牛归位。用时最少的选手即为胜者。

（2）地牛实训场地示意图二如图 5-1-6 所示。

（3）地牛实训评价指标二见表 5-1-2。

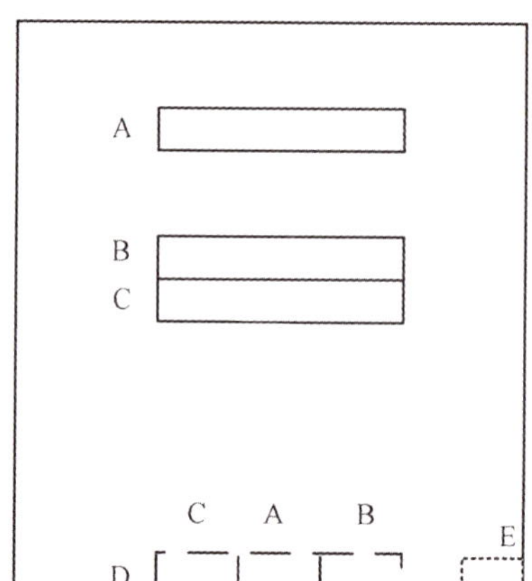

图 5-1-6　地牛实训场地示意图二

表 5-1-2　地牛实训评价指标二

序号	评分办法
1	地牛在运作时所叉货箱与地面接触，每次罚 15 秒，若货箱侧翻或跌落，裁判示意停表，由本人将其扶正，比赛继续，罚时 30 秒
2	货箱及地牛任何部位碰到货架或者其他托盘，每次罚时 15 秒
3	地牛操作不规范罚时 10 秒。选手每次地牛中途停止时，未将地牛锁住罚时 10 秒。操作完毕地牛未归位罚时 10 秒

序号	评分办法
4	托盘货物在 D 处放置在线以内，且前后左右距离均衡，不能用手摆放。线外罚时 20 秒，前后左右距离不均衡各罚时 20 秒
5	现场 5S 管理情况，违规罚时 30 秒
6	所罚时间计入选手比赛用时间，按比赛时间递减排序为比赛成绩

（二）叉车实训

叉车实训主要训练叉车搬运货物。

（1）项目内容。选手将驾驶叉车从 C 点出发沿 U 形路线，将托盘货架上有塑料箱的托盘存储位置的第一和第二层互换，计算总的时间，然后将叉车停放到初始位置。其中 A 货架的第一、二层的货物分别选择不相邻的两个，B 货架第一、二层的货物选择分别不少于两个。小组成员最后累计时间。

（2）叉车实训场地如图 5-1-7 所示。

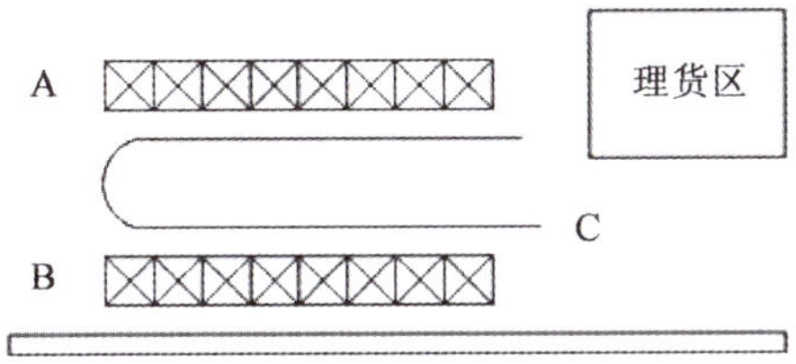

图 5-1-7　叉车实训场地

（3）货架货物存储信息如图 5-1-8 所示。

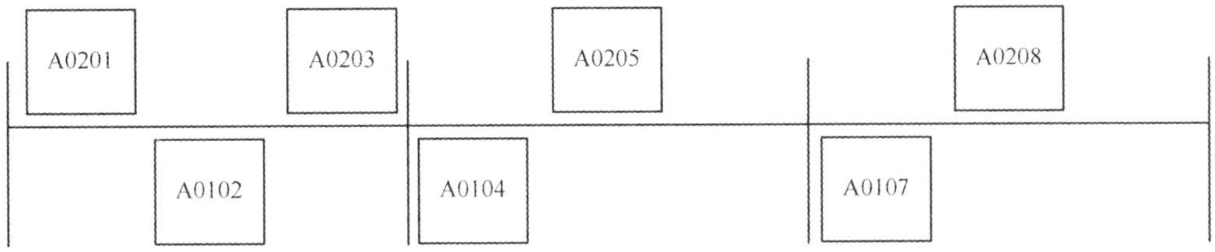

（a）A 货架

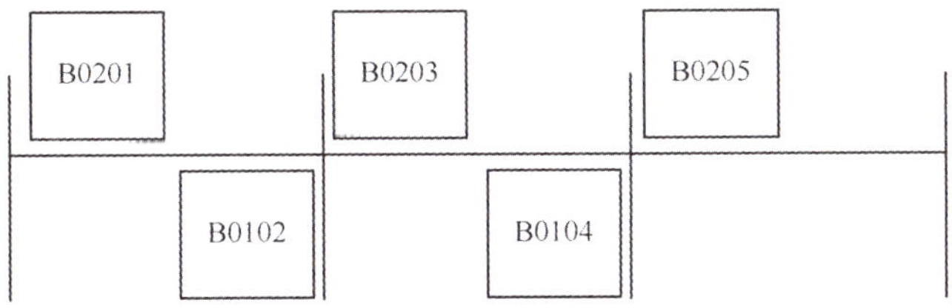

（b）B 货架

图 5-1-8　货架货物存储信息

（4）叉车实训评分表见表 5-1-3。

表 5-1-3　叉车实训评分表

序号	评判规则
1	叉车在行驶中，每出边界线一次，罚时 10 秒
2	选手操作中托盘上的塑料箱落地，选手下车将托盘上的塑料箱恢复原样，上车继续比赛，裁判不停表
3	操作过程中出现货物跌落一次，罚时 30 秒；或者叉车与货架相撞一次罚时 100 秒
4	选手必须按指定路线行驶，若不按指定路线行驶，罚时 20 秒，由裁判员示意后，按指定路线行驶，裁判不停表
5	上车时未系安全带罚时 10 秒。启车未鸣笛罚时 10 秒。货叉距地面不足 20 ～ 30cm 罚时 10 秒。倒车时未目视后方罚时 10 秒。每次下车时未拉手刹罚时 10 秒，下车时货叉未平放地面罚时 10 秒。车入库时车尾出线或叉尖出线罚时 10 秒
6	现场 5S 管理情况，违规罚时 30 秒
7	所罚时间计入选手比赛用时间，按比赛时间递减排序为比赛成绩

操作步骤

第一、熟悉相关信息。

要求：（1）学生分组，3 人一组。

（2）熟悉设备、现场布局等信息。

第二、分析工作任务。

要求：（1）教师下发任务单。

（2）讨论任务并制订工作计划。

第三、实施计划。

要求：（1）遵守设备安全操作规程。

（2）按照方案执行。

（3）小组协同完成。

第四、老师点评总结。

阅读材料 2，完成以下任务。

1．如图 5-1-9 所示，要求带托（1000mm×1200mm×160mm）地牛将六边形每一个点都绕一次，记录碰撞次数和时间，碰撞物体一次 200 元，每秒 10 元。成本最高者需要重新设计路线和实操。注意以下事项。

（1）A ～ F 托盘上可以站人，也可以是码好的货物。

（2）可以单人训练也可以小组训练。

（3）在训练前需要提前设计好行走路线。

（4）单人或者多人训练时最好是地牛带着码好的货物。

（5）A ～ F 托盘周围可以设置不同的障碍物。

（6）A ～ F 托盘相邻间距不大于 1200 ～ 1100mm。

（7）图中 A 被绕了，F 未被绕。

（8）起点要求和终点重合。

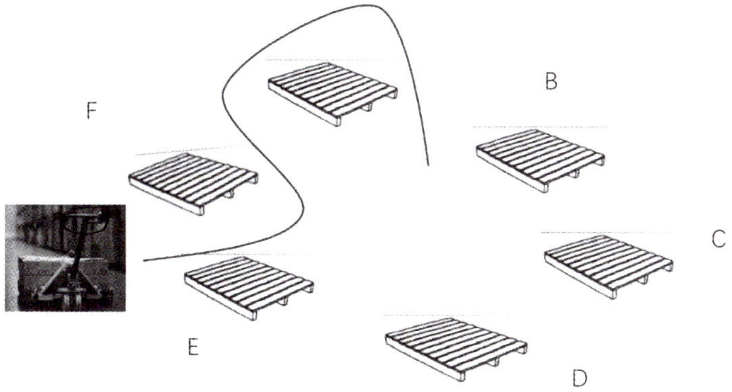

图 5-1-9　地牛训练示意图

2．如图 5-1-10 所示，A 点为驻车点，左右有定位桩，前有停车线。B 点为一个带有叉取环的水瓶，瓶内有一定数量的水，放在指定区域。C 点为一个直立的木桩，放在指定的区域。

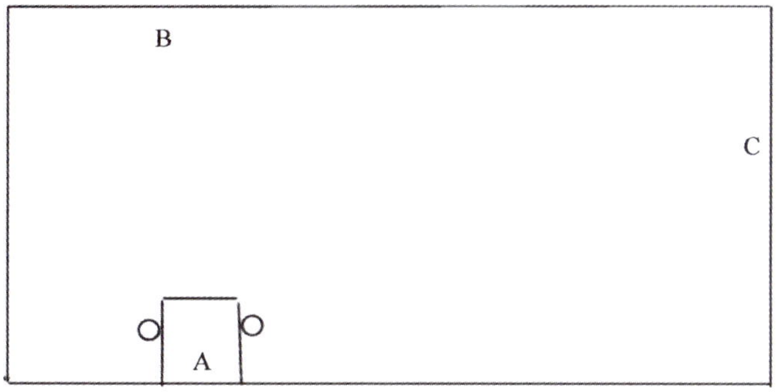

图 5-1-10　叉车训练示意图

开始后操作顺序为 ABCACBA，即在驻车点驾驶叉车取 B 点的水瓶放到 C 点的木桩上，然后空车回到驻车点，要求前轮必须过线；接下来从驻车点 A 再出发到 C 点，将水瓶叉起放到 B 点指定区域；最后将车开回到驻车点鸣笛示意结束。

要求：按照路线行驶，严格遵守操作规程。碰杆、倒杆、倒木桩、掉水瓶、压线和停车未过线都会扣分。如操作不当导致倒桩掉水瓶，司机须停止作业，待将桩、水瓶放回原位方可继续作业，计时表不停。评分表见表 5-1-4。

表 5-1-4　叉车评分表

项目	评分细则	扣分值	扣分
基本要求	1．上车前未注意环境，未从左侧上下车	5	
	2．起步时操作动作不规范	5	
	3．车上手握姿不规范	5	
	4．双脚踩放不规范	5	
	5．未按规定路线行驶	20	

续表

项目	评分细则	扣分值	扣分
基本要求	6．发生倒桩、擦桩或移动桩位	20/ 次	
	7．车体任何部位出线，含水瓶、货叉出线	20/ 次	
	8．前后挡挂错	10/ 次	
	9．投机取巧，不听指挥，违反纪律	50	
车辆行驶	1．起步或停车未鸣号	5	
	2．车未行驶，原地打方向盘	10/ 次	
	3．动作过猛	5	
	4．未松手刹起步	10	
	5．货叉未落地，完成后不挂空挡不拉手刹	10	
	6．行驶时货叉离地未在 200 ～ 300mm	10	
	7．脚踏离合器踏板或半联动行车	10/ 次	
	8．倒车时未安全操作	20/ 次	
	9．车未停稳反向起步	20/ 次	

任务评价

学完本任务后结合自己学习情况，依指标进行评价，见表 5-1-5。

表 5-1-5　地牛操作实训评价指标

考核项目	评分标准	总分值	得分值
知识掌握	1．地牛和叉车的工作原理 2．地牛和叉车的操作程序 3．地牛和叉车的维护方法	30	
能力提升	1．会操作地牛和叉车 2．会简单的地牛和叉车维护	40	
职业素养	1．责任心 2．沟通能力 3．协作能力 4．计划能力	30	
签字		总分（100 分）	

任务反思

（1）地牛和叉车作业时和托盘配合使用，请思考二者配合使用的托盘有什么不同。

（2）随着技术的发展，无人地牛的工作原理是什么？无人叉车的工作原理又是什么？请查阅相关资料。

任务2 入库方案设计与实施

入库方案设计包括ABC分类计算、组托设计、货架存储图绘制、成本计算等。入库实施过程中，需要利用WMS、条码打印机、地牛和叉车、托盘等设备。

工作内容

- 组托设计。
- 绘制货物存储图。
- 进行成本计算。

任务分析

在方案设计过程中需要组长调度组员进行协作，每人完成分配的任务并有人复核，最后汇总。实施过程中要充分考虑不同情况的预案。

学习材料

材料1 入库实训

一、任务内容

今有A类货物吉欧蒂亚干红葡萄酒（460mm×260mm×230mm）15箱，B类货物可口可乐（297mm×220mm×284mm）28箱，码放在托盘（1000mm×1200mm×144mm）上，限高4层，使用地牛和叉车将货物送到货位01010103和01030202上，货物MC-CA783RJ81吸尘器（510mm×355mm×320mm）16箱就地堆码。

首先请现场设计方案，合理选择设备使用数量和路线，要求时间最少，作业成本最优。

二、货架与场地布局示意图

1. 货架初始状态

货架初始状态如图5-2-1所示。

A

y		y	y

B

y			
y	y		y

C

y			
y		y	y
y			y

图5-2-1 货架初始信息

从左至右编码，y 代表有货物。

2. 场地布局图

场地布局图如图 5-2-2 所示。

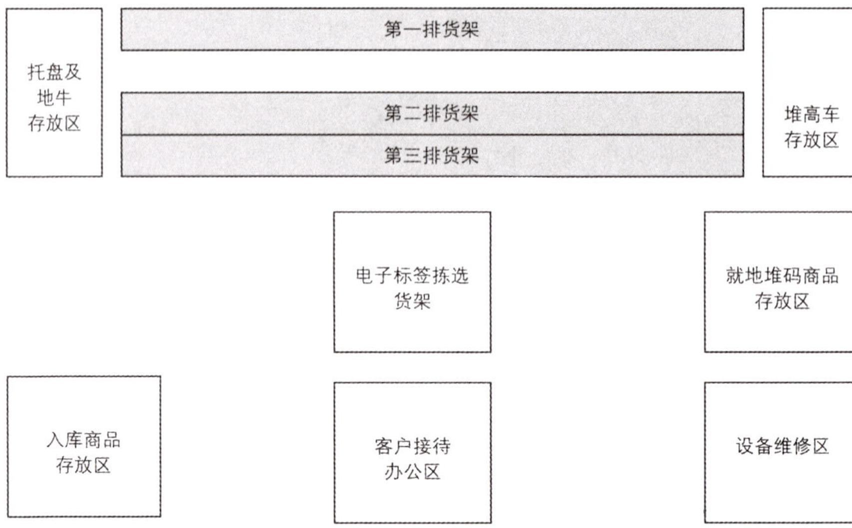

图 5-2-2　场地现场布局

3. 设施设备参数

设施设备参数见表 5-2-1。

表 5-2-1　设施设备参数

木制托盘	1200mm×1000mm×144mm
货架	4 组，3 层，3 排，2×2 货位（标准货位），货位参考尺寸：2300mm×900mm×1080mm
叉车	电瓶叉车，荷载能力 1600kg，提升高度 4m（含驾驶员）
地牛	额定负载 2.5t，最大高度 200mm

三、评分方法

入库实训评价表见表 5-2-2。

表 5-2-2　入库实训评价表

序号	评判规则
1	单据填写正确、规范，违规一处罚时 10 秒
2	严格按照方案设计执行，违规一处罚时 10 秒
3	设备安全操作出现违规，每次罚时 20 秒
4	货物组托和就地码放出现错误，每次罚时 10 秒
5	托盘、叉车、地牛设备租用，每个计时 10 秒
6	货物入库位置有误，每托盘货物罚时 10 秒

续表

序号	评判规则
7	出现货物损坏事故者，每件货物罚时 50 秒
8	出现人员安全事故者，罚时 200 秒，并终止比赛
9	现场 5S 管理情况，违规罚时 30 秒
10	所罚时间计入选手比赛用时间，按比赛时间递减排序为比赛成绩

操作步骤如下：

第一、熟悉相关信息。

要求：(1) 学生分组，3 人一组。

(2) 熟悉货物、设备、现场布局等信息。

第二、分析工作任务。

要求：(1) 教师下发任务单。

(2) 讨论任务、分工并制订工作计划。

第三、方案设计。

要求：(1) 按照分工要求去执行。

(2) 方案设计要考虑成本最优原则。

(3) 把方案实施中需要的表格数据打印出来。

第四、实施方案。

要求：(1) 注意安全第一，遵守操作规程。

(2) 以时间作为最后的考核标准。

第五、老师点评总结。

阅读材料 1，完成以下任务。

1. 入库信息

信息如表 5-2-3 所示。

表 5-2-3　入库货物信息

序号	商品名称	长 × 宽 × 高	重量 /kg	入库数量	物动量
1	达利园岩层矿物质营养液	448mm×276mm×180mm	18	25	c
2	葵花阳光米	353mm×235mm×180mm	11	42	c
3	康师傅咖啡（大）	370mm×190mm×220mm	12	42	b
4	娃哈哈有机奶	360mm×240mm×180mm	15	42	a
5	婴儿睡裤	333mm×249mm×180mm	5	36	a
6	开心饼干	230mm×260mm×180mm	13	40	b
7	可乐年糕	353mm×235mm×180mm	5	12	a

2. 托盘信息

(1) 参考尺寸：1200mm×1000mm×160mm。

（2）托盘 15 元 / 个。

（3）托盘重量 30kg/ 个。

（4）托盘限重 600kg。

3. 货架（位）信息

（1）货架规格。

重型货架（托盘货架）：1 排 6 列 3 层，双货位，单货位承重≤ 530kg。

货位参考尺寸：第一层：1125mm×1000mm×1000mm

第二层：1125mm×1000mm×900mm

第三层：1125mm×1000mm×1300mm

（2）货位存储信息。

重型货架（托盘货架，图 5-2-3）：货位 30 元 / 个。货位条码编制规则为库区、排、列、层定位。入库任务完成前库存信息见表 5-2-4。

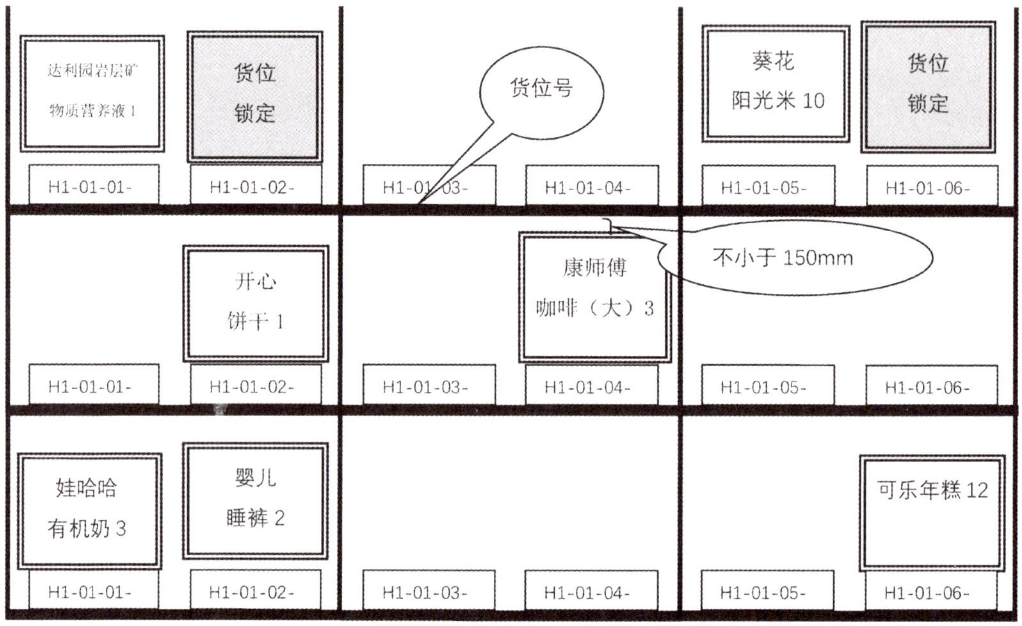

图 5-2-3　货物存储图

表 5-2-4　重型（托盘）货架入库任务完成前库存信息

序号	货品名称	规格 /（mm×mm×mm）	单位	箱装数	货位地址	入库日期	生产日期	保质期
1	达利园岩层矿物质营养液	448×276×180	箱	15	H1-01-01-03	2021 年 3 月 5 日	2021 年 2 月 6 日	12 个月
2	葵花阳光米	353×235×180	箱	12	H1-01-05-03	2021 年 3 月 6 日	2021 年 2 月 25 日	12 个月
3	康师傅咖啡（大）	370×190×220	箱	12	H1-01-04-02	2021 年 3 月 5 日	2021 年 2 月 22 日	6 个月

续表

序号	货品名称	规格 /（mm × mm × mm）	单位	箱装数	货位地址	入库日期	生产日期	保质期
4	娃哈哈有机奶	360×240×180	箱	20	H1-01-01-01	2021 年 3 月 6 日	2021 年 2 月 23 日	12 个月
5	婴儿睡裤	333×249×180	箱	24	H1-01-02-01	2021 年 3 月 5 日	2021 年 2 月 25 日	12 个月
6	开心饼干	230×260×180	箱	10	H1-01-02-02	2021 年 3 月 6 日	2021 年 2 月 28 日	12 个月
7	可乐年糕	353×235×180	箱	4	H1-01-06-01	2021 年 3 月 5 日	2021 年 2 月 14 日	24 个月

任务评价

学完本任务后结合自己学习情况，依指标进行评价，见表 5-2-5。

表 5-2-5　入库方案设计与实施评价指标

考核项目	评分标准	总分值	得分值
知识掌握	1. 组托方式及特点 2. 组托计算方法 3. 四号定位原理	30	
能力提升	1. 会绘制组托图和货物存储图 2. 会组托设计 3. 会按照模板撰写方案	40	
职业素养	1. 责任心 2. 沟通能力 3. 协作能力 4. 计划能力	30	
签字		总分（100 分）	

任务反思

（1）物动量是入库方案设计考虑的第一步，熟练使用 Excel 进行 ABC 物动量分析是十分重要的基础工作。

（2）600×400 作为物流模数，在组托图绘制中也具有一定的使用价值。

（3）入库实施过程也是对细心、责任、协作的考核。

任务 3　出库方案设计与实训

出库方案设计包括客户优先权、订单有效性、拣选计划、成本计算等。出库实施过程中，需要利用 WMS、地牛、叉车和托盘等设备来完成出库。

工作内容

- 订单有效性判断。
- 制订拣选计划。
- 进行成本计算。

任务分析

在方案设计过程中需要组长调度组员进行协作，每人完成分配的任务并有人复核，最后汇总。实施过程中要充分考虑不同情况的预案。

学习材料

材料 1　出库实训

一、任务内容

根据库存数量、出库订单、货物存储图和设备设施参数制订出库订单的拣选计划，并将拣选出的货物堆码在月台上，同时绘制月台码放图和车辆配载图。

1. 库存数量

库存数量和规格信息见表 5-3-1。

表 5-3-1　库存数量和规格信息

名称	单位	库存数量	纸箱规格 /（mm × mm × mm）
康师傅苏打夹心饼干香草巧克力味	箱	82	400×240×200
统一老坛酸菜方便面	箱	32	600×400×220
统一 100 方便面葱爆牛肉味	箱	22	500×400×220
康师傅矿物质水 550mL	箱	43	400×240×200
农夫山泉 550mL	箱	43	400×240×200
拖把	箱	73	600×300×200
洗发水	箱	56	400×240×200
拉芳洗发水	箱	66	400×240×200
美的电风扇	箱	30	600×400×220
九阳料理机	箱	21	500×400×220

2. 出库订单

出库订单信息见表 5-3-2 和表 5-3-3。

表 5-3-2　出库订单信息（出库单 1）

名称	单位	出库数量
康师傅苏打夹心饼干香草巧克力味	箱	20
统一老坛酸菜方便面	箱	10

续表

名称	单位	出库数量
统一 100 方便面葱爆牛肉味	箱	6
康师傅矿物质水 550mL	箱	20
农夫山泉 550mL	箱	13
拖把	箱	30
洗发水	箱	23
拉芳洗发水	箱	30
美的电风扇	箱	27
九阳料理机	箱	18

表 5-3-3　出库订单信息（出库单 2）

名称	单位	出库数量
康师傅苏打夹心饼干香草巧克力味	箱	50
统一老坛酸菜方便面	箱	22
统一 100 方便面葱爆牛肉味	箱	15
康师傅矿物质水 550mL	箱	20
农夫山泉 550mL	箱	20
拖把	箱	40
洗发水	箱	10
拉芳洗发水	箱	5
美的电风扇	箱	0
九阳料理机	箱	0

3. 货物存储图

货物存储图如图 5-3-1 所示。

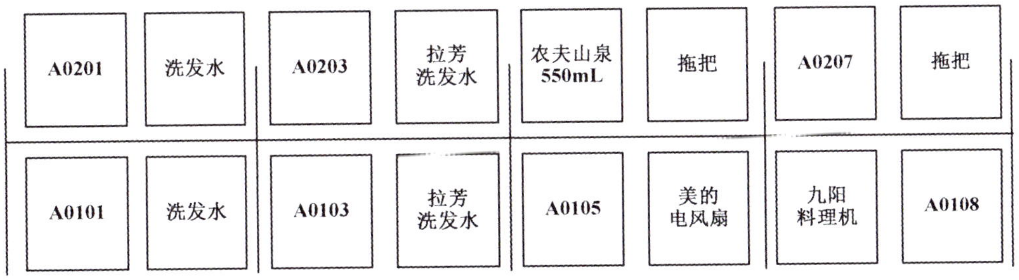

（a）A 货架

图 5-3-1　货物存储图

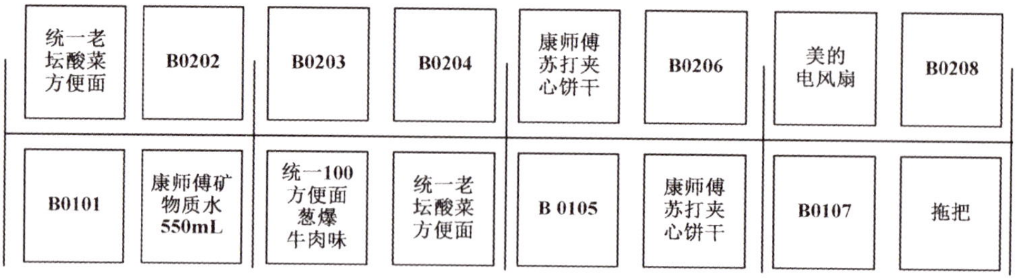

（b）B 货架

图 5-3-1　货物存储图（续图）

4. 设备及设施参数

设备及设施参数见表 5-3-4。

表 5-3-4　设备及设施参数

名称	规格
托盘	1200mm×1000mm×144mm
货架	2 层，2 排，2×2 货位（标准货位），货位参考尺寸：2300mm×900mm×1230mm
叉车	电瓶叉车，荷载能力 1600kg，提升高度 4m（含驾驶员）
地牛	OLT A101 额定负载 2.5t，最大高度 200mm
月台	3600mm×1000mm

二、场地布局

出库实训场地布局如图 5-3-2 所示。

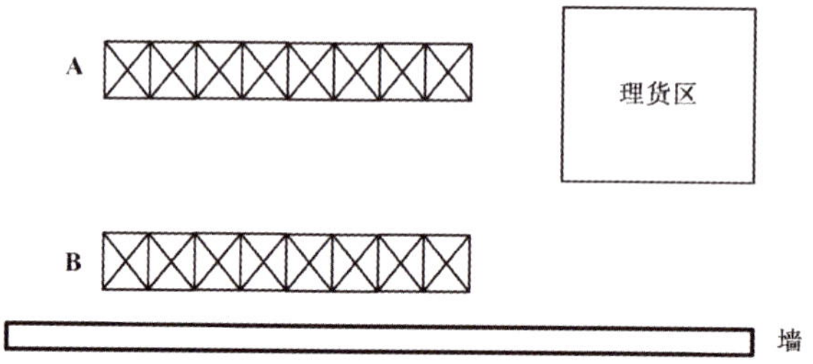

图 5-3-2　出库实训场地布局

三、评价规则

出库实训评价表见表 5-3-5。

表 5-3-5　出库实训评价表

序号	评判规则
1	严格按照作业计划作业，违反者每次罚时 20 秒
2	货物月台码放出现错误，每品类罚时 20 秒
3	托盘、叉车、地牛设备租用，每个计时 10 秒

续表

序号	评判规则
4	出库商品品类、数量出现错误每品类罚时 50 秒
5	出现货物损坏事故者，每件货物罚时 50 秒
6	出现人员安全事故者，罚时 200 秒，并终止比赛
7	现场 5S 管理情况，违规罚时 30 秒
8	所罚时间计入选手比赛用时间，按比赛时间递减排序为比赛成绩

操作步骤如下：

第一、熟悉相关信息。

要求：(1) 学生分组，3 人一组。

(2) 熟悉货物、设备、现场布局、货架等信息。

第二、分析工作任务。

要求：(1) 教师下发任务单。

(2) 讨论任务、分工并制订工作计划。

第三、方案设计。

要求：(1) 按照分工要求去执行。

(2) 方案设计要考虑成本最优原则。

(3) 把方案实施中需要的表格数据打印出来。

第四、实施方案。

要求：(1) 注意安全第一，遵守操作规程。

(2) 以时间作为最后的考核标准。

第五、老师点评总结。

阅读材料 1，完成以下任务。

一、背景资料

CM 公司是北京市一家著名的综合性物流公司，企业依据先进的物流管理水平与丰富的物流实践经验，在市场中享有良好的口碑。配送的客户门店主要有物美、超市发、美廉美、华联、京客隆等。客户档案资料见表 5-3-6 至表 5-3-10（其中人名、地址、账号等信息为虚构）。

表 5-3-6　客户资料信息（客户档案一）

客户编号	2008020112						
公司名称	物美				助记码	YH	
法人代表	张红	家庭地址	北京市 ×× 区佳和家园 5-2-502			联系方式	36357796
证件类型	营业执照	证件编号	12010675478921			营销区域	北京市 ×× 区
公司地址	北京市 ×× 区			邮编	830000	联系人	吴国福
办公电话	28653212		家庭电话	45338506		传真号码	28654897

续表

电子邮箱	YiHao@126.com		QQ 账号	3753885316		MSN 账号	YiHao@msn.com
开户银行	新华商业银行			银行账号	86439896420421		
公司性质	民营	所属行业	零售业	注册资金	800 万	经营范围	食品、办公用品
信用额度	150 万元	忠诚度	高	满意度	较高	应收账款	103 万元
客户类型	重点型			客户级别	A		

表 5-3-7　客户资料信息（客户档案二）

客户编号	2009012311						
公司名称	超市发				助记码	EH	
法人代表	李文和	家庭地址	北京市 ×× 区枫林别墅 12 号			联系方式	23212018
证件类型	营业执照	证件编号	120103789341238			营销区域	北京市 ×× 区
公司地址	北京市 ×× 区			邮编	830000	联系人	李凯
办公电话	82641893		家庭电话	37827463		传真号码	24264180
电子邮箱	erhao@126.com		QQ 账号	738496216		MSN 账号	erhao@msn.com
开户银行	工商银行			银行账号	1566331510296580		
公司性质	民营	所属行业	零售业	注册资金	300 万	经营范围	食品、日用百货
信用额度	6 万元	忠诚度	一般	满意度	高	应收账款	5.98 万元
客户类型	普通型			客户级别	B		

表 5-3-8　客户资料信息（客户档案三）

客户编号	2003041201						
公司名称	美廉美				助记码	SH	
法人代表	董华	家庭地址	北京市 ×× 区红旗家园 2-3-302			联系方式	68669123
证件类型	营业执照	证件编号	120109278369890			营销区域	北京市 ×× 区
公司地址	北京市 ×× 区			邮编	830000	联系人	王大
办公电话	67530877		家庭电话	63520555		传真号码	67530445
电子邮箱	sihao@162.com		QQ 账号	263820344		MSN 账号	sihao@162.com
开户银行	农业银行			银行账号	62839047352		
公司性质	中外合资	所属行业	商业	注册资金	1000 万	经营范围	食品、办公用品
信用额度	200 万元	忠诚度	高	满意度	高	应收账款	128 万元
客户类型	重点型			客户级别	A		

表 5-3-9　客户资料信息（客户档案四）

客户编号	2003020106						
公司名称	华联				助记码	SH	
法人代表	陈小明	家庭地址	北京市 ×× 区滨海街渔光家园 5-505			联系方式	68560698
证件类型	营业执照	证件编号	120213432567876			营销区域	北京市 ×× 区
公司地址	北京市 ×× 区			邮编	830000	联系人	王林

续表

办公电话	38293647		家庭电话	53468679		传真号码	38293600
电子邮箱	sanhao@126.com		QQ 账号	575967882		MSN 账号	sanhao@hotmail.com
开户银行	招商银行			银行账号	93725289031384		
公司性质	民营	所属行业	零售	注册资金	300 万	经营范围	日用品、食品
信用额度	6.5 万元	忠诚度	一般	满意度	低	应收账款	5.8 万元
客户类型	普通型			客户级别	C		

表 5-3-10　客户资料信息（客户档案五）

客户编号	2003020108						
公司名称	京客隆				助记码	Jk	
法人代表	陈明	家庭地址	北京市 ×× 区滨海街渔光家园 5-305			联系方式	60510698
证件类型	营业执照	证件编号	120213432657876			营销区域	北京市 ×× 区
公司地址	北京市 ×× 区			邮编	830001	联系人	王林林
办公电话	60513647		家庭电话	60518679		传真号码	60513600
电子邮箱	jkanhao@126.com		QQ 账号	605167882		MSN 账号	jkanhao@hotmail.com
开户银行	招商银行			银行账号	93725289301384		
公司性质	国营	所属行业	零售	注册资金	800 万	经营范围	日用品、食品
信用额度	200 万元	忠诚度	高	满意度	较高	应收账款	199.8 万元
客户类型	母公司			客户级别	A		

二、相关信息

1. 电子标签货架区存储信息

电子标签货架区存储信息见表 5-3-11。

表 5-3-11　电子标签货架区存储信息

序号	商品品种
1	南孚 5 号电池
2	清风纸巾
3	香皂
4	眼罩
5	毛巾
6	笔记本
7	手套
8	袜子
9	剪刀

注：20 个 / 货位。

2. 重型货架散货区存储信息

每个品种存储单位：20 个 / 货位，商品品种具体见表 5-3-12。

表 5-3-12 重型货架散货区存储信息

序号	商品名称
1	康师傅鲜果橙
2	黑加仑碳酸饮料
3	可口可乐
4	蜜桃碳酸饮料
5	康师傅水蜜桃
6	康师傅茉莉蜜茶
7	康师傅冰红茶
8	大雪莉碳酸饮料

3. 人工信息

（1）工时成本：0.05 元 /（人 • 秒）。

（2）外包工时成本：0.1 元 /（人 • 秒）。

4. 条码信息

（1）码制：CODE39，8 位，无校验位。

（2）参考尺寸：100×70mm。

（3）前两位设为 12，其余六位自设。在实施储配方案时粘贴条码。

（4）购买条码 10 元 / 组（每组两个条码）。

（5）自制条码工本费 2 元 / 组。

5. 折板箱信息

（1）参考尺寸：600mm×400mm×150mm。

（2）使用价格：12 元 / 个。

6. 入库信息

入库信息依据任务 2。

三、订单信息

当日有一批货物需要出库，根据业务需要分别发出了订单，订单见表 5-3-13。

表 5-3-13 订单信息

物美采购订单						
订单编号：D19032501			发货时间：当日			
序号	商品名称	单位	单价 / 元	订购数量	金额	备注
1	康师傅咖啡（大）	箱	200	2	400	
2	婴儿睡裤	箱	180	4	720	
3	达利园岩层矿物质营养液	箱	400	3	1200	

续表

序号	商品名称	单位	单价 / 元	订购数量	金额	备注
4	可乐年糕	箱	420	2	840	
5	清风纸巾	个	3	6	18	
6	手套	双	3	8	24	
7	康师傅茉莉蜜茶	瓶	3	2	6	
8	可口可乐	瓶	13	2	26	
9	笔记本	个	5	4	20	
10	剪刀	个	3.5	2	7	
11	毛巾	条	10	2	20	
12	南孚 5 号电池	板	30	4	120	
13	袜子	双	5	5	25	
14	葵花阳光米	箱	450	1	450	
15	黑加仑碳酸饮料	瓶	3	3	9	
16	娃哈哈有机奶	箱	180	4	720	
合计					4605	

超市发采购订单

订单编号：D19032502　　发货时间：当日

序号	商品名称	单位	单价 / 元	订购数量	金额	备注
1	可乐年糕	箱	420	2	840	
2	葵花阳光米	箱	450	4	1800	
3	手套	双	3	3	9	
4	康师傅咖啡（大）	箱	200	1	200	
5	婴儿睡裤	箱	180	4	720	
6	娃哈哈有机奶	箱	180	2	360	
7	笔记本	个	5	4	20	
8	剪刀	个	3.5	2	7	
9	清风纸巾	个	3	1	3	
10	毛巾	条	10	2	20	
11	南孚 5 号电池	板	30	9	270	
合计					4249	

美廉美采购订单

订单编号：D19032503　　发货时间：当日

序号	商品名称	单位	单价 / 元	订购数量	金额	备注
1	娃哈哈有机奶	箱	180	2	360	
2	康师傅咖啡（大）	箱	200	1	200	
3	葵花阳光米	箱	450	3	1350	
4	袜子	双	5	4	20	
5	笔记本	个	5	9	45	
6	剪刀	个	3.5	2	7	
7	手套	双	3	4	12	

续表

序号	商品名称	单位	单价 / 元	订购数量	金额	备注
8	清风纸巾	个	3	3	9	
9	毛巾	条	10	3	30	
10	可乐年糕	箱	420	4	1680	
11	达利园岩层矿物质营养液	箱	400	1	400	
合计					4113	

华联采购订单						
订单编号：D19032504				发货时间：当日		
序号	商品名称	单位	单价 / 元	订购数量	金额	备注
1	婴儿睡裤	箱	180	2	360	
2	葵花阳光米	箱	450	1	450	
3	笔记本	个	5	2	10	
4	袜子	双	5	4	20	
5	黑加仑碳酸饮料	瓶	3	2	6	
6	达利园岩层矿物质营养液	箱	400	22	8800	
7	康师傅咖啡（大）	箱	200	4	800	
合计					10446	

京客隆采购订单						
订单编号：D19032505				发货时间：当日		
序号	商品名称	单位	单价 / 元	订购数量	金额	备注
1	可乐年糕	箱	420	2	1680	
2	葵花阳光米	箱	450	4	1800	
3	手套	双	3	3	9	
4	康师傅咖啡（大）	箱	200	1	200	
5	婴儿睡裤	箱	180	4	720	
6	娃哈哈有机奶	箱	180	2	360	
7	笔记本	个	5	4	20	
8	可口可乐	瓶	13	5	65	
9	袜子	双	5	6	30	
10	康师傅茉莉蜜茶	瓶	3	6	18	
11	黑加仑碳酸饮料	瓶	3	5	15	
12	剪刀	个	3.5	2	7	
13	清风纸巾	个	3	2	6	
14	毛巾	条	10	2	20	
15	南孚5号电池	板	30	9	270	
合计					5220	

任务评价

学完本任务后结合自己学习情况，依指标进行评价，见表 5-3-14。

表 5-3-14　出库方案设计与实训评价指标

考核项目	评分标准	总分值	得分值
知识掌握	1. 订单有效性的含义 2. 客户优先权的含义 3. 拣选方式	30	
能力提升	1. 会进行订单有效性分析 2. 会进行客户优先权分析 3. 会进行拣选计划的制订 4. 会撰写方案报告	40	
职业素养	1. 责任心 2. 沟通能力 3. 协作能力 4. 计划能力	30	
签字		总分（100 分）	

任务反思

（1）出库方案设计时重点确定有效订单，然后按照客户优先权进行库存分配，按照不同的拣选方式制订拣选作业计划。

（2）出库实施中重要的是每个组员负责的内容要准确无误地操作好设备，特别是信息员的数据输入时一定要准确。

（3）针对每一个环节的可能预案要设计好。

任务 4　储配综合实训

储配方案设计包括入库方案设计、出库方案设计、配装配载方案设计等，实施环节是利用 WMS、物流设备等将方案实施，根据实施成本来决定优劣。整个环节考查了协作能力、反应能力、抗压能力等。

工作内容

- 入库方案设计。
- 出库方案设计。
- 配装配载及优化。
- 储配方案实施。

任务分析

方案设计阶段需要组长分配好工作，组员协同完成，方案实施需要细心、独立、准确按照流程操作设备，完成整个环节。

学习材料

材料 1　综合实训

一、任务内容

（1）仓储设施。北京顺鑫物流公司有 2 万多平方米常温仓库，共 2 层，库前有长

80多米、宽4米的带雨棚月台，月台前有长70多米、宽30米的车辆停靠作业区，库房高度约18米；17个自动升降门；地面为环氧树脂地面，每平方米承重2.5吨以上；7层货架，有储位1万多个，库房分为多个区域。第2层为拆零区域。库房配备有其他安全消防设施。库房现场平面图如图5-4-1所示。

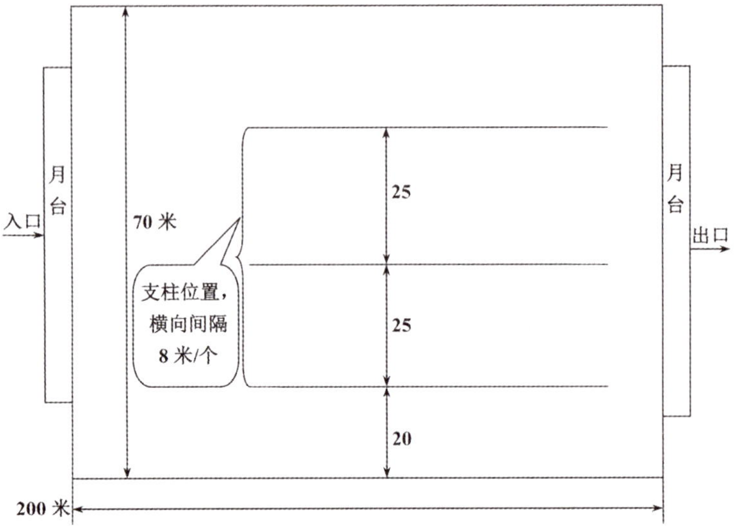

图5-4-1 库房现场平面图

（2）装卸设施。有多台不同类型的叉车。

（3）配送设备。自有营运车辆10台，3吨车6辆，5吨车4辆；二级承运商7个；营运节点10个。配送设备参数见表5-4-1。

表5-4-1 配送设备参数

吨位/t	规格/（m×m×m）	实际装箱容积/m^3	实际载重/t
3	4.2×1.8×1.8	13	2
5	7×2×2	22	3.8

（4）服务对象：某便利店。

（5）产品。货物信息表见表5-4-2。

表5-4-2 货物信息表

序号	货品名称	重量/kg	尺寸/（cm×cm×cm）
1	毛绒玩具	2	58×63×25
2	力士牌浴液	6	26.3×15.5×23
3	脉动	20	38×23×22
4	燕京啤酒	30	41×27×12
5	雪碧	50	36×23×25
6	娃哈哈营养快线	20	34.9×21.2×21.1

续表

序号	货品名称	重量 /kg	尺寸 /（cm × cm × cm）
7	娃哈哈八宝粥	50	27.7×20.7×12.9
8	王老吉	30	40.5×27.2×12.2
9	红牛	30	40.2×26.6×9.8
10	牛栏山二锅头	25	27×28×22
11	伊利经典牛奶	30	28.5×26×12
12	康师傅香辣牛肉面	20	40×20×27
13	鲁花油	50	35×31×31
14	葵花阳光米	10	40×31×22
15	麻辣海带丝	15	38.5×30×18
16	康师傅妙芙蛋糕	15	46.5×33.5×15.5
17	富丽饼干	10	30×21×20
18	好丽友蛋黄派	10	25×27×32.5
19	太阳锅巴	10	54×34×41
20	3+2 饼干	20	35.6×18.5×20.5
21	双汇火腿肠	30	26.8×20×13
22	绿箭口香糖	15	33.5×17×17
23	高露洁牙刷	25	42.5×19×25.7
24	舒洁迷你纸巾	18	40×28×33
25	舒肤佳沐浴露	25	29.3×17.3×22.2
26	云南白药	25	31×30×20.5

（6）历史出库数据。出库数据见表 5-4-3。

表 5-4-3　出库数据

序号	货品名称	出库量 / 箱
1	毛绒玩具	50
2	力士牌浴液	50
3	脉动	20
4	燕京啤酒	409
5	雪碧	109
6	娃哈哈营养快线	37
7	娃哈哈八宝粥	62
8	王老吉	1335
9	红牛	32
10	牛栏山二锅头	131
11	伊利经典牛奶	106
12	康师傅香辣牛肉面	476

续表

序号	货品名称	出库量 / 箱
13	鲁花油	193
14	葵花阳光米	56
15	麻辣海带丝	61
16	康师傅妙芙蛋糕	69
17	富丽饼干	63
18	好丽友蛋黄派	280
19	太阳锅巴	61
20	3+2 饼干	20
21	双汇火腿肠	45
22	绿箭口香糖	63
23	高露洁牙刷	590
24	舒洁迷你纸巾	64
25	舒肤佳沐浴露	299
26	云南白药	85

（7）出 / 入库通知单模板。出 / 入库通知单见表 5-4-4。

表 5-4-4　出 / 入库通知单

××× 公司						目的地：
出库时间：				出库地点：		
提货联系人:				地点：		
箱数 / 件数：				备注：		
名称			规格	箱数	瓶数	备注
舒肤佳沐浴露			150mL	25		
					提货单编号	
员工签名：				时间：		
主管签名：				时间：		

（8）库存数量。库存数量见表 5-4-5。

表 5-4-5 库存数量

序号	货品名称	重量 /kg	库存
1	毛绒玩具	2	10
2	力士牌浴液	6	18
3	伊利经典牛奶	30	66
4	康师傅妙芙蛋糕	15	30
5	富丽饼干	10	44
6	好丽友蛋黄派	10	60
7	高露洁牙刷	25	52

（9）出库订单。出库订单数据见表 5-4-6。

表 5-4-6 出库订单数据

订单 A	订单 B	订单 C	订单 D	订单 E	订单 F	订单 G	订单 H	订单 I	订单 J
2	0	2	5	1	2	10	0	0	0
0	0	21	6	1	2	0	2	5	0
22	0	1	0	32	0	15	5	5	0
11	2	3	10	0	0	40	5	2	0
0	4	0	2	3	20	0	0	1	11
0	11	0	20	0	0	0	17	5	3
14	20	10	1	5	0	4	0	2	10

每三人为一组，一人为仓储主管，另外两人在不同作业环节分别扮演下列角色：客服人员、收货员 / 理货员、叉车工、仓管员、分拣员、调度员。

客户以邮件、电话、传真形式下达入库通知单到物流仓储实训中心客服部，客服人员与客户确认到货信息。

客服人员根据客户入库通知单设计一个纸质入库单，一份三联交给仓管员。

仓管员根据货品特性进行储位规划设计，按照储位规划原则设置合理区域存放货品。

货物到达后，理货员根据客服人员交给的入库单，进行验货清点与码盘（每托盘 28 箱）

叉车工根据储位规划设计方案，将散件货品装上货架。

客户以邮件、电话、传真等形式下达出库通知单到物流仓储实训中心客服部。客服员与客户确认送货信息。

客服人员根据客户出库通知单设计一个纸质出库单，一份三联交给仓管员。

叉车工根据纸质出库单在货架区进行拣货下架。由叉车工送至出库缓存区。

理货员对出库货物进行加固包装，并由仓管员核对数量在出库单上签字确认，出库单一份由仓管留存、两份交给司机（送货员）确认，送货完成时由客户在两份出库单签字，其中一份客户留存，另一份司机带回交给财务。

公司的业务流程如图 5-4-2 所示。

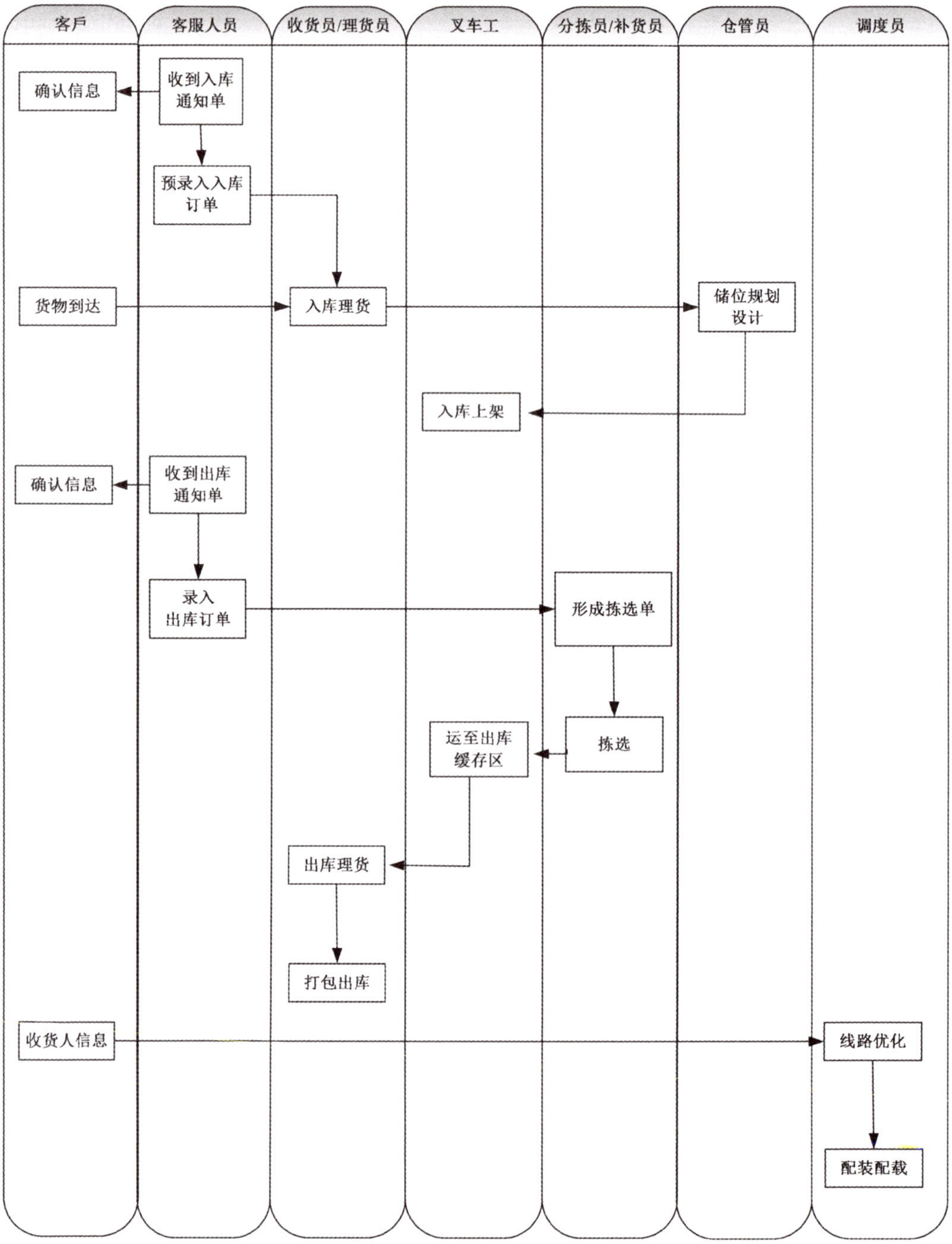

图 5-4-2 公司的业务流程

根据以上业务流程，请进行以下操作。

1. 储

（1）解读库内布局。

（2）根据入库通知单设计入库单据，并填写完整。

（3）依据商品进行储位入库方案规划设计，绘制货位存储图，并依据现有条件将商品 ABC 分类，然后放到货架和托盘上，并绘制托盘奇偶层的码放形式。

（4）根据给定的材料，设计出理货员和调度员的岗位评价指标。

2. 配

（1）根据出库通知单设计出库单据，并生成拣选单据，最后填写完整。

（2）根据不同收货人分配图（图 5-4-3），进行线路优化设计。

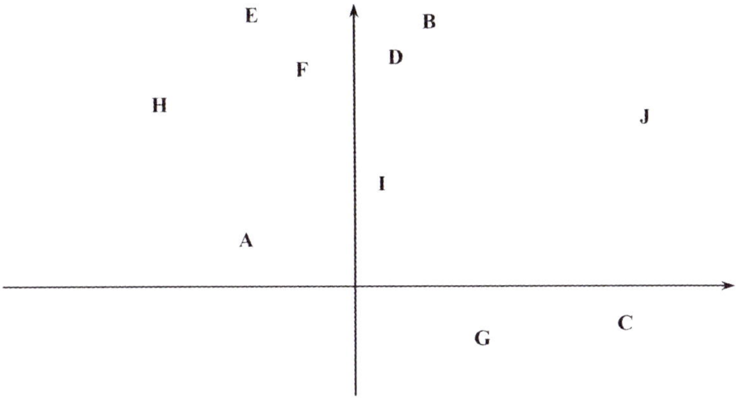

图 5-4-3 收货人分配图

配送中心到各店铺及各店铺间的距离见表 5-4-7，对角线的数字表示配送中心到各店铺的距离。

表 5-4-7 里程数据 单位：km

需求量										
顺鑫	A	B	C	D	E	F	G	H	I	J
A	30	13.3	14.5	10.5	9.5	6.5	12	6.6	6.8	15.5
B		16.6	13.6	3	7.2	6.8	17.4	11.1	7.5	13.5
C			24	11.8	17.3	13.6	7	18.5	10	1.5
D				19.3	6.5	4.3	14.5	9.5	4.5	11.7
E					23	4.2	18.4	4.4	7.4	17.6
F						23.6	14.3	5.5	3.3	14
G							31	17.6	11	7.9
H								27.5	8.3	18.9
I									23.8	10.4
J										23

（3）选择合适的车辆配载，绘制月台码放图和车辆装载图。

二、场地布局图

场地布局图如图 5-4-4 所示。

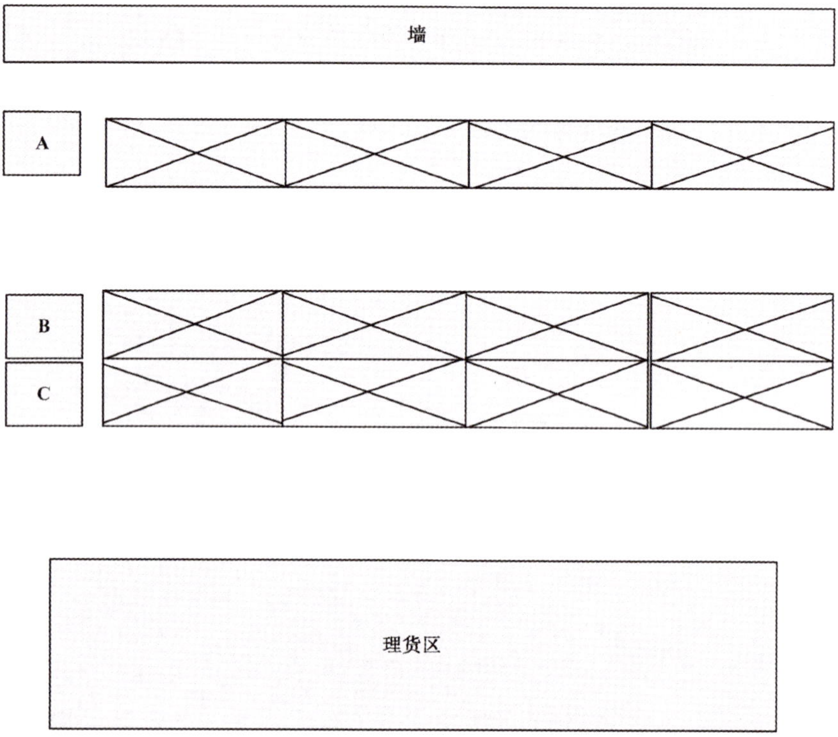

图 5-4-4　场地布局图

三、设施设备尺寸与规格

设施设备尺寸与规格见表 5-4-8。

表 5-4-8　设施设备尺寸与规格

名称	规格
木制托盘	1200mm×1000mm×144mm
货架	3 排 2 列 4 层，2×2 货位（标准货位）
叉车	电瓶叉车租用（含驾驶员）
地牛	载重 1.5t
RF 手持终端	MC3090R-LC2MSBAGER
打印机	激光打印机
计算机	标配，包含中诺斯比赛系统
卷尺	3 ～ 5m

四、评分规则

1. 托盘码放

托盘码放评分表见表 5-4-9。

表 5-4-9 托盘码放评分表

考核项目	评分标准	总分值	得分
码放合理	出现大小轻重颠倒的扣 10 分，货物倒置的扣 10 分	20	
稳定美观	码放不稳定的扣 10 分，不美观的扣 5 分，货物倾斜的扣 5 分	20	
数量、种类、层数准确	码放数量不正确扣 5 分，种类混杂扣 5 分，层数码错扣 10 分	20	
码放方式	与设计方案不相符的扣 20 分	20	
团队合作	团队是否有组织、有计划、有协作	20	
总分（100 分）			
权重 /%	20	此项最后得分	

2. 货区布局解读评价标准

货区布局解读评分表见表 5-4-10。

表 5-4-10 货区布局解读评分表

考核项目	评分标准	总分值	得分值
1. 设备识读	现场设备名称和功能解读不正确者一个扣 5 分	25	
2. 五距识读	五距识读不正确者一个扣 5 分	25	
3. 货区划分	货区区域划分解读不正确者一个扣 5 分	30	
4. 团队合作	团队是否有组织、有计划、有协作	20	
总分（100 分）			
权重 /%	25	此项最后得分	

3. 配送设计与实施评价标准

配送设计与实施评分表见表 5-4-11。

表 5-4-11 配送设计与实施评分表

考核项目	评分标准	总分值	得分值
1. 货物存储	按照设计入库，不符者扣 5 分，货物存储位置不对者扣 5 分	10	
2. 拣选货物	按照方案拣选，不符者扣 5 分，拣选数量种类错误者扣 10 分	15	
3. 货物出库	按照方案出库，不符者扣 5 分，有效订单错误者扣 10 分	15	

续表

考核项目	评分标准		总分值	得分值
4. 月台码放	月台货物码放不合理扣 5 分，货物码放不整齐扣 5 分		10	
5. 路径设计	路径优化方案不合理扣 15 分		15	
6. 车辆配载	车辆配载不合理扣 15 分		15	
7. 团队合作	团队是否有组织、有计划、有协作		20	
总分（100 分）				
权重 /%	25	此项最后得分		

4. 单据设计评分

单据设计评分表见表 5-4-12。

表 5-4-12　单据设计评分表

考核项目	评分标准		总分值	得分值
1. 入库单	内容设计或填写不完整或不正确一项扣 5 分		20	
2. 验收单	内容设计或填写不完整或不正确一项扣 5 分		20	
3. 拣选单	内容设计或填写不完整或不正确一项扣 5 分		20	
4. 复核单	内容设计或填写不完整或不正确一项扣 5 分		20	
5. 送货单	内容设计或填写不完整或不正确一项扣 5 分		20	
总分（100 分）				
权重 /%	15	此项最后得分		

5. 岗位关键绩效指标设计评分标准

岗位职责设计评分表见表 5-4-13。

表 5-4-13　岗位职责设计评分表

考核项目	评分标准		总分值	得分值
1. 理货员	结合业务，指标设计全面合理的满分，根据合理性得分以 3 分递减		50	
2. 调度员	结合业务，指标设计全面合理的满分，根据合理性得分以 3 分递减		50	
总分（100 分）				
权重 /%	15	此项最后得分		

五、操作步骤

第一、熟悉相关信息。

要求：（1）学生分组，3 人一组。

（2）熟悉货物、设备、现场、货架、材料等信息。

第二、分析工作任务。

要求：（1）教师下发任务单。

（2）讨论任务、分工并制订工作计划。

第三、方案设计。

要求：（1）成员按照分工要求完成各自的工作。

（2）方案设计要考虑成本最优原则。

（3）把方案实施中需要的表格数据打印出来。

第四、实施方案。

要求：（1）注意安全第一，遵守操作规程。

（2）以时间作为最后的考核标准。

（3）小组要协作，以及与叉车司机的配合。

第五、老师点评总结。

阅读材料 1，完成以下任务。

可以从全国职业技能大赛网站（http://www.chinaskills-jsw.org/content.jsp?id=2c9fe79279cde619017a25500835030b&classid=ff8080814ead5a97015126564947034l）上任选赛卷完成。

任务评价

学完本任务后结合自己学习情况，依指标进行评价，如表 5-4-14 所示。

表 5-4-14　储配综合实训评价指标

考核项目	评分标准	总分值	得分值
知识掌握	1. 储配方案设计要点 2. 仓储布局仿真设计要点	30	
能力提升	1. 会储配库方案设计 2. 会仓库布局优化设计 3. 会撰写方案报告	40	
职业素养	1. 责任心 2. 沟通能力 3. 协作能力 4. 计划能力	30	
签字		总分（100 分）	

任务反思

（1）储配综合实训考核内容多，需要组员间的协作、互补，并能熟练操作设备、软件。

（2）认真理解车辆配载配装，保证完美装车。

（3）5S 务必记得现场管理，体现的是素养。

相关学习资源

1．教材

[1] 教育部高等学校物流类专业教学指导委员会．第一届全国大学生物流设计大赛获奖作品集：安得物流解决方案——优化与集成 [M]．北京：中国财富出版社，2007．

[2] 教育部高等学校物流类专业教学指导委员会组．第一届全国大学生物流设计大赛获奖作品集：安得物流解决方案——分析与设计 [M]．北京：中国财富出版社，2007．

[3] 教育部高等学校物流类专业教学指导委员会组．第一届全国大学生物流设计大赛获奖作品集：安得物流解决方案——规划与战略 [M]．北京：中国财富出版社，2007．

[4] 殷延海．物流运营方案设计与分析实践教程 [M]．北京：清华大学出版社，2012．

2．论文

[1] 肖怀云．探索大学生物流设计大赛在物流实践教学中的应用 [J]．物流科技，2011（1）：30-32．

[2] 袁旦．技能大赛对中职校教学改革影响的探讨——以江苏省无锡汽车工程中等专业学校参加物流类技能大赛为例 [J]．物流工程与管理，2012（2）：120-121．

[3] 董瑞．从物流设计大赛看我国物流教育的不均衡 [J]．河南科技学院学报，2012（10）：60-63．

3．国内电子资源

[1] www.clpp.org.cn

[2] http://www.nvsc.com.cn/

[3] http://www.cettic.gov.cn

参考文献

[1] 张晓东．物流园区布局规划理论研究 [M]．北京：中国物资出版社，2004．

[2] 钱为群．展览展示设计与布局 [M]．北京：中国劳动社会保障出版社，2007．

[3] 马耀文．仓储与配送管理仿真实训教程 [M]．北京：中国物资出版社，2012．

[4] 吴清一．中国托盘手册 [M]．北京：中国物资出版社，2010．

[5] 王爱霞．商品堆码与理货技术 [M]．北京：中国物资出版社，2011．

[6] 叶玲玲．仓库保管实务与实训 [M]．北京：北京师范大学出版社，2011．

[7] 郎茂祥．配送车辆优化调度模型与算法 [M]．北京：电子工业出版社，2009．

[8] 田源，张文杰．仓储规划与管理 [M]．北京：清华大学出版社，2009．

[9] 王晶．基于协调优化与区域划分的应急物资储备问题研究 [M]．北京：知识产权出版社，2012．

[10] 凤凰出版社．仓储拣选设备管理要求（WB/T 1026—2006）[M]．江苏：凤凰出版社，2007．

[11] 教育部高等学校物流类专业教学指导委员会．第一届全国大学生物流设计大赛获奖作品集：安得物流解决方案——分析与设计 [M]．北京：中国财富出版社，2007．

[12] 教育部高等学校物流类专业教学指导委员会．第一届全国大学生物流设计大赛获奖作品集：安得物流解决方案——规划与战略 [M]．北京：中国财富出版社，2007．

[13] 殷延海．物流运营方案设计与分析实践教程 [M]．北京：清华大学出版社，2012．

[14] 李作聚．高职物流职业技能大赛解析与实操 [M]．北京：中国水利水电出版社，2019．

[15] 李作聚．高职物流管理专业“学赛一体化”课程开发研究 [M]．北京：清华大学出版社，2013．

读书笔记